한경MOOK

당신에게 필요한
부동산 절세법

KB국민은행 WM스타자문단이 공개하는 절세 전략

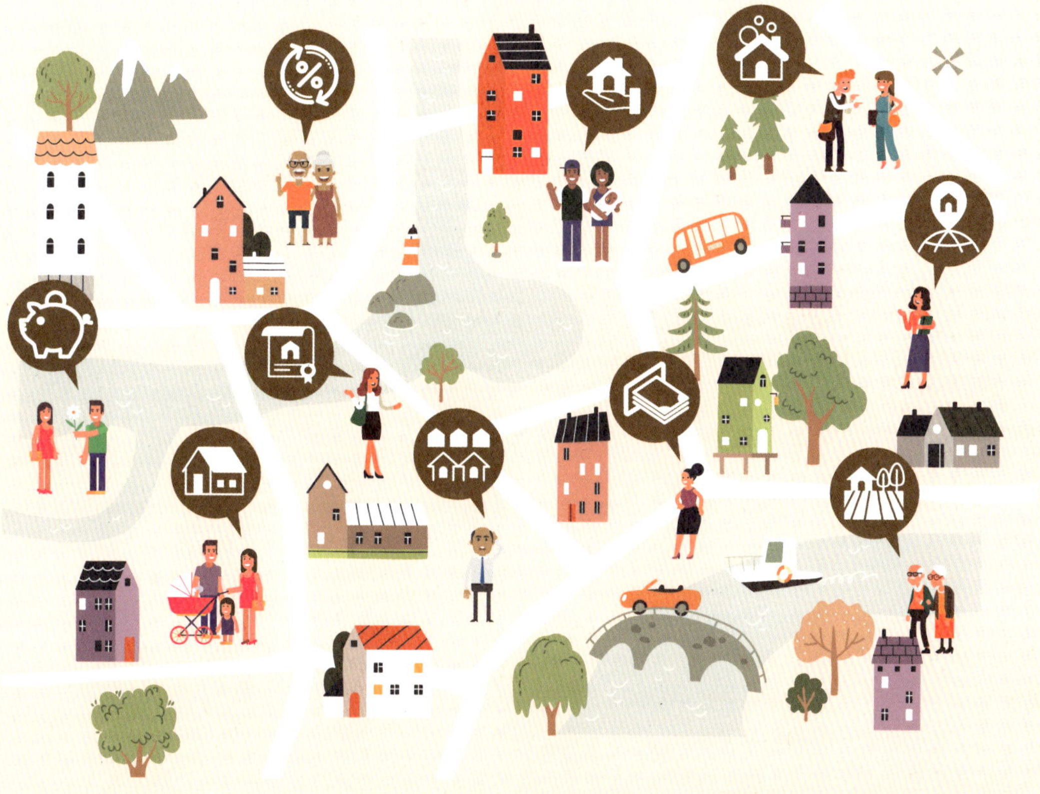

PROLOGUE

부동산 세금 문제,
어떻게 대응하고 계신가요?

직장만 얻으면 대출을 받아 그럭저럭 집을 산다는 것은 이제 꿈같은 이야기입니다. 장기 목표를 세운 후 저축하고 투자해서 모은 자금에 대출을 더해 집을 장만해야 합니다. 최근 몇 년간 집값이 급등하면서 대다수 국민이 이른바 '영끌(영혼까지 끌어모은다)' 매수를 하게 됐습니다.

내 집 마련의 꿈을 이뤘다고 해서 부동산에 대한 관심을 접을 수는 없습니다. 직장을 옮기거나 자녀들이 크면 기존 집을 팔고 더 큰 집으로 이사를 가게 됩니다. 아파트 명의를 부부 공동명의로 바꾸는 경우도 흔합니다. 나이가 들면 자식에게 집을 증여하는 일도 생깁니다. 이 모든 과정에 빠지지 않고 수반되는 것이 바로 세금입니다.

과거에는 내 집 마련이나 부동산 투자를 결정하는 데 세금이 차지하는 비중은 그리 높지 않았습니다. 그냥 '2년 실거주해서 팔면 비과세받는다' 정도만 기억하면 됐습니다. 하지만 정부가 부동산시장을 안정화시키는 도구로 세금을 이용하면서 사정이 달라졌습니다. 세금을 고려하지 않으면 집값이 올라서 생긴 매매차익 대부분을 토해내야 합니다. 집 팔아서 세금 내고 나면 기존 집과 비슷한 가격대의 집을 사서 이사가는 게 불가능할 수 있습니다. 즉 10억원짜리 집을 팔아서 이사 가려고 보니 5억원짜리 집밖에 살 수 없는 상황이 생길 수 있습니다. 부동산 매입을 위한 대출이 깐깐해진 지금은 더욱 그렇습니다.

*by*_ 서욱진 한국경제신문 건설부동산부장

이처럼 중요한 부동산 세금은 그동안 거래 단계별로 따져보는 게 일반적이었습니다. 집을 사면 취득세를 내고, 집을 갖고 있으면 재산세·종합부동산세 등 보유세를 냅니다. 이후 집을 팔게 되면 양도소득세를 납부해야 합니다. 물론 집을 증여하거나 상속해도 세금이 따라붙습니다. 하지만 이런 식으로 부동산 거래 과정에 따라 세금을 공부하기는 쉽지 않습니다. 내용도 어렵거니와 자신이 맞닥뜨린 상황이 아니면 굳이 집중해서 알아볼 유인도 적기 때문입니다. 연령대별로 부동산 세금을 쉽게 알아볼 수 있는 책을 출간하면 좋겠다고 판단한 이유가 여기에 있습니다.

이 책은 생애주기별로 나타날 수 있는 사례별 절세 방법을 일목요연하게 정리했습니다. KB국민은행의 세무 전문가들이 지금 고민해야 할, 또 앞으로 닥칠 수 있는 상황에 따른 부동산 세금에 대한 궁금증을 알기 쉽게 풀어줍니다. 기존의 큰 틀을 이해하고 있으면 3월 대선을 거쳐 새 정부가 들어서 부동산 세법이 바뀌더라도 어렵지 않게 따라갈 수 있습니다. 이 책이 언제든 부담 없이 펼쳐볼 수 있는 부동산 세금과 관련한 좋은 가이드라인이 되기를 기대합니다.

CONTENTS
당신에게 필요한 부동산 절세법

: Opening

- 006 **CHECK LIST**
  한눈에 보는 부동산 초보 체크리스트
- 010 **TREND 1**
  생애주기별 부동산과 세금
- 012 **TREND 2**
  올해 부동산시장 전망, 금리·대선이 주요 변수

14
: Section 1
GENERATION 2030
내 집 마련 꿈꾸는 '2030 영끌족'

20대

- 016 **QUESTION 1**
  월세도 세액공제를 통해 일부를 돌려받을 수 있을까?
- 018 **QUESTION 2**
  부모님 명의의 집에서 무상으로 지내도 문제없을까?
- 020 **QUESTION 3**
  부모님에게 빌린 전세금에도 세금이 부과될까?
- 022 **QUESTION 4**
  청약 상품으로 절세하는 방법이 있을까?
- 024 **QUESTION 5**
  오피스텔의 세제 혜택이 유리한가?

- 026 **CHECK POINT ①**
  주택 임대차계약 시 임차인 주의 사항
- 028 **CHECK POINT ②**
  주택 임대차 임차인의 권리
- 030 **CHECK POINT ③**
  주택 임대차 임대 목적물의 하자 책임
- 032 **CHECK POINT ④**
  중개업자의 책임과 손해배상

30대

- 034 **QUESTION 6**
  처음으로 내 집을 마련하는 경우 주의 사항은?
- 036 **QUESTION 7**
  부부 공동명의로 주택을 취득하는 경우 절세법은?
- 038 **QUESTION 8**
  주택은 언제 사야 절세할 수 있나?
- 040 **QUESTION 9**
  집수리 비용은 필요경비로 공제되나?
- 042 **QUESTION 10**
  '영끌'한 대출이자도 소득공제되나?
- 044 **QUESTION 11**
  부모님의 집을 증여받을 때 세금 문제는?
- 046 **CHECK POINT ⑤**
  주택 매매계약 시 매도인·매수인 유의 사항
- 048 **CHECK POINT ⑥**
  슬기로운 층간소음 해결 방안
- 050 **CHECK POINT ⑦**
  인테리어 공사에 대한 법적 분쟁 예방
- 052 **CHECK POINT ⑧**
  분쟁을 줄이는 차용증 작성 방법

54
: Section 2
GENERATION 4050
인생 2막 계획하는 '4050 재테크족'

40대

- 056 **QUESTION 12**
  세금 종류별 주택 수 계산 방법은?
- 058 **QUESTION 13**
  1세대 1주택 양도소득세 비과세 요건은?
- 060 **QUESTION 14**
  부동산을 자주 사고파는 경우 주의 사항은?
- 062 **QUESTION 15**
  종합부동산세 줄이는 방법은?
- 064 **QUESTION 16**
  주택 임대사업자가 주의할 사항은?
- 066 **QUESTION 17**
  증여받은 농지는 비사업용 토지일까?
- 068 **QUESTION 18**
  아파트를 증여받는 경우 절세 방법은?
- 070 **QUESTION 19**
  주택을 임대할 경우 세금과 건강보험료는?
- 072 **QUESTION 20**
  부모님 건물을 담보로 대출받는 경우 증여세 문제는?
- 074 **CHECK POINT ⑨**
  중도금 지급과 임의 계약해제
- 076 **CHECK POINT ⑩**
  임대차 보증금 반환 청구 방법과 절차
- 078 **CCHECK POINT ⑪**
  주말농장 위한 농지 취득

50대

- 080 **QUESTION 21**
  취득한 집이 재건축·재개발되는 경우 세금 문제는?

- 082 **QUESTION 22**
  다가구주택의 부담부증여 시 주의 사항은?

- 084 **QUESTION 23**
  농어촌주택을 취득할 경우 서울 주택의 비과세는?

- 086 **QUESTION 24**
  다가구주택은 1주택일까, 다주택일까?

- 088 **QUESTION 25**
  상속 주택의 세무 혜택은?

- 090 **QUESTION 26**
  가족 공동명의로 상가 취득 시 경비 처리가 가능한 범위는?

- 092 **QUESTION 27**
  임대 빌딩, 개인 명의로 살까, 법인 명의로 살까?

- 094 **QUESTION 28**
  다주택자의 양도소득세 중과세 예외 사유는?

- 096 **QUESTION 29**
  겸용 주택을 양도할 때 양도소득세 절세 방법은?

- 098 **QUESTION 30**
  리츠(REITs)란 무엇이며, 받을 수 있는 절세 혜택은?

- 100 **QUESTION 31**
  상가 임대 시 일반과세 사업자와 간이과세 사업자의 차이는?

- 102 **CHECK POINT ⑫**
  상가 임차인의 원상회복의무 범위

- 104 **CHECK POINT ⑬**
  상가 임대차 계약갱신요구권과 묵시적 갱신

- 106 **CHECK POINT ⑭**
  공유자의 기본 상식

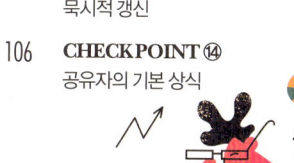

108
: Section 3
GENERATION 6070
삶을 재정비하는 '6070 노후준비족'

60대

- 110 **QUESTION 32**
  고급 주택과 고가 주택의 판단 기준은?

- 112 **QUESTION 33**
  다주택자가 1주택자가 되면서 절세하려면?

- 114 **QUESTION 34**
  빌딩을 팔 때 토지와 건물 가격을 구분하면 절세에 도움 되나?

- 116 **QUESTION 35**
  보유하던 시골 부동산이 강제수용될 경우 절세 방법은?

- 118 **QUESTION 36**
  부동산 매각 후 증여와 증여 후 매각의 절세 차이는?

- 120 **QUESTION 37**
  자녀와 합가하는 경우 소유 주택에 대한 비과세는?

- 122 **QUESTION 38**
  자녀에게 낮은 가격에 아파트를 양도하면 문제 되나?

- 124 **CHECK POINT ⑮**
  황혼이혼과 재산분할 그리고 세금

- 126 **CHECK POINT ⑯**
  토지 부동산 명의신탁 쟁점

- 128 **CHECK POINT ⑰**
  주택 임대차 신고 제도

- 130 **CHECK POINT ⑱**
  가족의 동거 봉양과 기여분 제도

70대

- 132 **QUESTION 39**
  부동산을 상속받을 경우 상속세 절세 방법은?

- 134 **QUESTION 40**
  농지를 양도할 경우 절세 방법은?

- 136 **QUESTION 41**
  시골 농지, 상속과 증여 중 뭐가 유리할까?

- 138 **QUESTION 42**
  배우자나 직계비속 등에게 증여할 경우 절세법은?

- 140 **QUESTION 43**
  해외 부동산을 해외에 있는 자녀에게 증여한다면?

- 142 **QUESTION 44**
  돈이 되는 부담부증여와 독이 되는 부담부증여 구분은?

- 144 **QUESTION 45**
  상속 직전 부동산을 처분할 경우 고려할 세금 문제는?

- 146 **QUESTION 46**
  동거주택상속공제란?

- 148 **CHECK POINT ⑲**
  유언의 종류와 효력

- 150 **CHECK POINT ⑳**
  사후 재산 설계에 알아두면 좋은 제도

: Closing

- 152 **INFORMATION 1**
  착한 임대인을 위한 세액공제 가이드

- 154 **INFORMATION 2**
  사례로 알아보는 상속 분쟁

- 156 스페셜리스트

OPENING. Check List

한눈에 보는 부동산 초보 체크리스트

1 개업 공인중개사 선정하기 ☑

관련 법 : 공인중개사법
중개 보수 및 실비 지불
• 중개 의뢰인은 중개 업무에 관해 부동산 개업 공인중개사에게 소정의 중개 보수를 지불해야 합니다.
• 중개 의뢰인은 부동산 개업 공인중개사가 중개대상물의 권리관계 등의 확인 또는 계약금 등의 반환 채무이행 보장에 소요한 실비를 지불해야 합니다.

부동산 개업 공인중개사의 손해배상책임
• 부동산 개업 공인중개사의 고의 또는 과실로 인해 거래 당사자에게 재산상의 손해를 발생하게 한 때에는 그 손해를 배상할 책임이 있습니다.

2 부동산 거래 신고하기

관련 법 : 부동산 거래신고 등에 관한 법률
- 실거래 가격보다 낮게 계약서를 작성하는 이중계약의 관행을 없애고 부동산 거래를 투명하게 하기 위해 일정한 부동산 또는 부동산을 취득할 수 있는 권리의 매매계약을 체결한 경우나 주택 임대차계약을 체결한 경우 거래 계약의 체결일부터 30일 이내에 부동산 등의 소재지를 관할하는 시장·군수 또는 구청장에게 실거래 가격 등의 사항을 신고해야 합니다.

3 토지 거래 허가받기

관련 법 : 부동산 거래신고 등에 관한 법률
- 허가 구역에 있는 토지에 관한 소유권·지상권(소유권·지상권의 취득을 목적으로 하는 권리 포함)을 이전하거나 설정(대가를 받고 이전하거나 설정하는 경우만 해당)하는 계약(예약 포함, 이하 '토지거래계약'이라 함)을 체결하려는 당사자는 공동으로 그 토지의 소재지를 관할하는 시장·군수 또는 구청장에게 허가를 받아야 합니다.
- 경제 및 지가의 동향과 거래 단위면적 등을 종합적으로 고려해 부동산 거래신고 등에 관한 법률 시행령이 정하는 용도별 면적 이하의 토지에 대한 토지거래계약 또는 무상증여에 관해서는 허가가 필요하지 않습니다.

4 매매계약 체결하기

관련 법 : 민법
- 매매는 당사자 일방이 재산권을 상대방에게 이전할 것을 약정하고 상대방이 그 대금을 지급할 것을 약정함으로써 그 효력이 생깁니다.
- 매도인은 매수인에 대해 매매의 목적이 된 권리를 이전해야 하며, 매수인은 매도인에게 그 대금을 지급해야 합니다. 이러한 쌍방 의무는 특별한 약정이 없으면 동시에 이행해야 하는 의무가 됩니다.

5 등기부상 권리 확인하기

관련 법 : 부동산등기법
- 등기부는 토지등기부(土地登記簿)와 건물등기부(建物登記簿)로 구분되는데, 누구든지 수수료를 내고 등기기록에 기록되어 있는 사항의 전부 또는 일부의 열람과 이를 증명하는 등기사항증명서의 발급을 청구할 수 있습니다. 다만 등기기록의 부속서류에 대해서는 이해관계가 있는 부분만 열람을 청구할 수 있습니다.

OPENING. *Check List*

6 부동산 명의신탁 효력 확인하기

관련 법 : 부동산 실권리자명의 등기에 관한 법률

✅ 명의신탁의 개념
- '명의신탁약정'이란 부동산에 관한 소유권을 보유한 자 또는 사실상 취득하거나 취득하려는 자(이하 '실권리자'라 함)가 타인과의 사이에서 대내적으로는 실권리자가 부동산에 관한 물권을 보유하거나 보유하기로 하고 그에 관한 등기(가등기 포함)는 그 타인의 명의로 하기로 하는 약정(위임·위탁매매의 형식에 의하거나 추인에 의한 경우 포함)을 말합니다.

✅ 명의신탁약정 및 등기의 효과
- 부동산에 관한 물권을 명의신탁약정에 따라 명의수탁자의 명의로 등기해서는 안 됩니다.
- 명의신탁약정은 무효이므로 법상 예외 사유에 해당하지 않는 명의신탁약정에 따라 행해진 등기에 의한 부동산 물권변동은 무효가 됩니다.

✅ 명의신탁약정시 형사처벌
- 실권리자명의 등기 의무를 위반하는 경우 명의신탁자는 5년 이하의 징역 또는 2억원 이하의 벌금의 형사처벌을 받을 수 있으며, 명의수탁자는 3년 이하의 징역 또는 1억원 이하의 벌금의 형사처벌을 받을 수 있습니다.

✅ 명의신탁약정시 과징금 및 이행강제금 부과
- 실권리자명의 등기 의무를 위반한 명의신탁자에게는 해당 부동산 가액의 100분의 30에 해당하는 금액의 범위에서 과징금을 부과하며, 해당 부동산 가액은 과징금을 부과하는 날 현재의 가액(소유권의 경우 소득세법 제99조에 따른 기준시가 등)에 따르게 됩니다. 다만 과징금 부과 시 이미 명의신탁관계를 종료했거나 실명등기를 했을 때에는 명의신탁관계 종료 시점 또는 실명등기 시점의 부동산 가액으로 하게 됩니다.
- 위 규정에 따라 과징금을 부과받은 명의신탁자는 지체 없이 해당 부동산에 관한 물권을 자신의 명의로 등기해야 합니다. 다만 부동산에 관한 물권을 취득하기 위한 계약에서 명의수탁자가 어느 한쪽 당사자가 되고 상대방 당사자는 명의신탁약정이 있다는 사실을 알지 못한 경우에는 그러하지 아니하며, 자신의 명의로 등기할 수 없는 정당한 사유가 있는 경우에는 그 사유가 소멸된 후 지체 없이 자신의 명의로 등기해야 합니다. 이를 위반하는 경우 위 과징금 부과일(등기할 수 없는 사유가 소멸한 때를 말한다)부터 1년이 지난 때에 부동산 평가액의 100분의 10에 해당하는 금액을, 다시 1년이 지난 때에 부동산 평가액의 100분의 20에 해당하는 금액을 각각 이행강제금으로 부과하게 됩니다.

부동산 거래 시 알아두면 쓸모 있는 부동산 상식

❶ 양도소득세
• 양도소득세란 자산에 대한 등기 또는 등록에 관계없이 매도, 교환, 법인에 대한 현물출자 등으로 그 자산이 유상으로 사실상 이전되는 경우 부과되는 세금을 말합니다. 매도인이 부동산을 매매한 경우 양도소득세를 납부해야 합니다.

❷ 취득세
• 취득세란 부동산의 매매, 교환, 상속, 증여, 기부, 법인에 대한 현물출자, 건축, 개수(改修), 공유수면의 매립, 간척에 의한 토지의 조성 등과 그 밖에 이와 유사한 취득으로서 원시취득(수용재결로 취득한 경우 등 과세 대상이 이미 존재하는 상태에서 취득하는 경우는 제외), 승계취득 또는 유상·무상의 모든 취득에 대해 부과되는 세금을 말합니다. 매수인이 부동산을 매매한 경우 부동산을 취득한 자로서 취득세를 납부해야 합니다.

❸ 투기지역
• 국토교통부 장관이 해당 지역의 부동산 가격 상승이 지속될 가능성이 있거나 다른 지역으로 확산될 우려가 있다고 판단되어 지정 요청(관계 중앙행정기관의 장이 국토교통부장관을 경유하여 요청하는 경우 포함)하는 경우에 기획재정부 장관이 부동산가격안정심의위원회의 심의를 거쳐 지정지역(투기지역)을 지정합니다.

❹ 투기과열지구
• 국토교통부 장관 또는 시도지사는 주택 가격의 안정을 위해 필요하다고 인정되는 경우 주택 가격상승률이 물가상승률보다 현저히 높은 지역으로 그 지역의 청약경쟁률·주택 가격·주택보급률 및 주택 공급 계획 등과 지역 주택시장 여건 등을 고려했을 때 주택에 대한 투기가 성행하고 있거나 성행할 우려가 있는 지역 중 주택법 시행규칙에서 정하는 일정한 조건을 충족하는 경우에 주택정책심의위원회(시도지사의 경우에는 시도 주택정책심의위원회)의 심의를 거쳐 투기과열지구로 지정합니다.

OPENING *Trend 1*

생애주기별 부동산과 세금

부동산과 세금은 떼려야 뗄 수 없는 관계입니다. 청년부터 노년까지 연령대별 부동산 세금을 미리 알아두는 것은 마치 재테크 보험에 가입한 것과 마찬가지로 세금 폭탄의 리스크를 줄일 수 있는 가장 좋은 방법이 되어줄 것입니다.

*by_* 서욱진 한국경제신문 건설부동산부장

#무주택자인 30대 직장인 이 모 씨는 너무 가격이 오른 아파트 대신 주거용 오피스텔 구입을 고민하고 있다. 오피스텔은 청약할 때 주택 수에 포함되지 않는다. 즉 매입 후에도 계속 청약 신청을 할 수 있다는 점이 마음에 들었다. 하지만 세금을 낼 때는 주택으로 간주된다는 사실을 이 씨는 모르고 있다. 당첨 후 나중에 한 채를 팔면 양도소득세 중과를 맞게 된다.

#은퇴한 60대 김 모 씨는 오랫동안 살던 아파트가 재건축을 마치고 입주를 앞두고 있지만 걱정이 태산이다. 조합에 '1+1 분양'을 신청했기 때문이다. 소형 아파트 한 채는 임대를 줘 노후 생활비를 마련할 계획이었지만, 종합부동산세를 미처 생각하지 못했다. 2주택자 종합부동산세율이 대폭 인상돼 받은 임대료를 고스란히 세금으로 내야 할 처지가 됐다.

최근 몇 년간 집값이 많이 오르면서 부동산에 대해 공부하는 사람이 크게 늘었습니다. 투자 노하우를 담은 책은 베스트셀러가 되고, 유명 전문가의 강연에는 사람들이 미어터집니다. 부동산에 대해 배울 수 있는 인터넷 카페에는 투자 지역과 방법 등을 공유하는 글이 쏟아집니다. 하지만 부동산 재테크만 익힐 뿐 세금은 크게 신경 쓰지 않는 사람도 많습니다. 부동산과 세금은 이제 서로 뗄 수 없는 밀접한 관계입니다. 세금이 늘어나면 집값이 떨어지고, 줄어들면 오르는 것은 기본입니다. 아무리 투자를 잘해도 세금을 간과했다가는 차익을 고스란히 날릴 수 있습니다.

'나는 부동산 투자를 하지 않는, 살고 있는 집 한 채뿐인 실수요자'라고 해도 상황은 크게 다르지 않습니다. 갖고 있을 때 보유세를 덜 내고, 나중에 팔거나 상속·증여를 할 때 양도소득세 등 세금을 적게 내야 재산을 온전히 지킬 수 있습니다.

그렇다면 부동산 세금을 알기 위한 가장 효율적인 방법은 무엇일까요. 세법책을 한 권 사서 정독하면 물론 좋습니다. 쉽게 지치지 않는다면 말입니다. 네이버 등 포털에서 알고 싶은 부분만 검색해보면 어떨까요. 수많은 검색 결과가 뜨지만 필요한 내용이 빠지지 않고 담긴 글을 찾기가 쉽지 않습니다. 생애주기별 부동산 세금을 믿을 수 있는 전문가가 설명해주는 책 한 권이 아쉬운 이유입니다.

연령에 따라 세금도 천차만별

사회생활을 처음 시작하는 20대에는 아무래도 독립해서 전세나 월세를 사는 경우가 많을 것입니다. 이 경우 월세 세액공제나 전세 소득공제를 받으면 좋습니다. 부모님 집에 살면 증여세를 낼 수 있다는 사실도 기억해야 합니다. 혼자 살 오피스텔을 구입할 경우에도 세금을 고민해야 합니다. 오피스텔을 주택으로 간주하는 경우가 제각각이기 때문입니다.

직장인이 된 30대에는 생애 최초로 집을 구입하는 경우 자금 조달 계획서를 신경 써야 합니다. 매매계약이 6월 1일 전이냐 후이냐에 따라 종합부동산세 부과 여부가 결정됩니다. 부부 공동명의로 할지, 그렇다면 비율을 어떻게 할지에 대한 전략적 판단도 필요합니다. 낡은 집을 사서 수리하고 싶다면 그 비용을 나중에 필요경비로 인정받을 수 있다는 것을 잊어선 안 됩니다.

한창 활발하게 활동하는 40대에는 이사를 가기 위해 일시적 2주택자가 된 경우 비과세 요건을 따져야 합니다. 1주택 비과세 요건이 무엇인지 숙지하는 것은 필수입니다. 세금 종류별로 주택 수를 달리 계산한다는 것도 알아야 합니다. 부모님에게 아파트를 증여받을 경우 감정평가를 받아 세금을 줄일 수 있습니다. 상속세를 덜 내는 게 나은지, 아니면 나중에 팔 때 양도소득세를 적게 내는 게 유리한지 비교해봐야 합니다.

재산을 어느 정도 축적한 50대에는 살고 있는 집이 재건축이나 재개발될 경우 종합부동산세나 양도소득세가 어떻게 되는지에도 관심을 가져야 합

서울 아파트 매매거래량 추이
단위 : 건

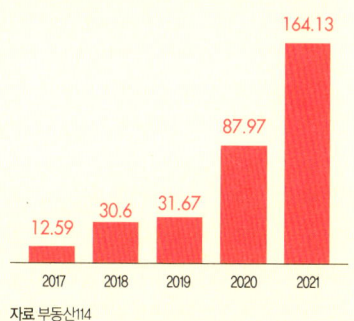

자료 서울부동산정보광장 ※12월은 추정치

서울 분양 아파트 청약 경쟁률 변화
단위 : %

자료 부동산114

니다. 별장으로 쓰기 위해 시골 농어촌주택을 구입할 경우 세금을 신경 써야 합니다. 임대 빌딩을 구입할 때 개인 명의로 살지, 법인 명의로 살지도 따져봐야 합니다.

은퇴 시기인 60대에는 다주택을 줄이는 노하우를 알아두면 좋습니다. 차익이 큰 주택을 나중에 파는 것이 유리하다는 게 기본이지만, 새로 만들어진 변수도 적지 않습니다. 증여에도 관심이 많을 시기입니다. 자녀에게 양도한 아파트 가격이 시세에 비해 많이 싸면 증여로 간주돼 세금을 내야 합니다. 황혼이혼을 할 경우에는 재산분할과 세금도 고려해야 합니다.

생을 정리하는 70대에는 상속에 대한 관심이 클 것입니다. 자녀 한 명에게 상속재산을 몰아주는 게 가능할까요? 부동산만 갖고 있는 경우 자녀의 상속세 마련은 어떻게 하는 게 좋을까요? 시골 농지를 자녀에게 증여할지, 상속할지도 정해야 합니다. 며느리나 사위에게 증여하면 얼마나 세금을 내야 하는지 등도 궁금할 수 있습니다.

청년 시기를 거쳐 중장년, 노년까지 연령대별 부동산 세금을 미리 알아두는 것은 '재테크 보험'에 드는 것과 마찬가지입니다. 자칫 줄일 수 있는 세금을 더 내는 리스크를 없앨 수 있습니다. 물론 세법의 세부 내용을 다 기억하기는 쉽지 않습니다. 하지만 걱정 하지 않아도 될 것 같습니다. 필요할 때마다 찾아보면 되니까요. 곁에 두고 언제든 다시 펴볼 수 있는 책이 좋은 이유입니다.

OPENING Trend 2

올해 부동산시장 전망, 금리·대선이 주요 변수

: 치솟는 집값 행진이 멈출 줄 모릅니다. 그러나 한 가지 희망을 찾자면 상승폭은 크게 낮을 것이라는 의견이 지배적이라는 점입니다.

by_ **신연수** 한국경제신문 건설부동산부 기자

올해 주택시장도 상승세를 이어갈 것이란 전망이 많습니다. 국내 주요 부동산 연구 기관들은 일제히 '공급 부족'으로 아파트값 상승이 지속될 것이란 분석을 내놨습니다. 정부가 3기 신도시 등 주택 공급에 박차를 가하고 있지만, 단기간에 성과를 내기 어렵다는 시각이 지배적입니다. 그러나 최근 금리인상과 대출 규제 강화 등으로 수요가 위축되고 있는 상황이라 대통령 선거 전까지는 시장이 '숨고르기'를 이어갈 것이란 관측도 나옵니다.

주택 매매가는 지속 상승 예정

주택산업연구원(이하 주산연)은 '2022년 주택시장 전망' 보고서를 통해 올해 전국 주택 매매가격이 2.5% 상승할 것이라고 내다봤습니다. 주산연은 "올해 집값 상승률은 지난해(전국 10.5%)보다 낮아지겠지만, 인천·대구 등 일부 공급 과잉 지역과 일명 '영끌(영혼까지 끌어모은다)' 추격 매수로 인한 단기 급등 지역을 제외하고는 하락세로 돌아서진 않을 것"이라고 밝혔습니다.

상승세가 지속될 것으로 보는 주요 원인 중 하나는 공급 부족입니다. 정부가 3기 신도시 등 주택 공급 확대에 속도를 가하고 있지만, 단기간에 가시적 성과를 내긴 어렵다는 것입니다. 주산연은 "2015~2017년 크게 증가한 신규 공급이 택지 부족으로 점차 감소하는 추세"라며 "(공급이) 급증하는 수요에 대응하기 어려워 가격 상승 요인으로 작용하고 있다"고 진단했습니다. 이어 "분양가상한제 시행에 따른 수익성 감소로 사업 지연 사례가 증가하고, 서울 주택 공급을 둘러싼 불안심리가 확대되고 있다"고 덧붙였습니다. 향후 2~3년간은 서울 신축 아파트의 공급 부족이 이어지면서 주택 가격이 오를 것이라고 봤습니다. 대한건설정책연구원(이하 건정연)도 올해 집값이 오를 것이라고 내다봤습니다. 건정연은 올해 주택 매매가격 상승률을 5%로 전망했습니다. 또한 건정연은 "높아진 주택 가격에 가계대출 총량 규제, 금리 상승으로 수요가 위축될 것"이라며 "높은 양도소득세로 매매 대신 증여만 증가하고, 거래 물량과 공급이 감소하면서 수요 위축에도 불구하고 가격 상승세를 유지할 전망"이라고 분석했습니다.

다만 지난해 대비 상승폭은 다소 줄어들 것이란 시각이 지배적입니다. 올해 전국 2.0% 상승 전망을 내놓은 한국건설산업연구원은 "역사적 고점에 있는 가격 부담과 대출 규제 강화, 3기 신도시 공급 기대심리 등으로 매수자로선 매매 시장에 선뜻 진입하기 어려울 것"이라며 "매도인도 호가를 하향 조정할 이유는 많지만 보유세 인상 및 금리인상에 대한 부담, 전세자금 대출 거절 등 변수가 생기면 상승세가 둔화할 가능성이 높다"고 설명했습니다. 주산연도 "새해 대선 향방에 따라 양도소득세가 완화되든, 보유세가 강화되든 두 시나리오 모두 매물 증가에 영향을 줄 것"이라며 "지난해보다는 상승폭이 크게 낮아질 것으로 예상된다"고 했습니다.

금리인상과 대출 규제로 위축된 매수세

지난해 말부터 전국적으로 아파트 매수세가 위축되고 상승세도 둔화하는 양상입니다. 한국부동산원에 따르면 2021년 12월 전국 주택 종합(아파트, 연립·단독주택 포함) 매매가격 상승률은 0.29%로, 전월(0.63%) 대비 상승폭이 크게 줄었습니다. 같은 기간 서울도 0.55%에서 0.26%로 상승세가 둔화했습니다. 2021년 12월 전국 주택 매매수급지수는 96.6으로, 2020년 6월(97.8) 이후 1년 6개월 만에 기준선(100) 아래로 떨어졌습니다. 매매수급지수는 수요와 공급 비중을 점수화한 지수로, 100 미만으로 숫자가 작을수록 시장에 매도세가 매수세보다 강하다는 뜻입니다.

최근 위축된 매수세의 가장 큰 원인

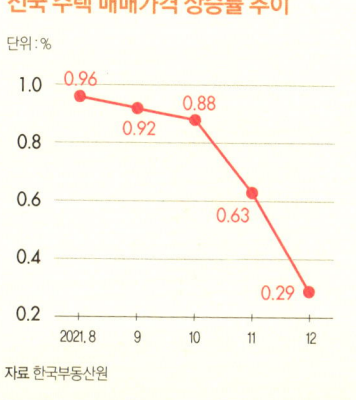

전국 주택 매매가격 상승률 추이
단위:%

자료 한국부동산원

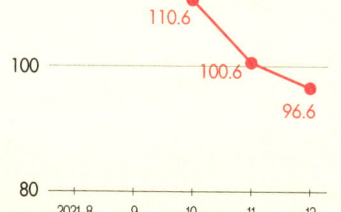

※100보다 숫자가 작을수록 매도세가 더 강함
자료 한국부동산원

으로는 금리인상과 대출 규제를 꼽습니다. 한국은행은 올 초 기준금리를 연 1.25%로 상향했습니다. 여기에 올해부터 차주별 총부채원리금상환비율(DSR) 40% 규제를 적용합니다. '돈줄 조이기'가 가속화하면서 올해 부동산시장은 실수요 위주로 재편될 것이란 분석이 많습니다.

지방 아파트 청약 노려볼 만

청약 시장에서도 '옥석 가리기'가 시작될 가능성이 높습니다. 2022년 1월부터 입주자 모집 공고를 내고 분양하는 단지는 잔금 대출 시 강화한 DSR 규제가 적용됩니다. 입지가 좋지 않아도 비규제 지역이라는 이유만으로 전매 등을 노린 투자수요가 몰렸던 지방 아파트는 청약 경쟁률이 대폭 낮아질 수 있습니다. 반대로 분양이 지체된 서울과 서울 접근성이 좋은 일부 수도권 지역은 대기 수요가 쌓여 있어 여전히 높은 경쟁률을 유지할 가능성이 높습니다. 예컨대 2021년 서울 평균 청약 경쟁률은 164.13 대 1로, 2020년(87.97 대 1)보다 큰 폭으로 상승했습니다. 반면 대구는 2020년 평균 경쟁률이 21.86 대 1에서 지난해 4.88 대 1로 급감했습니다.

2022년 3월 대통령 선거를 앞두고 후보별로 각종 부동산 공약이 쏟아지고 있습니다. 재건축 등 정비사업 활성화뿐 아니라 부동산 세금 관련 공약도 이어지고 있습니다. 예비 매도자와 매수자 모두 대선 전까지는 불확실성에 '눈치 보기 장세'를 유지할 것으로 보입니다.

SECTION 1
GENERATION 2030

이제 막 독립을 시작한 20대와 본격적으로 직장인이 된 30대. 월세 세액공제나 전세 소득공제를 비롯해 생애 최초로 집을 구입할 때 필요한 자금 조달 계획서 등까지 알아둬야 할 부동산 세금 문제에 머리가 아플 지경이다. 그럼에도 내 집 마련을 꿈꾸는 이들의 열정은 아무도 막을 수 없다.

메타버스 부동산
어릴 적 즐겨 하던 '부루마불' 게임이 현실이 됐다. 메타버스 부동산은 특히 디지털 적응력이 뛰어난 2030 세대를 중심으로 인기를 얻고 있다.

임장
실매물을 현장 답사한다는 의미의 '임장'이 요즘 2030 세대에게 인기다. 주말만 되면 온라인 커뮤니티 등에서 마음 맞는 이들끼리 모여 관심 지역의 매물을 살펴보거나 재개발 관련 브리핑을 들으러 다닌다. 보통 지역별로 조장이 가볼 만한 곳을 미리 정해놓고, 짝을 지어 매물을 보러 다닌다. 이후에는 청약 정보나 지역별 시세 등 관련 부동산 정보를 나누는 형식이다.

집값↑ 20대가 예상하는 집값 전망
- 오를 것: 56.4%
- 현재와 비슷할 것: 29.5%
- 내려갈 것: 13.4%

자료 한국경제신문·입소스 여론조사

내 집 마련 꿈꾸는 '2030 영끌족'

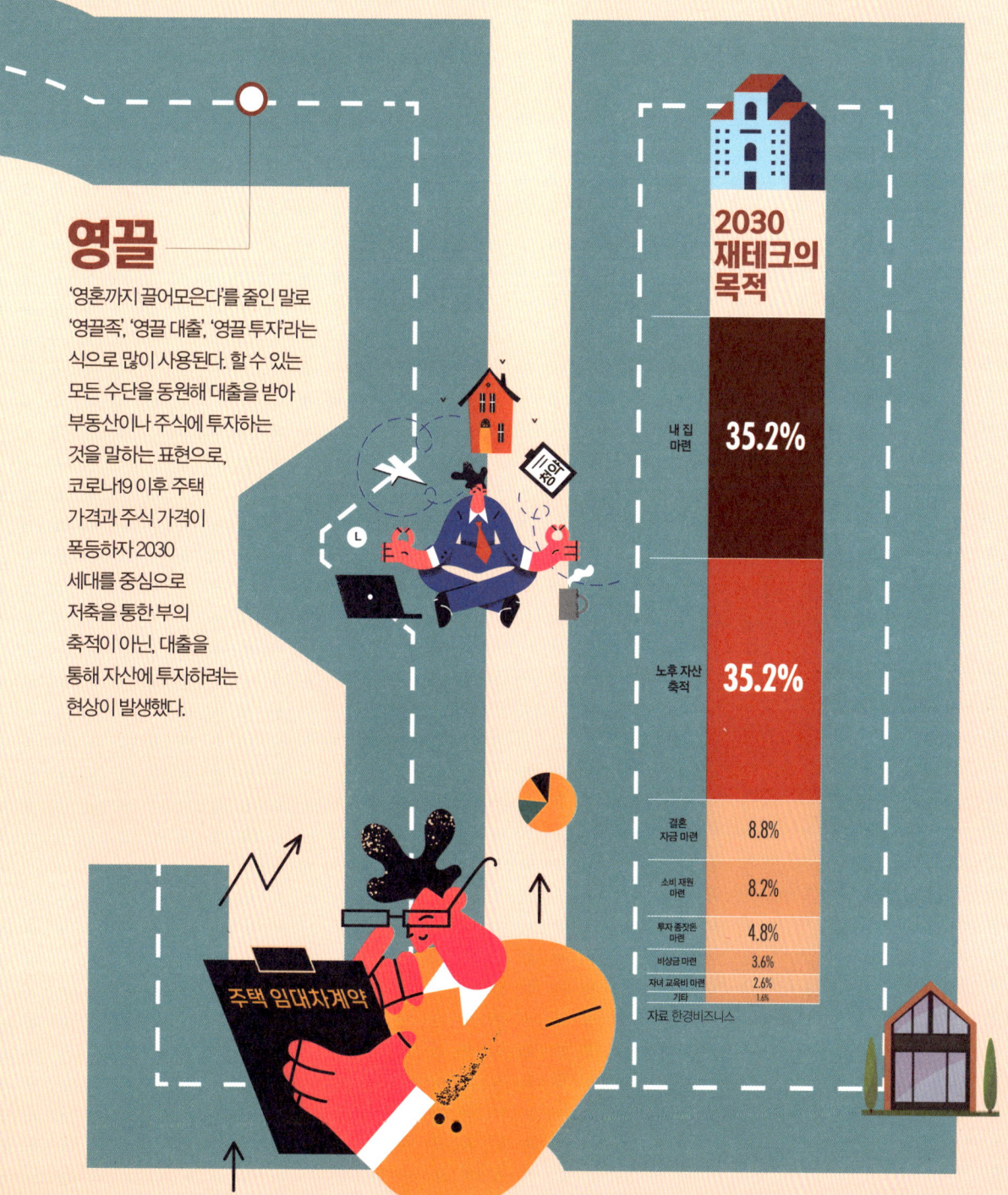

영끌

'영혼까지 끌어모은다'를 줄인 말로 '영끌족', '영끌 대출', '영끌 투자'라는 식으로 많이 사용된다. 할 수 있는 모든 수단을 동원해 대출을 받아 부동산이나 주식에 투자하는 것을 말하는 표현으로, 코로나19 이후 주택 가격과 주식 가격이 폭등하자 2030 세대를 중심으로 저축을 통한 부의 축적이 아닌, 대출을 통해 자산에 투자하려는 현상이 발생했다.

2030 재테크의 목적

항목	비율
내 집 마련	35.2%
노후 자산 축적	35.2%
결혼 자금 마련	8.8%
소비 재원 마련	8.2%
투자 종잣돈 마련	4.8%
비상금 마련	3.6%
자녀 교육비 마련	2.6%
기타	1.6%

자료 한경비즈니스

SECTION 1 GENERATION *2030*

월세도 세액공제를 통해 일부를 돌려받을 수 있을까?

01

CASE ; 부모님 품을 떠나 이제 막 사회에 첫발을 내딛은 직장인입니다. 알뜰히 모아서 종잣돈을 마련해야 하는데, 주거비용이 걱정입니다. 혹시 월세 일부를 세금에서 돌려받을 방법이 있나요?

직장인에게 세금을 돌려받을 수 있는 절호의 기회가 있습니다. 바로 '연말정산'입니다. 매월 간이세액표에 따라 납부한 세금을 연말정산 시점에서 개개인이 받아야 할 인적공제 등 소득공제와 각종 세액공제 등을 감안해 더 많이 낸 경우에는 돌려받고, 더 적게 낸 경우에는 더 내게 됩니다. 이 때 공제받을 수 있는 종류가 다양한데, 여기서 월세 세액공제를 활용하면 됩니다.

먼저 세법상 세금 관련 기본 구조에 대해 설명하겠습니다. 세법에서는 상시적·지속적으로 발생하는 소득을 '종합소득'으로 분류합니다. 종합소득은 여러 가지 소득이 있는데, 근로소득이나 사업소득이 여기에 해당합니다. 근로자나 사업자를 포함한 종합소득이 있는 사람의 경우 1년간 발생한 종합소득을 합산해 다음 해 5월 세금을 신고하게 됩니다. 이때 근로자와 사업자의 신고 방식은 차이가 있습니다.

01

연말정산 시기에 본인의 조건에 맞는 세액공제를 활용하면 됩니다.
주거비용과 관련한 공제는 크게 '월세 세액공제'와 '주택자금 소득공제'가 있는데, 소득이 적은 사회 초년생에게는 '세액공제'인 월세 세액공제가 유리합니다.

근로자는 회사에서 급여를 받을 때 일정 비율의 세금을 떼어 매월 납부하고, 다음 해 초 '연말정산'이라는 이름으로 기존에 납부한 세금과 최종 납부할 세금의 차이를 정산해 신고합니다. 즉 근로자는 다른 종합소득이 없다면 근로소득에 대해서는 간편한 신고 방식으로 세금 신고를 마칠 수 있습니다. 반면 사업자는 사업과 관련한 수입 및 지출을 장부에 작성하는 것을 원칙으로 해 최종 소득금액에 대해 다음 해 5월 세금을 신고하게 됩니다.

종합소득을 절세하는 가장 기본적인 방법은 수입에서 빼주는 '경비'를 인정받는 것입니다. 사업자의 경우에는 사업 관련 지출을 세법상 인정받을 수 있어야만 소득세가 줄어드는 구조이고, 이 지출은 '사업 관련성'이라는 내용과 '장부 작성'이라는 형식을 갖추어야 인정받을 수 있습니다. 반면 근로자는 별도 장부를 작성하지 않습니다. 대신 사업자의 '비용에 준하는 항목으로 각종 '소득(세액)공제'를 인정받을 수 있습니다. 소득공제와 <mark>세액공제</mark>는 세금 계산 방식에서 차이가 있는데, 기본적 취지는 근로자의 안정적 생활 유지와 미래 저축에 들어간 일정 금액을 세금에서 제외함으로써 세제 혜택을 주는 제도라고 할 수 있습니다. 소득공제는 근로소득에서 차감하고, 세액공제는 납부할 세액에서 차감하는 형식입니다.

이는 소득의 크기에 따라 유불리가 발생하는데, 소득이 높은 경우에는 소득세율이 높고 소득이 낮은 경우에는 소득세율이 낮습니다. 고소득자가

세액공제를 받을 수 있는 조건

① 연도 말 현재 주택을 소유하지 않은 세대의 세대주

② 총급여액 7000만원 이하 근로자(종합소득 금액 6000만원 이하)

③ 국민주택 규모 이하 주택이거나 기준시가 3억원 이하 주택(오피스텔 및 고시원 포함)으로 임대차계약상 주소지와 주민등록상 주소지가 같고, 해당 근로자 또는 근로자의 기본공제 대상자가 임대차계약을 체결한 경우

소득공제를 받을 수 있는 조건

① 연도 말 현재 주택을 소유하지 않은 세대의 세대주로서 근로소득자

② 국민주택 규모 이하 주택

③ 금융기관 차입금으로 계약서상 입주일과 전입일 중 빠른 날로부터 3개월 이내에 차입해 임대인 계좌로 직접 입금한 경우

④ 총급여액 5000만원 이하인 경우로, 개인에게 차입(계약서상 입주일과 전입일 중 빠른 날로부터 1개월 이내 차입)하고 차입 금리가 소득세법 시행규칙에서 정한 금리 이상인 경우

세액공제
납세의무자가 부담하는 세액 중에서 세금을 아예 빼주는 것을 말한다.

소득공제를 받게 되면 적용하는 세율만큼 세제 혜택이 생겨 유리합니다. 반면 세액공제는 대상 금액에 일정 비율을 곱한 세금을 공제하는 것으로, 상대적으로 낮은 세율을 적용하는 저소득자에게 유리합니다. 현재 연말정산에서 적용하는 공제는 대부분 세액공제 형태이지만, 일부 소득공제도 가능하므로 고소득자라면 소득공제를 적극 활용할 필요성이 있습니다.

주거비용과 관련한 공제를 살펴보면 크게 '월세 세액공제'와 '주택자금 공제'가 있습니다. 월세 세액공제는 '세액공제'이므로 소득이 적은 사회 초년생이 받을 수 있는 유리한 공제라고 볼 수 있습니다.

공제 조건에 해당하는 경우 월세 금액의 10%(총급여액 5500만원 이하 근로자는 12%. 단, 종합소득 금액 4500만원 초과자는 제외)를 세액공제로 돌려받을 수 있습니다. 다만 월세 금액 750만원을 한도로 합니다.

월세 세액공제의 조건에 부합하지 않는 경우라면 현금 영수증을 신청해 '신용카드 등 소득공제'로 공제받을 수도 있습니다. 다만 이 공제의 경우 최소 총급여의 25%를 초과 사용한 경우에 한해서만 공제금액이 산출되므로 사용 금액이 적다면 공제 조건이 되지 않습니다.

주택을 임차하기 위해 대출을 받고 해당 대출금을 상환하는 경우에는 상환 금액의 40%(공제금액은 주택청약종합저축 공제금액과 합산해 300만원을 한도로 함)를 '주택자금 소득공제'로 돌려받을 수 있습니다.

Q. 부모님 명의의 집에서 무상으로 지내도 문제없을까?

CASE ; 20대 후반에 힘들게 취업했는데, 직장과 자택의 거리가 멀어 독립을 고민 중입니다. 전월셋집을 구하는 대신 부모님 명의의 다른 집에서 지내려고 하는데, 세무상 문제가 되는지 궁금합니다.

자녀가 부모의 집을 무상으로 사용함에 따라 이익을 얻는 경우에는 무상 사용을 개시한 날을 증여일로 해 그 이익의 상당 금액을 증여재산 가액으로 봅니다. 즉 부동산 사용에 대한 임대료 상당액을 면제받는 금전적 이득으로 보아 무상 사용자에게 증여세를 과세하는 것입니다.

이러한 부동산 무상 사용 이익에 대한 증여세 과세 규정의 특징은 첫째, 그 이익에 상당하는 금액이 1억원 이상인 경우에만 적용하고 1억원 미만인 경우에는 적용하지 않습니다. 둘째, 최초 무상 사용 개시일에 향후 5년간 부동산 무상 사용 이익이 계속될 것을 가정해 해당 증여 이익을 계산해서 한 번에 과세합니다. 부동산 무상 사용 기간이 5년을 초과하는 경우에는 그 무상 사용을 개시한 날로부터 5년이 되는 날의 다음날에 새롭게 무상 사용을 개시한 것으로 봅니다. 셋째, 주택 소유자와 함께 거주하는 동

 **특정 조건하에 증여세가 과세될 수도 있습니다.**
그러나 직계존비속이 그 주택에 실제 거주하는 경우에는 소득세 과세 문제가 없습니다.
다만 주택이 아닌 부동산의 경우 부가가치세와 소득세가 부과될 수 있습니다.

거 주택(주택과 그에 딸린 토지)은 과세 대상에서 제외합니다.

구체적으로 부동산 무상 사용 이익인 증여재산은 5년간의 무상 사용 이익을 현재 가치로 평가한 금액의 합계액으로 계산합니다. 이 경우 각 연도의 부동산 무상 사용 이익은 부동산 가액(상속세 및 증여세법상 증여재산 평가 가액)의 2%를 적용합니다.

예를 들면 자녀가 시가 20억원인 아버지의 아파트에 무상으로 거주하는 경우 각 연도 부동산 무상 사용 이익은 20억원×2%로 4000만원이고, 5년간 현재 가치의 합인 증여재산 가액은 4000만원×3.7908(연금 현가)로 약 1억5160만원입니다. 여기에 증여재산공제 5000만원을 공제할 경우 과세표준은 1억160만원이고, 산출 세액은 1032만원입니다.

결과적으로 이렇게 계산한 증여재산 가액이 최소한 1억원이 넘는 경우이어야 증여세가 과세됩니다. 따라서 역으로 계산할 경우 부동산 가액이 약 13억원을 넘지 않으면 증여재산 가액이 1억원이 되지 않아 증여세가 과세되지 않습니다.

이 사례에서도 무상 사용하는 주택 가액이 13억원 이하인 경우에는 증여세 문제가 없습니다. 그리고 주택 가액이 13억원이 넘는다면 절세 측면에서 주택 소유자와 함께 거주해 과세 대상에서 제외될 수 있는 상황인지를 고려해볼 수 있습니다. 주택 소유자와 함께 거주하는 경우를 생각한다면 실질적으로 함께 거주한 부분에 대한 향후 입증 문제까지 생각해야 합니

부동산 무상 사용 이익 계산

구분	내용
무상 사용 이익 증여재산 가액	각 연도 부동산 무상 사용 이익×연금 현가(10%, 5년)
각 연도 부동산 무상 사용 이익	해당 부동산 가액(상속세 및 증여세법상 평가 가액)×2%
연금 현가(10%, 5년)	3.7908

> 부동산 무상 사용을 중단하게 되는 경우 월 단위로 기간을 계산해 정산한 증여세를 무상 사용이 중단되는 사유가 발생한 날로부터 3개월 이내에 경정청구를 할 수 있다는 것을 기억할 필요가 있습니다.

부동산 무상 사용 이익인 증여재산 기간

5년

부동산 무상 사용 이익인 증여재산은 5년간의 무상 사용 이익을 현재 가치로 평가한 금액의 합계액으로 계산한다. 이 경우 각 연도의 부동산 무상 사용 이익은 부동산 가액(상속세 및 증여세법상 증여재산 평가 가액)의 2%를 적용한다.

직계존비속
혈연을 통해 친자 관계가 직접적으로 이어져 있는 존속과 비속을 아울러 이르는 말.

다. 그리고 부동산 무상 사용에 따라 5년간의 무상 사용을 가정해 계산한 가액으로 증여세를 납부했으나, 추후 부동산 무상 사용을 중단하게 되는 경우(소유자 사망, 해당 부동산 상속 또는 증여 및 처분 등)에는 과다하게 증여세를 납부한 결과가 되기 때문에 월 단위로 기간을 계산해 정산한 증여세를 무상 사용이 중단되는 사유가 발생한 날로부터 3개월 이내에 경정청구를 할 수 있다는 것을 기억할 필요가 있습니다.

한편 주택을 무상으로 사용하게 한 부모 입장에서도 소득세법상 부당행위계산부인 규정에 따라 시가로 사업소득을 계산해야 하나, 직계존비속에게 주택을 무상으로 사용하게 하고 직계존비속이 그 주택에 실제 거주하는 경우 소득세 과세 문제는 없습니다. 다만 주택이 아닌 부동산을 무상으로 임대하는 경우에는 부가가치세와 소득세가 부과될 수 있음을 유의해야 합니다.

SECTION 1 *GENERATION 2030*

Q. 부모님에게 빌린 전세금에도 세금이 부과될까?

CASE ; 첫 직장이 집에서 너무 멀어 직장 근처에 전셋집을 얻으려고 합니다. 전세금이 부족해 부모님에게 빌리려고 하는데, 이런 경우 세금이 부과되나요?

이 사례의 경우에는 증여 여부에 대한 판단이 필요한 영역입니다. 상식적으로 증여는 재산을 자녀에게 넘겨준 경우에만 해당한다고 오해하기 쉽습니다. 그러나 세법에서는 직접적 이익뿐 아니라 간접적 이익도 증여 대상으로 봅니다. 즉 다른 사람의 기여에 의해 이익을 얻은 경우도 증여로 판단합니다. 다만 간접적 이익의 경우에는 일정 기준을 초과할 때만 증여세 부과 대상으로 정하고 있습니다.

그러면 전세 계약을 위해 부모님으로부터 자금을 빌려서 전세 들어간 경우를 살펴볼까요. 전세 계약은 일정 기간 부동산 사용권의 대가로 보증금을 주고 계약 기간이 종료되면 보증금과 부동산을 서로 반환하게 됩니다. 이때 보증금은 전세 계약을 하는 당사자의 자금으로 준비하고 계약 종료 시점에 당연히 당사자가 돌려받는 것입니다.

질문하신 것처럼 자금이 부족할 경우 은행에서 받는 이자소득에 대해 세금을 내는 것처럼 부모님에게 전세 자금을 빌리고 이자를 드리는 경우 그 이자에 대한 세금을 내야 합니다. 이때 지급하는 이자에 대해서도 적정이자율로 계산한 금액이어야 증여문제가 발생하지 않습니다.

부모님이나 친지를 통해 자금을 빌린다면 은행에서 받는 '대출'과 동일한 성격의 거래가 됩니다. 따라서 빌린 원금과 이자를 서로 합의한 방식에 따라 일정 기간 동안 갚아나간다면 정상적 거래가 됩니다. 여기서 발생할 수 있는 세금 문제는 자금을 빌려준 사람이 받게 되는 이자가 '소득'이라는 것입니다. 자금을 빌리는 거래가 은행에서 '대출'을 받는 것과 비슷하다면 이자를 받는 거래는 은행에서 '예금'을 하고 이자를 받는 것과 비슷합니다. 은행에서 받는 이자소득에 대해 세금을 내는 것처럼(예금자가 직접 세금을 내지는 않으나 은행에서 이자를 지급할 때 세금을 떼고 차액을 지급) 자금을 빌린 사람이 건네는 이자에 대해서도 세금을 내야 합니다.

이 경우 주의할 점이 있습니다. 이 이자소득은 '**비영업대금의 이익**'이라고 표현하며, 일반 은행의 이자소득과 적용하는 세율이 다릅니다. 일반 은행에서 받는 이자소득은 14%(지방소득세 별도)를 세금으로 납부하지만, 비영업대금의 이익에 대해서는 25%(지방소득세 별도)를 납부해야 합니다. 또한 연간 2000만원을 초과하는 금융소득은 종합소득에 합산해 신고해야 하는데, 이 비영업대금의 이익도 여기에 포함됩니다. 질문자의 경우처럼 부모님에게 자금을 차용하려고 한다면 먼저 이러한 차용에 대한 사실을 입증할 수 있는 서류와 그에 따른 이자 지급 내역 등을 잘 관리해야 합니다.

또한 이자 지급 시에도 법정이자율(연 4.6%, 2022년 1월 현재)을 기억할 필요가 있습니다. 이보다 적은 이자를 지급하는 경우에는 그 차액이 1000만원 이상일 경우 또 다른 증여로 판단할 수 있습니다. 가령 3억원을 차용하고 이자는 0.6%로 계산해 지급하는 계약을 했다고 가정해보겠습니다. 이런 경우 법정이자율인 4.6%와의 차이는 4%이고 3억원의 원금에 대해 1200만원의 이자 차이가 발생합니다. 따라서 이렇게 이자의 차이가 1000만원 이상인 경우에는 1200만원에 대해서도 증여로 보아 과세대상이 되는 것입니다.

만일 이자를 지급하지 않는 경우라면, 약간 다른 문제가 발생합니다. 이 경우 원금에 대한 차용은 인정하고 이자 부분을 증여로 볼 것인지, 차용사실 자체를 부인하고 원금 전체를 증여로 볼 것인지에 대한 문제입니다. 먼저 원금은 차용으로 인정하고 이자만 증여받은 것으로 보는 경우라면 차용에 대해 세법에서 정한 법정이자율(연 4.6%, 2022년 1월 현재)을 기준으로 해당 이자만큼을 증여받은 것으로 보아 증여세가 과세될 수 있습니다. 다음으로 원금 전체를 증여받은 것으로 볼 경우에는 부모님에게 빌린 돈 전체에 대해 증여세가 과세될 수 있습니다. 현실적으로는 원금을 빌렸다면 그에 대한 대가로 이자가 발생하는 것이 상거래 원칙에 부합하므로 이자를 내고 있지 않다면 원금을 증여한 것으로 볼 여지가 있다는 점을 주의하고 정상적 이자 지급이 이뤄질 수 있도록 하는 것이 바람직합니다.

일반 은행과 비영업대금의 이익 이자 세율 차이

14%
보통 일반 은행에서 받는 이자소득은 14%(지방소득세 별도)를 세금으로 납부한다.

25%
비영업대금의 이익(자금을 빌린 사람이 건네는 이자)에 대해서는 25%(지방소득세 별도)를 세금으로 납부해야 한다.

비영업대금의 이익
금융업자가 아닌 거주자의 금전 대여로 인한 이익.

SECTION 1 *GENERATION 2030*

Q.04 청약 상품으로 절세하는 방법이 있을까?

CASE ; 첫 월급을 받자마자 주택청약종합저축 통장을 만들었습니다. 청약 상품도 절세를 할 수 있나요? 청약 전 알아두면 좋은 팁이 있다면 함께 소개해주세요.

근로소득자라면 주택청약종합저축을 통해 주택을 마련하기 전까지 저축과 청약을 할 수 있을 뿐 아니라 소득세까지 절감할 수 있습니다. 연간 주택청약종합저축 납입액 240만원 한도로 최대 96만원까지 소득공제를 받을 수 있습니다.

주택청약종합저축은 주택 청약 기능을 기본으로 하고 일정 조건에 해당하는 근로자에게 세제 혜택을 제공하는 금융상품입니다. 먼저 일반적인 주택청약종합저축의 경우 근로소득 금액에서 연간 청약 납입액 240만원 한도로 납입액의 40%(최대 96만원)를 소득공제받을 수 있는 세제 혜택이 있습니다. 소득공제를 받기 위해서는 무주택이어야 하고 총급여 제한 등의 조건이 있습니다. 만일 조건에 부합하지 않는 연도에는 공제받을 수 없습니다. 주택청약종합저축 소득공제 적용 기한은 현재 2022년 12월 31일까지이나, 향후 세법 개정에 따라 연

A.04 근로소득자라면 주택청약종합저축을 통해 주택을 마련하기 전까지 저축과 청약을 할 수 있을 뿐 아니라 소득세까지 절감할 수 있습니다. 연간 주택청약종합저축 납입액 240만원 한도로 최대 96만원까지 소득공제를 받을 수 있습니다.

장될 수 있습니다.

소득공제를 받은 경우에는 일정 기간 유지해야 합니다. 소득공제받은 계좌를 저축 가입 후 5년 이내에 해약(사망, 해외 이주, 국민주택 규모 이하 주택 당첨 등의 경우는 제외)하는 경우에는 소득공제받은 금액에 6%를 곱한 금액을 추징(실제 감면받은 세액 상당액 한도)합니다.

질문자의 경우에는 소득공제뿐 아니라 비과세 혜택도 가능한 '청년 우대형 주택청약종합저축'에 가입하는 것도 유리합니다. 청년 우대형 주택청약종합저축은 다음 요건을 충족하는 경우에 한해 저축 이자소득에 대해 비과세(연간 납입액 600만원 한도, 이자소득 금액 500만원까지 비과세)를 적용합니다.

==주택청약종합저축==의 소득공제를 적용받거나 청년 우대형 주택청약종합저축의 비과세를 적용받기 위해서는 저축 가입 기관에 주택을 소유하지 않은 세대의 세대주임을 증명하는 '무주택확인서'를 제출해야 합니다. 제출 기한은 소득공제의 경우 적용받으려는 연도의 다음 연도 2월 말까지, 비과세 적용의 경우 가입 후 2년 이내입니다. 또한 사망이나 해외 이주 등 예외적 사유가 있지 않은 경우에는 가입 2년이내에 원금 등을 인출하지 않아야 하며, 인출하는 경우에는 감면받은 세액을 추징하게 되므로 유의해야 합니다.

주택청약종합저축의 소득공제는 주택임차차입금 소득공제 한도와 합산해 연 300만원 한도를 적용합니다. 또 장기주택저당차입금 이자소득 공제와 합

주택청약종합저축 소득공제 대상

① 해당 연도 중 주택을 소유하지 않은 세대의 세대주

② 총급여액 7000만원 이하 근로자(일용근로자는 제외)

청년 우대형 주택청약종합저축 가입 조건

① 저축 가입일 현재 만 19세 이상 34세 이하(병역 이행 기간 최대 6년 공제 후 계산 가능)

② 가입 당시 주택을 소유하지 않은 세대의 세대주

③ 직전 과세기간 총급여액 3600만원 이하(종합소득 금액 2600만원 이하)

④ 계약 기간 2년 이상

주택청약종합저축

전용면적 85㎡ 이하 공공주택에 청약할 수 있는 청약저축, 모든 민영주택과 전용면적 85㎡를 초과하는 공공주택 청약이 가능한 청약예금, 전용면적 85㎡ 이하의 민영주택 청약이 가능한 청약부금 등을 하나로 묶은 상품이다.

산해 소득공제 한도를 적용합니다.

결론적으로 근로소득자라면 주택을 마련하기 전까지 저축과 청약 기능뿐 아니라 소득공제로 소득세까지 절감할 수 있는 상품이 주택청약종합저축이라고 보면 됩니다. 소득이 낮은 청년층이라면 청년 우대형 주택청약종합저축으로 비과세 효과까지 가능합니다.

주택청약종합저축의 주된 기능은 '청약'입니다. 청약통장에 일정 금액 이상 납입하고 거주 등 조건을 충족한 경우에는 아파트 분양에 청약을 할 수 있습니다. 예를 들어 민영주택 청약의 경우 최초 입주자 모집 공고일 현재 해당 주택 건설 지역 또는 인근 지역에 거주하는 성년자(민법에 따른)로서 청약통장에 일정 기간 이상 가입(투기과열지구 및 청약과열지역은 2년, 위축지역은 1개월 등)하고, 납입 인정 금액이 지역별 예치 금액 이상인 경우 1순위로 청약할 수 있습니다.

1순위에 해당하지 않는 경우 2순위자가 되며, 1순위 중 같은 순위 안에 경쟁이 있을 때 청약자 중 당첨자 선정 방법은 민영주택의 경우 가점제와 추첨제로 나누어 선정합니다. 투기과열지구와 청약과열지역 등 지역별과 주거전용면적 85㎡ 이하 또는 85㎡ 초과인지에 따라 가점제와 추첨제의 비율이 달라집니다.

가점제는 무주택 기간, 부양가족 수, 입주자 저축 가입 기간에 따라 가점이 달라지고 총점 84점 이내에서 점수를 산정합니다. 보다 자세한 내용은 '청약홈(www.applyhome.co.kr)'을 통해 확인하면 됩니다.

SECTION 1 GENERATION *2030*

Q. 오피스텔의 세제 혜택이 유리한가?

CASE; 직장 근처에 새로 나온 오피스텔을 작은 평수로 계약했습니다. 오피스텔은 주택으로 계산하지 않아 세제 혜택이 있다던데 맞나요?

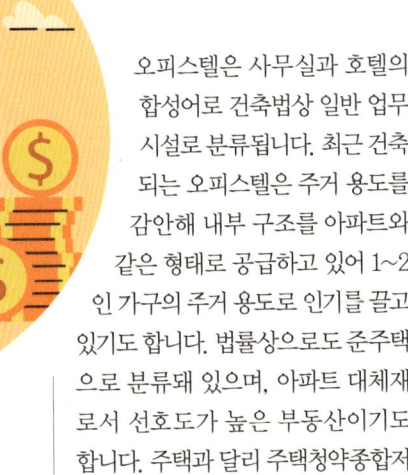

주거용 오피스텔은 세법상 '주택'으로 판단해 유불리가 분명히 발생합니다. 오피스텔을 보유하거나 거주용으로 사용하다가 양도할 경우 1세대 1주택으로 비과세를 받을 수 있으나, 주거용 오피스텔을 소유한 상황에서 다른 주택을 취득하는 경우에는 1세대 2주택으로 보아 취득세와 양도소득세 부분에서 불리한 조건이 될 수 있습니다.

오피스텔은 사무실과 호텔의 합성어로 건축법상 일반 업무 시설로 분류됩니다. 최근 건축되는 오피스텔은 주거 용도를 감안해 내부 구조를 아파트와 같은 형태로 공급하고 있어 1~2인 가구의 주거 용도로 인기를 끌고 있기도 합니다. 법률상으로도 준주택으로 분류돼 있으며, 아파트 대체재로서 선호도가 높은 부동산이기도 합니다. 주택과 달리 주택청약종합저

A. 주거용 오피스텔은 세법상 '주택'으로 판단해 유불리가 분명히 발생합니다. 오피스텔을 보유하거나 거주용으로 사용하다가 양도할 경우 1세대 1주택으로 비과세를 받을 수 있으나, 주거용 오피스텔을 소유한 상황에서 다른 주택을 취득하는 경우에는 1세대 2주택으로 보아 취득세와 양도소득세 부분에서 불리한 조건이 될 수 있습니다.

축이 없더라도 청약이 가능하며, 100% 추첨제로 이뤄집니다. 또한 세대주나 주택 소유 여부 등에 관계없이 청약이 가능하며, 규제 지역에서도 청약 당첨 후 전매제한(100실 미만 오피스텔에는 미적용)과 실거주 의무 기간이 없어 실거주와 투자 목적 수요자도 존재하는 시장입니다.* 이렇듯 청약이나 대출 부분에서는 오피스텔을 명확히 주택으로 구분할 수 없는 측면 때문에 주택이 아닌 일반 업무시설로 인정합니다. 따라서 오피스텔은 주택이 아닌 것으로 분류된다고 할 수 있습니다.

그러나 세법상에서 보면 실제 주거용으로 사용하는 오피스텔은 말 그대로 '주택'으로 인정합니다. 주거용 오피스텔을 분양받아 '주택 임대사업자'로 관할 구청에 등록하면 취득세나 지방세 등을 감면받을 수 있는 혜택이 있습니다. 양도소득세나 종합부동산세 부분에서도 요건을 충족한 경우에는 '주택'으로 인정하고 혜택을 받을 수 있습니다. 주택 수에 포함되는 경우에는 세법별로 약간의 차이가 있습니다. 취득세 부분에서는 아직 사용 전 단계이므로 주택으로 포함하지 않습니다. 재산세 부분에서는 업무용으로 부과하되, 실제 주택으로 사용하는 경우 주거용으로 부과합니다. 주택분 재산세가 부과되는 경우에는 종합부동산세 역시 부과 대상이 됩니다. 양도소득세 부분에서는 양도일 현재를 기준으로 주거용으로 사용하는 경우 주택으로서 양도소득세를 부과합니다.

주거용 오피스텔을 임대주택으로 등

오피스텔에 대한 세법상 적용

구분	주택 여부
취득세	주택 아님
재산세	업무시설로 부과 (주택으로 사용하는 경우 주택으로 부과)
종합부동산세	재산세를 주택으로 부과하는 경우 합산 부과
양도소득세	양도 당시 주택으로 사용하는 경우 주택 수에 합산

전매제한
투기 목적으로 주택을 구입하는 것을 막기 위해 주택이나 그 주택의 입주자로 선정된 지위 등을 일정 기간 동안 다시 팔 수 없도록 제한하는 제도.

> ❝ 주거용 오피스텔을 소유한 상황에서 다른 주택을 취득하는 경우에는 1세대 2주택으로 보아 취득세와 양도소득세 부분에서 불리한 조건이 될 수 있습니다. ❞

유불리
유리(有利)와 불리(不利)를 아울러 이르는 말.

* 자료 KB지식비타민, '주택인 듯 주택 아닌 주택 같은 오피스텔', 2021년 10월 12일

록한 경우 앞서 말한 세제 혜택이 가능하지만, 역시 주의가 필요합니다. 조정대상지역에 1주택을 보유한 1세대가 2018년 9월 14일 이후 취득한 주택을 임대 사업자로 등록한 경우에는 임대주택에 대한 세제 혜택(양도소득세와 종합부동산세)을 받을 수 없기 때문입니다. '주택'으로 보는 경우에는 면적이 작더라도 주택으로 인정합니다. 따라서 질문자의 경우처럼 오피스텔을 보유하고 있고, 거주용으로 사용하다 양도할 경우 1세대 1주택으로 비과세를 적용받을 수 있습니다. 그러나 주거용 오피스텔을 소유한 상황에서 다른 주택을 취득하는 경우에는 1세대 2주택으로 보아 취득세와 양도소득세 부분에서 불리한 조건이 될 수 있습니다. 2020년 8월 12일 이후 취득한 주거용 오피스텔은 취득세를 계산할 때 주택 수에 포함해 산정합니다. 물론 주거용 오피스텔 자체는 취득 당시 일반 건축물로 판단해 매매가액의 4.6%를 납부하지만, 이후 추가로 조정대상지역에 있는 주택을 취득할 경우 문제가 될 수 있습니다. 현재 1세대 2주택 또는 1세대 3주택을 조정대상지역에서 취득할 경우 일반 취득세율보다 높은 세율(1세대 2주택은 8%, 1세대 3주택은 12%)을 적용하는데, 오피스텔을 보유한 상태에서 취득하는 주택이 중과세율에 해당할 경우 비용 부담이 높아지기 때문입니다. 따라서 주거용 오피스텔은 세법상 '주택'으로 판단돼 유불리가 분명히 발생한다는 점을 고려해 의사결정을 하기 전 세심하게 살펴보는 것이 필요합니다.

SECTION 1 *CHECK POINT* ①

주택 임대차계약 시 임차인 주의 사항

SITUATION
생애 처음으로 분가해 임대차계약을 알아보는 중인데, 깡통 전세를 조심해야 한다는 뉴스를 접했습니다. 처음 임대차계약을 하는 세입자가 주의해야 할 점을 알려주세요.

SOLUTION
제일 먼저 임대 권한 유무를 확인하세요. 임대 권한이 없는 임대인과 계약을 하는 경우 계약이 취소되거나 무효가 돼 보증금 등의 손해를 볼 수 있으므로 건물의 등기사항 전부증명서를 확인해봐야 합니다.

임차인이 임대차계약을 체결할 때 주의해야 할 점에 대해 알아보면 다음과 같습니다. 우선 임대인인 주택 소유자가 임대 권한을 가지고 있는지 여부를 확인해야 합니다. 간혹 주택을 매수한 후 아직 등기하기 전인 매수인이거나 신탁 등기가 된 위탁자인 경우 임대 권한이 없을 수도 있기 때문입니다. 임대 권한이 없는 임대인과 계약을 하는 경우 계약 자체가 취소되거나 무효가 돼 보증금 등의 손해를 볼 수 있습니다. 임대 권한 유무를 확인하기 위해서는 먼저 건물의 등기사항전부증명서를 확인해 소유자와 임대인이 동일인인지 확인해야

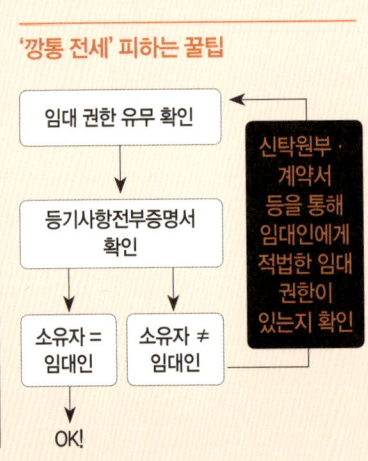

'깡통 전세' 피하는 꿀팁

합니다. 만약 등기부상 소유자와 임대인이 다른 경우, 예를 들어 등기부상 신탁회사가 소유자로 돼 있는 경우에는 신탁원부·계약시 등을 통해 임대인에게 적법한 임대 권한이 있는지 여부를 확인해야 합니다.

한편 상속 등의 사유로 건물 소유자인 임대인이 여러 명인 경우 임대차계약의 체결과 해지는 임대인 과반수가 동의했는지 여부를 반드시 확인해야 합니다. 임대인이 여러 명으로 확인됨에도 불구하고 과반수 미만의 지분을 가진 임대인과 계약하는 경우 적법한 임대 권한이 없는 자와 계약한 것이 돼 계약

이 취소되거나 무효가 될 수 있기 때문입니다. 또한 임대인이 여러 명인 경우 통지를 누구에게 해야 하는지 여부, 차임 또는 보증금의 입금 및 반환 책임은 누구에게 있는지 여부 등에 대해 미리 구체적으로 정해두는 것이 추후 분쟁 방지에 도움이 될 수 있습니다.

다음으로 임차 목적물인 주택과 그 대지의 등기부등본을 확인해 대지와 건물의 소유주가 일치하는지 여부, 선순위 권리가 존재하는지 여부 등을 확인해야 하며, 건축물대장을 통해 위법 건축물인지 여부를 확인해야 합니다. 그중에서도 임차인보다 선순위 권리가 존재하는 경우나 선순위 권리가 존재하지 않더라도 건물 가액이 전세보증금과 크게 차이가 나지 않는 경우에는 더욱 주의해야 합니다. 왜냐하면 이런 경우 문제 발생 시 임차인이 보증금을 회수하지 못하게 될 가능성이 매우 크기 때문입니다.

대항력과 우선변제권 통한 효력

만약 임대차계약이 종료되었음에도 불구하고 임대인이 보증금을 돌려줄 돈이 없다면 임차인은 어떤 식으로 돈을 돌려받을 수 있을까요? 돈을 돌려받는 것은 계약 종료 시이지만, 돈을 돌려받을 수 있는 계약인지 여부는 도장을 찍기 전인 계약 체결 시에 살펴봐야 합니다.

임차인은 임대차계약에 따라 입주하면서 전입신고를 하고 확정일자를 받게 되면 대항력과 우선변제권이라고 하는 효력이 발생합니다. 대항력과 우선변제권은 임차인의 권리 보호, 특히

내 전세금 지키는 전세금반환보증보험

전세금반환보증보험은 전세입자가 전세금을 받지 못할 경우를 대비해 가입 금액에 따라 보험회사가 피해 금액을 대신 갚아주는 상품이다.

이런 분들에게 추천해요!

👉 전세보증금을 제때 못 받아서 이사를 가지 못하는 경우가 걱정되는 세입자

👉 전세로 살고 있는 집이 경매에 넘어가 전세보증금을 못 받을까 봐 걱정되는 세입자

👉 전세보증금을 회수하기 위한 법적 조치를 스스로 하는 것이 걱정되는 세입자

자료 HUG 주택도시보증공사

전세금반환보증보험 활용 방법

① HF 한국주택금융공사
(www.hf.go.kr/hf/index.do)
HF 한국주택금융공사 ⇨ 주택보증 ⇨ 상품 개요

② HUG 주택도시보증공사
(www.khug.or.kr/hug/web/ig/dr/igdr000001.jsp)
주택도시보증공사 ⇨ 개인보증 ⇨ 전세보증금반환보증 ⇨ 상품 개요

③ SGI서울보증
(www.sgic.co.kr/chp/main.mvc)
SGI서울보증 ⇨ 보험 가입

보증금 보호를 위해 꼭 갖추어야 하는데, 대항력은 임대차계약의 내용을 임대인 외 다른 사람에게도 주장할 수 있는 효력이고, 우선변제권은 임대 목적물인 건물의 경매가 진행될 때 다른 채권자보다 우선해서 변제받을 수 있는 권리를 의미합니다. 그렇다고 해서 대항력과 우선변제권이 무조건 다른 채권자보다 우선해서 보장받을 수 있는 권리는 아니며, 대항력과 우선변제권보다 미리 설정된 선순위 권리자가 있는 경우(예를 들어 선순위 근저당권자 등)에는 선순위권리자로 인하여 그 권리를 온전하게 보장받지 못할 수 있습니다. 또한 우선변제권이 있고 선순위 권리자가 없다고 하더라도 건물 가치가 보증금보다 낮거나 큰 차이가 없는 경우에는 보증금을 돌려받기 위해 경매를 진행하더라도 유찰되는 등 진행에 어려움이 생길 수 있습니다. 경매 참가자 입장에서는 이러한 건물을 낙찰받아도 손해를 볼 수 있기 때문입니다. 그리고 그 피해는 결국 보증금을 돌려받지 못하는 임차인이 받게 되는 것이죠. 이러한 이유로 깡통 전세는 항상 조심해야 합니다.

마지막으로 중개업자를 통해 계약을 하는 경우라도 본인의 권리는 원칙적으로 스스로 지켜야 합니다. 판례는 "중개를 위임한 거래 당사자 본인이 본래 부담하는 거래관계에 대한 조사·확인 책임이 중개업자에게 전적으로 귀속되는 것은 아니며, 거래 당사자도 그 책임에서 벗어날 수는 없다"고 보고 있으므로 계약자의 책임도 일부 있다고 할 것입니다.

주택 임대차 임차인의 권리

(임대차 보호 계약갱신요구권)

SITUATION

최근 법이 개정돼 임차인에게 계약갱신요구권이라는 계약 연장권이 인정된다고 하는데, 연장 조건이 궁금합니다. 또 임차인이 미리 알아두면 좋은 사항이 있다면 알려주세요.

SOLUTION

임대차계약이 묵시적으로 갱신되면 갱신된 계약은 동일 조건으로 2년간 갱신됩니다. 정해진 기간 안에 갱신 거절 통지를 하지 않으면 계약은 묵시적으로 갱신되기 때문에 주의해야 합니다.

임차인이 계약을 계속 연장하는 방법에는 재계약, 묵시적 갱신 그리고 계약갱신요구권 행사가 있습니다. 주택임대차보호법은 재계약에 대해서는 규정하고 있지 않으며, 이는 계약 당사자인 임대인과 임차인 간 합의로 결정하면 되는 것입니다. 다만 갱신으로 인정되지 않는 재계약을 하게 되는 경우 임대인과 임차인 상호 간의 조건이 맞지 않으면 계약 연장이 힘들 수 있습니다. 그렇다면 묵시적 갱신은 어떤 식으로 계약이 갱신되는 것일까요? 임대차계약이 묵시적으로 갱신되면 갱신된 계약은 동일 조건으로 2년간 갱신됩니다.

주택임대차보호법의 적용을 받는 임대차계약은 약정한 계약 기간이 있더라도 그 종료일에 계약이 당연히 종료되지 않습니다. 즉 임대인과 임차인이 정해진 기간 안에 갱신 거절 통지 등을 하지 않으면 계약은 묵시적으로 갱신됩니다. 이를 묵시적 갱신이라고 하는데, 계약이 묵시적으로 갱신되는 것을 막으려면 임대인은 임대차 기간이 끝나기 6개월 전부터 2개월 전까지, 임차인은 임대차 기간이 끝나기 2개월 전까지 상대방에게 갱신 거절 통지를 하거나 계약 조건을 변경하지 않으면 갱신하지 않는다는 뜻의 통지를

묵시적 갱신

주택임대차 기간이 만료되기 전 임대인이나 임차인이 일정기간 내 다른 의사표시를 하지 않은 경우에는 기존 임대차 조건과 동일한 임대차를 한 것으로 보는 것

주택임대차보호법상 묵시적 갱신과 계약갱신 요구 비교

구분	묵시적 갱신(제6조, 제6조의2)	계약갱신 요구(제6조의3)
갱신 요건	임대인 또는 임차인의 법정기간 내 갱신 거절 또는 계약 조건을 변경하지 않으면 갱신하지 않는다는 통지가 없는 경우	임차인의 법정기간 내 계약갱신 요구(상대방에게 통지가 도달한 때를 기준으로)가 있고, 임대인의 정당한 거절 사유가 없는 경우
법정기간	임대차 기간이 끝나기 6개월 전부터 1개월 전까지의 기간 ※2020년 12월 10일을 기준으로 그 이후 최초로 체결되거나 갱신된 임대차계약부터는 임대차 기간이 끝나기 6개월 전부터 2개월 전까지로 변경됨을 주의	
갱신 기간	2년	
갱신 효과	기존 임대차와 동일한 조건으로 재계약	
갱신 거절 사유	임차인이 2기의 차임액에 해당하는 금액에 이르도록 차임을 연체한 사실이 있거나 임차인의 의무를 현저히 위반한 경우 묵시적 갱신 규정 적용 불가	주택임대차보호법 제6조의3 제1항 각 호의 사유
중도해지	갱신된 임대차계약의 임차인은 언제든지 해지 가능(임대인이 중도해지 통지를 받은 날로부터 3개월 후 효력 발생)	
경합 시 우선순위	묵시적 갱신 규정에도 불구하고 임대인은 임차인이 법정기간 내에 계약갱신을 요구할 경우 정당한 사유 없이 거절하지 못함 ① 법정기간 내 묵시적 갱신 거절 통지만 있고 계약갱신요구권 행사가 없는 경우 : 갱신 불가 ② 법정기간 내 묵시적 갱신 거절 통지와 계약갱신요구권 행사가 동시에 있는 경우 : 정당한 거절 사유가 없는 한 갱신 가능	

해야 합니다. 임대인이나 임차인이 이러한 통지를 하지 않은 경우 전 임대차계약은 갱신돼 동일한 조건으로 2년간 연장된 것으로 봅니다.

정당한 사유 없다면 갱신 가능

위 사안에서 임대인이 묵시적 갱신 거절 통지 등을 하지 않은 채로 계약 종료일로부터 1개월 이내가 된 경우 임차인은 계약갱신요구권을 행사하지 않고도 묵시적 갱신을 주장할 수 있습니다. 그러면 임대인이 정해진 기간 내에 갱신 거절 등의 통지를 한 경우에는 어떻게 될까요?

2020년 7월 31일 이전에는 임차인이 임대차계약 종료 시 계약 연장을 희망하더라도 임대인이 묵시적 갱신에 관해 거절 통지 등을 하는 경우에는 계약을 갱신할 수 없었습니다. 그러나 2020년 7월 31일 시행된 개정법에 따라 임차인은 임대차계약이 종료되기 6개월 전부터 2개월 전까지 기간 중 1회에 한해 임대인에게 요구할 수 있게 됐습니다. 이에 따라 임차인의 계약갱신 요구가 있는 한 임대인이 계약갱신 거절 통지 등을 하더라도 임대인에게 실거주와 같은 정당한 거절 사유가 없는 한 계약을 갱신할 수 있습니다.

한편 계약갱신요구권은 한 번 갱신 요구를 하면 이후에는 더 이상 갱신 요구를 할 수 없습니다. 다만 위에서 언급한 묵시적 갱신에는 횟수 제한이 없기 때문에 임차인은 묵시적 갱신을 할 수 있는 상황인지, 계약갱신을 해야 하는 상황인지를 잘 살펴서 계약갱신요구권을 행사할 필요가 있습니다.

마지막으로 묵시적 갱신과 계약갱신요구권 그리고 갱신 거절의 관계에 대해 잘못 이해하는 경우가 많기 때문에 주의할 필요가 있습니다. 예를 들어 임차인은 계약갱신요구권을 행사하지 않은 상황에서는 임대인의 갱신 거절 통지에 대항할 수 없는 것이 원칙이며, 이런 경우 갱신이 거절돼 계약이 종료된 이후 임대인이 실거주를 하지 않는다는 이유로 문제 제기를 하더라도 임차인은 보호받지 못할 수 있습니다. 임대인이 실거주 목적으로 계약갱신을 거절한 사유 등은 임차인이 계약갱신을 요구했을 때만 적절한 거절 사유인지 여부를 판단하고, 임차인이 갱신 요구를 하지 않은 경우에는 임대인이 정해진 기간 안에 묵시적 갱신 거절 통지를 하면 그 거절 사유가 어떤 것인지는 제한이 없기 때문입니다.

참고로 위에서 언급한 통지가 법정기간을 준수했는지 여부는 상대방에게 통지가 도달한 때를 기준으로 판단하며, 법정기간은 2020년 12월 10일을 기준으로 그 이후 최초로 체결되거나 갱신된 임대차계약부터 '6개월 전부터 1개월 전까지'의 기간이 '6개월 전부터 2개월 전까지'의 기간으로 변경됐다는 점을 유의해야 합니다.

SECTION 1 *CHECK POINT* ③

주택 임대차 임대 목적물의 하자 책임

SITUATION

임차해서 살고 있는 집의 보일러가 고장 났습니다. 집주인이 수리를 차일피일 미루다가 저에게 책임을 돌리며 직접 고쳐서 사용하라고 하는데, 어떻게 해야 하나요?

SOLUTION

파손 또는 장해가 임차인의 사용·수익을 방해할 정도가 아니라면 임대인은 수선 의무를 지지 않습니다. 그러나 이에 대한 구체적 기준이 없어 사회 통념이나 판례 등을 통해 판단할 수밖에 없습니다.

법에 따르면 임대인은 ==임대차==계약 기간 중 임차 주택을 사용·수익하는 데 필요한 상태로 유지할 의무가 있습니다. 이에 따라 임대인은 임대 기간 중 임차 주택의 수선이 필요한 경우 이를 수선해주어야 할 의무를 부담해야 합니다. 그런데 이러한 규정에도 불구하고 임대차계약 기간에 가장 많은 분쟁이 생기는 사항 중 하나가 임대주택에 하자가 발생했을 때 누가 수선할 것인지에 대한 다툼입니다.

예를 들어 위 사안처럼 보일러 등 설비 고장, 비가 새는 현상, 누수, 결로로 인한 곰팡이 발생 등으로 임대 목적물을

임대차
임대차(賃貸借)는 당사자의 일방(임대인)이 상대방(임차인)에게 목적물을 사용·수익할 수 있게 약정하고, 상대방이 그 대가로 차임을 지급할 것을 약정함으로써 성립하는 계약이다.

임차인이이 임차 용도대로 사용·수익하지 못하는 문제 등이 발생할 수 있습니다. 이런 경우 하자에 대한 수선 의무는 법에 따라 모두 임대인이 책임져야 하는 걸까요?

임대인의 수선 의무는 모든 재해나 파손에 해당하는 것이 아니며, 수선이 가능하고 수선의 필요성이 인정되는 경우에만 지게 됩니다. 우선 임대인의 수선 의무는 수선이 가능한 범위에서 인정되는데, 임차 주택이 수선이 불가능할 정도로 하자가 발생한 경우라면 하자 정도에 따라 월세 감액 또는 계약 종료 등의 조치를 할 수 있습니다.

다음으로 임대인의 수선 의무는 수선이 필요한 상황에 인정됩니다. 수선이 필요한 상황이란 임차 주택에 대해 파손 또는 장해가 생긴 경우 이를 수선하지 않으면 임차인이 계약에 의해 정해진 목적에 따라 사용·수익할 수 없는 상태가 될 정도의 상황을 의미합니다.

구체적 기준은 없어

만약 임차 주택에 대해 파손 또는 장해가 생긴 경우라도 임차인이 별 비용을 들이지 않고 손쉽게 고칠 수 있을 만큼 사소한 수준이어서 임차인의 사용·수익을 방해할 정도가 아니라면 임대인은 수선 의무를 지지 않습니다. 그러나 어느 정도의 파손 또는 장해가 있으면 임차인의 사용·수익을 방해할 정도인지에 대해서는 구체적 기준이 없어 사회 통념이나 판례 등을 통해 판단할 수밖에 없습니다.

이에 대해 대법원은 "목적물의 종류 및 용도, 파손 또는 장해의 규모와 부위, 이로 인해 목적물의 사용·수익에 미치는 영향의 정도, 그 수선이 용이한지 여부와 이에 소요되는 비용, 임대차계약 당시 목적물의 상태와 차임 액수 등 제반 사정을 참작해 사회 통념에 의해 판단해야 한다"고 판시하고 있습니다.

그런데 사안마다 상황이 다를 수 있기 때문에 위와 같은 판단 기준이 있더라도 이 기준을 구체적인 사례에 적용해 수선 의무를 누가 부담할지 정하는 것은 어려울 수 있습니다. 이런 문제로 인한 분쟁을 줄이기 위해 임대차계약 체결 시 특약으로 수선 의무의 범위를 정할 수도 있습니다. 참고로 판례는 "특약이 있다고 하더라도 수선 의무의 범위가 구체적으로 명시된 것이 아니며, 대규모 수선(대파손의 수리, 건물의 주요 구성 부분에 대한 대수선, 기본적 설비 부분의 교체 등)에 해당하는 경우 임대인이 수선 의무를 부담한다"고 보고 있습니다. 임대인의 수선 의무를 면제하고 임차인이 수선 의무를 부담한다는 특약이 구체적이지 않은 경우(예를 들어 '건물 수리는 입주자가 한다'거나 '임차인이 수선 의무를 부담한다' 등) 임대인이 수선 의무를 면하거나 임차인이 그 수선 의무를 부담하게 되는 것은 통상 생길 수 있는 파손의 수선 등 소규모 수선에 한정된다고 보고 있습니다. 위 사안에서 보일러 고장은 일반적으로 건물의 주요 구성 부분이거나 기본적 설비 부분으로 볼 수 있으므로 임차인의 고의·과실 또는 특약이 없는 한 이를 수선하는 것은 임대인의 책임으로 볼 수 있습니다.

임대인이 수선 의무를 이행하지 않는 경우 임차인은 손해배상청구, 임대차계약 해지 또는 수리 후 수선비 청구 등을 할 수 있습니다. 또한 그 하자 정도에 따라 차임 지급도 일부 또는 전부 거절할 수 있습니다. 다만 위 사안과 같은 상황을 피할 수 있는 가장 좋은 방법은 계약 체결 시 현장에서 꼼꼼하게 확인해 문제없는 주택을 선택하고, 특약을 통해 하자 발생 시 처리에 대한 부분을 구체적으로 명시하는 것이 필요합니다.

하자 발생에 대처하는 꿀팁

- 임대차계약 체결 시 수선 의무의 범위를 정하는 특약 설정
- 하자 발생 시 처리에 대한 부분을 구체적으로 명시

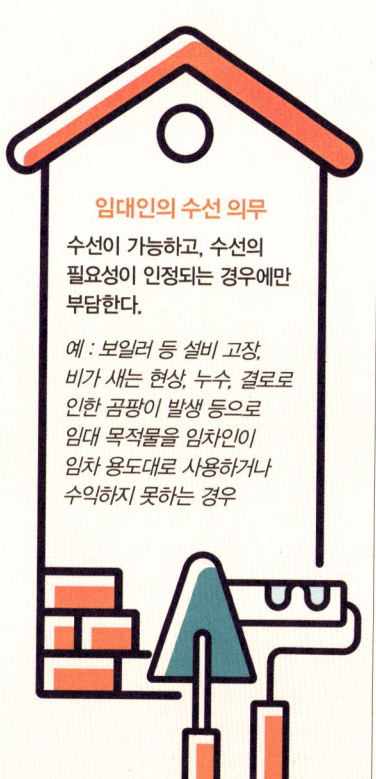

임대인의 수선 의무

수선이 가능하고, 수선의 필요성이 인정되는 경우에만 부담한다.

예 : 보일러 등 설비 고장, 비가 새는 현상, 누수, 결로로 인한 곰팡이 발생 등으로 임대 목적물을 임차인이 임차 용도대로 사용하거나 수익하지 못하는 경우

SECTION 1 *CHECK POINT* ④

중개업자의 책임과 손해배상

SITUATION

임차하려는 다가구주택의 등기부상 선순위 권리자는 근저당권자 한 명이었습니다. 원룸 주인은 외국에 있고 친척이 대신 관리를 하고 있어 중개업자를 통해 그 관리인과 거래를 하기로 했는데 집주인의 다가구 건물에 대한 권리관계를 따로 확인하지 않아도 괜찮을까요?

SOLUTION

부동산중개업자에게 확인을 요청할 수 있습니다. 중개업자는 타인 소유 주택에 관해 임대차계약 체결을 중개할 경우 계약상대방인 관리인은 등기부상 소유자가 아니기 때문에 신의성실의 원칙상 그 관리인에게 거래상대방이 적법한 대리인인지 여부를 위임장, 인감증명서 등의 방법으로 조사·확인할 의무가 있습니다.

판례에 따르면 부동산중개업자와 중개 의뢰인의 법률관계는 민법상의 위임 관계와 유사한 것으로 보고 있습니다. 위임 관계이기 때문에 중개 의뢰를 받은 중개업자는 선량한 관리자의 주의와 성실로 의뢰받은 중개 업무를 처리할 의무가 있습니다. 또한 공인중개사법에 따르면 부동산중개업자는 신의와 성실로 공정하게 중개 관련 업무를 수행해야 할 의무가 있으며, 선량한 관리자의 주의와 성실로 중개대상물의 권리관계 등을 조사·확인해 중개 의뢰인에게 설명할 의무가 있습니다. 따라서 이와 같은 의무를 위반한 중개업자는 중개 의뢰인에게 그로 인한 손해를 배상할 책임을 부담하게 됩니다.

그렇다면 본 사례의 경우는 어떨까요? 본 사례에서 부동산중개업자는 타인 소유 주택에 관해 임대차계약 체결을 중개할 경우 계약상대방인 관리인은 등기부상 소유자가 아니기 때문에 신의성실의 원칙상 그 관리인에게 거래상대방이 적법한 대리인인지 여부를 위임장, 인감증명서 등의 방법으로 조사·확인할 의무가 있습니다. 만약 부동산중개업자가 관리인의 임대 권한 유무 등에 대해 제대로 조

신의성실의 원칙
계약관계에 있는 당사자들이 권리를 행사하거나 의무를 이행할 때 상대방의 정당한 이익을 배려해야 하고, 신뢰를 저버리지 않도록 행동해야 한다는 원칙.

사·확인하지 않은 채로 임대차계약을 체결하고 임대차 보증금이 지급되도록 한 과실이 인정되고, 이로 인해 임차인이 손해를 입게 된다면 중개업자는 임차인에게 손해를 배상할 책임이 있습니다. 이러한 손해 발생 시 중개 의뢰인은 중개업자뿐만 아니라 공인중개사법에 의해 중개업자와 공제계약을 체결한 한국공인중개사협회에도 공제금액 범위 내에서 배상을 청구할 수 있습니다.

다가구주택 임차 시 주의 사항

다음으로 다가구주택을 임차할 때는 소액임차인과 같이 부동산 등기사항 전부증명서상에 나타나지 않는 선순위 권리자가 다수 존재할 수 있으므로 특히 주의해야 합니다. 이런 점 때문에 다가구주택을 중개하는 부동산중개업자는 다른 권리관계뿐만 아니라 다가구주택에 거주하는 다른 임차인의 임대차 보증금 액수, 임대차계약의 시기와 종기 등에 관한 사항을 확인·설명하고 근거자료를 제시하며, 중개대상물 확인·설명서의 '실제 권리관계 또는 공시되지 아니한 물건의 권리 사항'란에도 이를 기재해야 합니다.
이런 조치가 없는 채로 임대차계약이 체결되고 그 후 위 다가구주택에 관해 개시된 경매 절차에서 다가구주택의 다른 소액임차인 등은 배당을 받았으나 중개 의뢰인인 임차인은 이들보다 후순위에 있어 임대차 보증금반환채권을 배당받지 못하고 임대인에게서도 임대차 보증금을 반환받지 못하게 된다면 이를 이유로 중개업자에 대한

부동산중개업자의 의무

- 부동산중개업자는 신의와 성실로 공정하게 중개 관련 업무를 수행해야 한다.
- 선량한 관리자의 주의와 성실로 중개대상물의 권리관계 등을 조사·확인해 중개 의뢰인에게 설명할 의무가 있다.

과실상계
채무불이행이나 불법행위에서 채권자에게도 과실이 있으면 손해배상 책임과 금액을 결정할 때 그 과실을 참작하는 것.

> 손해 발생 시 중개 의뢰인은 중개업자뿐만 아니라 공인중개사법에 의해 중개업자와 공제계약을 체결한 한국공인중개사협회에도 공제금액 범위 내에서 배상을 청구할 수 있습니다.

손해배상책임이 인정될 수 있습니다. 다만 판례는 거래 당사자 본인이 본래 부담하는 거래관계에 대한 조사·확인 책임이 중개업자에게 전적으로 귀속되고 거래 당사자는 그 책임에서 벗어난다고 보고 있지는 않으므로 주의해야 합니다. 즉 중개 의뢰인에게도 거래관계를 조사·확인할 책임을 게을리한 부주의가 인정되고, 만약 그 부주의가 손해 발생 및 확대의 원인이 됐다면 피해자인 중개 의뢰인에게도 과실이 있는 것으로 보아 과실상계를 할 수 있다고 보고 있습니다.

참고로 중개업자가 어떤 행위에 대해 책임을 지는지에 대한 기준은 다음과 같습니다. 공인중개사법에서 중개라 함은 제3조의 규정에 의한 중개대상물에 대해 거래 당사자 간의 매매·교환·임대차 기타 권리의 득실·변경에 관한 행위를 알선하는 것을 의미하고, 중개업자가 중개행위를 함에 있어서 고의 또는 과실로 인해 거래 당사자에게 재산상 손해를 발생하게 한 때에는 그 손해를 배상할 책임이 있다고 규정하고 있습니다. 판례는 어떠한 행위가 중개행위에 해당하는지에 대해 "거래 당사자의 보호에 목적을 둔 법 규정의 취지에 비추어볼 때 중개업자가 진정으로 거래당사자를 위해 거래를 알선·중개하려는 의사를 갖고 있었느냐고 하는 중개업자의 주관적 의사에 의해 결정할 것이 아니라 중개업자의 행위를 객관적으로 보아 사회통념상 거래의 알선·중개를 위한 행위라고 인정되는지 여부에 의해 결정해야 한다"고 판시하고 있습니다.

Q. 처음으로 내 집을 마련하는 경우 주의 사항은?

CASE ; 결혼을 앞둔 예비부부입니다. 종잣돈과 대출, 양가 부모님께 받은 일부 증여 금액을 합쳐 신혼집을 구입하려고 합니다. 계약서를 처음 써보는 거라 걱정이 앞서는데요, 집을 처음 사는 사람에게 필요한 조언을 부탁드립니다.

원하는 주택을 선택하고 나서 해당 부동산의 안전성 등을 꼼꼼히 따지고 나면 계약서를 작성하게 됩니다. 계약서를 쓰는 자리에서 이제 모든 것이 다 됐다고 생각할 수 있겠지만, 법적 절차 부분에서는 시작에 불과합니다. 세무적으로 살펴보면 주택 거래 계약서를 쓰기 전에 당연히 매매대금에 대한 준비가 필요합니다. 이때 종잣돈과 대출은 명확한 자금이기 때문에 문제가 없을 것입니다. 질문하신 상황처럼 일부 증여를 받은 경우라면 증여세를 정상적으로 신고납부하는 것은 당연한 절차입니다. 부모님에게 증여받은 경우 증여세는 10년간 합산 5000만원까지 공제받을 수 있습니다.

요즘은 신랑 신부가 공동명의로 주택을 취득하는 경우가 흔합니다. 이때 신랑은 본가에서, 신부는 친정에서 각각 5000만원의 증여를 받으면 증여세 없이 준비할 수 있습니다. 만약

A. 우선 양가 부모님께 증여받은 금액에 따라 증여세를 내야 할 수 있습니다. 각각 증여받은 금액에 대해 증여받은 날로부터 3개월이 속하는 달의 말일까지 신고납부해야 합니다. 또 상황에 따라 자금 조달 계획을 증명하는 서류를 작성해야 하는 경우도 있어 확인이 필요합니다.

5000만원이 넘는 금액이라면 증여세가 발생하며, 증여세는 증여받은 신랑 신부가 각각 증여 금액에 대해 증여받은 날로부터 3개월이 속하는 달의 말일까지 신고납부해야 합니다. 이렇게 절차를 자세하게 설명하는 이유는 이러한 자금 조달 내역이 모두 부동산 거래 신고라는 절차 안에 들어가기 때문입니다.

부동산 거래 신고는 부동산 매매계약 시 거래 계약 체결일로부터 30일 이내에 그 대상인 부동산(부동산에 관한 권리인 경우 그 권리 대상인 부동산) 소재지를 관할하는 시·군·구에 거래 당사자들이 공동으로 신고하는 것을 말합니다. 신고할 내용은 인적 사항, 계약 체결일, 대상 부동산 종류, 거래 가격 등 기본적 사항을 포함해 작성합니다. 또한 실제 거래 가격이 6억원 이상인 주택을 매수하거나 투기과열지구 또는 조정대상지역에 소재하는 주택을 매수하는 경우에는 '부동산거래계약신고서'와 별도로 거래

'주택취득자금 조달 및 입주계획서' 제출 시 참고 사항

- 규제 지역 내 모든 주택 거래와 비규제 지역의 6억원 이상 주택을 거래하는 경우 작성해야 한다(매매뿐 아니라 분양·입주권 공급 계약 및 전매 계약도 포함).
- 투기과열지구 소재 주택인 경우 작성한 자금 조달 계획서의 각 항목을 입증할 수 있는 증빙 자료까지 추가로 제출해야 한다.

주택취득자금 조달 및 입주계획서

주택자금 조달 계획서란 부동산 거래 신고 등에 관한 법률 시행규칙에 의한 주택 매수자가 주택 자금 조달을 어떻게 할 것인지에 대한 계획서를 말한다.

대상 주택의 취득에 필요한 자금 조달 계획 및 지급 방식을 포함한 '주택취득자금 조달 및 입주계획서'를 제출해야 합니다. 이 서류는 자금 조달 항목으로 자기 자금(예금, 주식 매각 대금, 현금, 증여·상속재산, 부동산 처분 대금 등)과 차입금(금융기관 대출금, 임대보증금 등 그 밖의 차입금)을 작성하고, 조달 자금 지급 방식으로 계좌이체나 대출금 승계 금액 등을 작성하게 됩니다.

투기과열지구에 소재하는 주택의 거래 계약을 체결한 경우에는 자금 조달 계획을 증명하는 서류로 국토교통부령이 정하는 증명 서류(예금잔액증명서, 증여세 신고서, 금융기관 대출 신청서 또는 부채증명서 등)를 함께 제출해야 합니다. 이러한 자료에 근거해 관할 시·군·구에서는 정상적인 자금 조달로 주택을 구입했는지 여부를 확인하며, 자료 검증에 따라 실제 거래 자료를 더 요구하는 경우도 발생합니다.

다음으로 주택 취득세 혜택을 살펴보겠습니다. 주택 취득일 현재 본인 및 배우자가 주택을 취득한 사실이 없고, 합산 소득이 7000만원 이하이면 취득가액이 3억원(수도권은 4억원) 이하인 주택을 매매로 취득하는 경우 취득세 감면 혜택이 있습니다. 이 혜택은 2023년 12월 31일까지 적용됩니다. 취득세를 감면받은 경우에는 취득한 날로부터 3개월 이내에 상시 거주를 시작해야 하며, 주택을 취득한 날로부터 3개월 이내에 추가로 주택을 취득(상속은 제외)하지 않아야 합니다.

자금 조달 계획서 기재 항목별 증빙 자료

기재 항목		증빙 자료
자기 자금	금융기관 예금액	예금잔액증명서 등
	주식·채권 매각 대금	주식 거래 내역서, 잔고증명서 등
	증여·상속재산	증여·상속세 신고서, 납세증명서 등
	현금 등 그 밖의 자금	소득금액증명원, 근로소득원천징수영수증 등
	부동산 처분 대금 등	부동산 매매계약서, 부동산 임대차계약서 등
차입금 등	금융기관 대출금액 합계	금융거래 확인서, 부채증명서, 대출 신청서 등
	임대보증금 등	부동산 임대차계약서
	회사 지원금, 사채, 기타 차입금 등	금전 차용을 증빙할 수 있는 서류 등

자료 국토교통부

SECTION 1 *GENERATION 2030*

Q. 부부 공동명의로 주택을 취득하는 경우 절세법은?
07

CASE ; 주택을 공동명의로 변경하면 절세할 수 있는 것으로 알고 있습니다. 그런데 한편으로는 큰 실익이 없고, 오히려 세금이 더 늘어난다는 의견도 있더군요. 세금 종류별로 공동명의는 어떤 영향을 주는지 궁금합니다.

현재 기본적인 세금 구조가 '개인'을 단위로 해 과세하기 때문에 하나의 부동산을 공동으로 소유하면 한 사람이 내야 할 세금보다 더 낮아지는 것이 일반적입니다. 공동명의는 전통적으로 부동산 세금을 줄이는 데 큰 역할을 해왔습니다. 하지만 세금 종류별로 분석하면 단독명의와 차이가 없는 경우도 있습니다. 오히려 공동명의가 더 불리한 경우도 있습니다. 공동명의로 변경하는 과정에서 증여세나 취득세 부담이 더 커지는 경우가 있기 때문입니다.

절세 목적으로 검토하는 공동명의는 통상 부부 단위에서 접근하는 경우가 많으므로 부부 공동명의에 따른 세금 기준으로 설명드리겠습니다. 먼저 취득세의 경우 공동명의는 절세에 도움을 주지 않습니다. 취득세는 단일세율 구조이기 때문입니다. 공동명의로 과세표준을 낮추더라도 세율이 낮아지지 않습니다. 재산세는 공동명의가 유리한 경우

주택 임대소득에 대한 종합소득세는 공동명의가 유리합니다. 하지만 세금 종류별로 분석하면 단독명의와 차이가 없는 경우도 있습니다. 오히려 공동명의가 더 불리한 경우도 있기 때문에 주택을 공동명의로 변경할 때는 주의가 필요합니다.

도 있지만, 단독명의와 차이가 없는 경우도 있습니다. 특히 주택에 부과하는 재산세는 절세에 도움을 주지 못합니다. 주택에 부과하는 재산세는 물건 단위로 재산세를 부과하기 때문입니다.

공동명의 부동산은 단독명의일 때보다 양도소득세를 줄일 수 있습니다. 양도소득세는 보통 누진세율로 계산하기 때문입니다. 하지만 1세대 1주택 보유자라면 무리해서 공동명의로 변경할 필요는 없습니다. 어차피 비과세되기 때문입니다. 물론 고가 주택(매각금액 12억원 초과)이나 비과세 조건을 충족하지 못한 경우라면 1세대 1주택이라도 양도소득세가 과세되기 때문에 공동명의가 양도소득세 절감에 도움이 됩니다. 다만 절세 효과는 크지 않습니다. 1세대 1주택이면 고가 주택을 단독명의로 매각해도 매매차익 중 일부만 과세되고, 보유 기간과 거주 기간에 따라 최대 80%까지 장기보유특별공제가 가능하기 때문입니다.

주택을 임대해 월세 수익이 있는 경우 임대소득이 발생하는데, 주택 임대소득에 대한 종합소득세는 두 가지 이유로 공동명의가 유리합니다. ① 공동명의로 임대하면 각자의 과세표준이 낮아집니다. ② 지분 소유자 각자의 주택 임대소득이 2000만원 이하인 경우 세율로 분리과세가 가능합니다. 즉 종합과세에서 제외될 수 있습니다. 하지만 다른 소득이 없는 배우자가 공동명의로 주택 임대를 시작하면 사업자 신분으로 변경되어 건강보험료 피부양자 자격이 박탈될 수 있기 때문에 주의가 필요합니다.

주택에 대한 종합부동산세

1주택
공동명의가 유리

다주택
단독명의로 분산하는 것이 유리

2021년 세법 개정
절세를 위한 선택의 폭이 가장 큰 방법

1세대 1주택 부부 공동명의

80%
1세대 1주택이면 고가 주택을 단독명의로 매각해도 매매차익 중 일부만 과세되고, 보유 기간과 거주 기간에 따라 최대 80%까지 장기보유특별공제가 가능하다.

주택에 대한 종합부동산세는 보유한 주택 수에 따라 유불리가 달라집니다. 1주택은 대체로 공동명의가 유리하지만, 다주택은 단독명의로 분산하는 것이 유리합니다. 주택의 종합부동산세는 소유자 1인이 보유한 주택 공시가격 합계가 6억원(기준 금액)을 초과하면 부과하는데, 1세대 1주택을 단독명의로 보유하면 기준 금액은 11억원으로 상승합니다. 그리고 보유 기간과 연령에 따라 최대 80%까지 세액에서 공제됩니다. 그런데 2021년 세법이 개정되면서 공동명의로 소유한 경우에도 세액공제를 받을 수 있는 길이 열렸습니다. 1주택을 부부 공동명의로 소유한 경우에도 단독명의일 때의 종합부동산세 계산 방식을 선택할 수 있도록 했습니다.

반면 세대 기준으로 두 채 이상의 주택을 공동명의로 소유한 경우 종합부동산세가 불리해집니다. 이때 공동명의로 보유한 주택은 지분율이 적더라도 무조건 1주택을 소유한 것으로 판단합니다. 조정대상지역에서 개인이 보유한 주택이 두 채(지역 불문하고 세 채) 이상이면 일반적인 경우보다 세율과 세부담상한선이 두 배 정도 상승합니다. 만약 두 채의 주택을 부부가 공동명의로 소유하고 있다면 두 사람 모두 두 채의 주택을 보유한 것으로 보고 높은 세율과 세부담상한선을 적용합니다. 반면 부부가 주택을 한 채씩 소유하고 있다면 소유자 기준으로 두 사람은 각자 1주택만 소유한 것으로 판단하고 종합부동산세의 일반세율과 세부담상한선을 적용합니다.

SECTION 1 GENERATION *2030*

Q. 주택은 언제 사야 절세할 수 있나?

CASE ; 내 집 마련을 어떻게 하면 좋을지 고민이 많습니다. 생애 처음으로 큰돈이 들어가는 일이다 보니 미리 검토해봐야 할 점이 많을 것 같습니다. 혹시 집을 사는 시기에 따라 절세가 가능하기도 한가요?

중요한 의사결정을 하기 전에 그 선택을 했을 때 어떤 상황이 펼쳐지게 될지 미리 검토해 보고 결정하는 것은 아주 좋은 방법입니다. 또한 그 검토 내용에 세금을 포함하는 것은 필수 사항이라 할 수 있습니다.

주택을 매매로 취득하면 가장 먼저 취득세를 납부해야 하는데, 취득으로 동일 세대 기준 1주택이 되는 경우라면 주택의 규모와 가격에 따라 정해진 1~3%의 단일세율이 적용되므로 특별한 절세 방법은 없습니다. 하지만 주택 취득으로 동일 세대 기준 다주택이 되는 경우라면 세대 분리를 언제 하느냐에 따라 다주택자 중과세를 피할 수도 있습니다.

예를 들어 부모님과 같이 거주하는 상태로 10억원에 25평 주택을 취득하면 2주택 중과세가 적용되어 8400만원의 취득세를 부담해야 합

A. 주택 취득일을 6월 2일 이후로 조정하면 재산세나 종합부동산세를 절세할 수 있습니다. 하지만 신규 분양받은 아파트 분양 계약서에 지정된 기한을 넘겨 잔금을 납부하는 경우 시행사가 납세의무자라고 하더라도 세금 상당액을 분양자에게 청구할 수 있는 사항이 반영돼 있을 수 있으므로 유의해야 합니다.

일반적인 주택 취득세율

취득 후 주택 수	1주택	2주택	3주택	4주택 이상
조정대상 지역	1~3%	8%	12%	12%
비조정대상 지역	1~3%	1~3%	8%	12%

※ 취득세와 함께 부담하는 지방교육세와 농어촌특별세는 별도

니다. 하지만 부모님과 주소를 분리해 독립 세대가 된 후 주택을 취득한다면 1주택 세율을 적용해 3300만원의 취득세만 부담하면 되니 5100만원을 절세할 수 있습니다. 참고로 이 경우 주택을 취득하는 시점은 계약 체결일이 아닌, 잔금 지급일로 이해하면 됩니다.

그리고 주택 취득일을 6월 2일 이후로 조정하면 재산세나 종합부동산세를 절세할 수 있습니다. 주택을 취득해 보유하는 동안에는 재산세를 부담해야 하고 보유 주택 수와 공시가격 합계액에 따라 종합부동산세도 내야 할 수 있는데, 이때 매년 6월 1일 현재 주택을 소유한 사람이 해당 연도의 재산세와 종합부동산세의 납세의무자가 되기 때문입니다. 특히 양도소득세는 일시적으로 2주택인 경우 예외적으로 1주택으로 간주해 혜택을 부여하기도 하지만, 종합부동산세는 이런 혜택이 없다는 점도 기억해둘 필요가 있습니다.

65세인 부모님이 15년 이상 보유한 <mark>주택의 공시가격</mark>이 20억원이고 자녀가 새로 취득할 주택 공시가격이 6억원이라고 가정해 절세 금액을 살펴보

절세 가능한 주택 취득일

6월 2일

매년 6월 1일 현재 주택을 소유한 사람이 해당 연도의 재산세와 종합부동산세의 납세의무자가 되기 때문에 주택 취득일을 6월 2일 이후로 조정하면 재산세나 종합부동산세를 절세할 수 있다.

주택 공시가격

매년 국토교통부 장관이 결정·공시하는 표준 단독주택 가격을 기준으로 시·군·구청장이 개별 주택의 특성을 반영해 결정·공시하는 개별 주택 가격과 국토교통부 장관이 공동주택(아파트·연립·다세대주택)에 대해 적정 가격을 결정·공시하는 공동 주택가격이 있다.

면 6월 1일의 중요성을 쉽게 알 수 있습니다.

자녀가 세대 분리를 하지 않은 상태로 6월 1일 이전에 주택을 취득한다면 부모님이 부담할 종합부동산세액은 125만원에서 1235만원으로 껑충 뜁니다. 1세대 1주택자의 혜택을 상실하기 때문입니다. 또한 자녀는 새로 취득하는 주택에 대한 재산세 148만원도 부담해야 합니다.

하지만 주택 취득일을 6월 2일 이후로 조정한다면 부모님은 종합부동산세로 약 1000만원을 절세할 수 있으며, 자녀가 세대 분리를 한 이후 주택을 취득하면 추가로 자녀는 재산세 76만원을 절세할 수 있습니다.

재산세와 종합부동산세의 과세기준일 때문에 신규 분양받은 아파트의 잔금 납부를 6월 2일 이후로 늦추는 경우도 있습니다. 하지만 분양 계약서에 지정된 기한을 넘겨 잔금을 납부하는 경우에는 시행사가 납세의무자라 하더라도 세금 상당액을 분양자에게 청구할 수 있도록 계약 사항에 반영돼 있을 수 있습니다. 이러한 경우에는 사실상 절세 효과를 얻을 수 없다는 점도 알아두면 좋습니다.

SECTION 1 *GENERATION 2030*

Q. 집수리 비용은 필요경비로 공제되나?

CASE ; 양도소득세를 계산할 때 인테리어에 들어간 비용은 필요경비로 인정되는 것으로 알고 있습니다. 그런데 인테리어 비용 중에서도 필요경비로 인정되지 않는 것이 있다고 하더군요. 세법상 필요경비로 인정되는 기준은 무엇인지 궁금합니다.

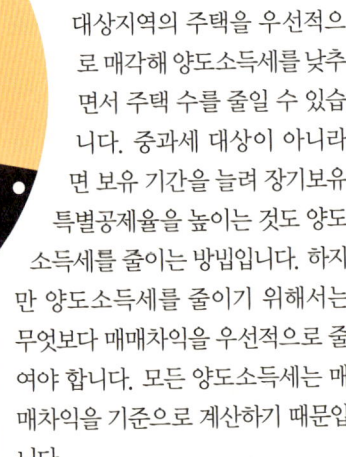

양도소득세를 줄이는 가장 좋은 방법은 1세대 1주택 비과세로 매각하는 것입니다. 1세대 1주택으로 비과세 요건을 갖췄다면 고가 주택으로 분류돼도 양도소득세는 부담스럽지 않습니다. 매매차익 중 일부만 과세되고, 거주 기간이 10년 이상일 경우 장기보유특별공제는 최대 80%까지 가능하기 때문입니다.
다주택을 보유하고 있다면 주택 수를 줄이는 것도 좋은 방법입니다. 비조정대상지역의 주택을 우선적으로 매각해 양도소득세를 낮추면서 주택 수를 줄일 수 있습니다. 중과세 대상이 아니라면 보유 기간을 늘려 장기보유특별공제율을 높이는 것도 양도소득세를 줄이는 방법입니다. 하지만 양도소득세를 줄이기 위해서는 무엇보다 매매차익을 우선적으로 줄여야 합니다. 모든 양도소득세는 매매차익을 기준으로 계산하기 때문입니다.

 주택을 구입한 후 인테리어 비용으로 지출한 경우도 필요경비로 공제할 수 있습니다. 단, 창문 새시 설치 비용이나 보일러 교체 비용, 거실과 방 확장 비용 등 자본적지출에 해당하는 금액만 필요경비로 인정됩니다.

양도소득세는 실거래가액으로 계산합니다. 매각금액에서 필요경비를 차감해 매매차익을 만들고, 장기보유특별공제와 기본공제 250만원을 차감하면 과세표준이 만들어집니다. 그리고 과세표준 구간에 따라 최저 6%에서 최고 45%까지 세율을 적용합니다. 양도가액에서 공제하는 필요경비는 크게 세 가지 종류가 있습니다. ① 취득가액, ② 자본적지출 금액, ③ 양도와 관련한 비용입니다.

필요경비는 부동산을 취득하거나 매각할 때 직접 대응하는 비용이어야만 합니다. 그래서 주택을 구입할 때 부담한 취득가액과 취득세 등의 세금 그리고 법무사 수수료와 중개수수료 등이 일반적으로 필요경비로 인정됩니다. 주택을 구입한 후 인테리어 비용으로 지출한 경우도 필요경비로 공제할 수 있습니다. 단, 자본적지출에 해당하는 금액만 필요경비로 인정됩니다. 인테리어 비용 중 수익적지출에 해당하는 금액은 필요경비로 공제할 수 없습니다.

자본적지출은 자산의 내용연수를 늘리거나 자산가치를 증가시키기 위해 지출한 수선비 등을 말합니다. 반면 수익적지출은 원상을 회복시키기 위한 지출 등을 말합니다. 벽의 도장, 도배, 바닥 장판 교체 등은 수익적지출에 해당합니다. 반면 베란다 등 창문의 새시를 설치하는 데 들어간 비용, 홈오토메이션 설치 비용, 보일러 교체 비용, 거실과 방 확장 비용 등 내부 시설 개량 공사비 등은 자본적지출로 분류되어 필요경비로 공제할 수 있습

자본적지출 vs 수익적지출

자본적지출
- 베란다 등 창문 새시 설치 및 보일러 교체 비용
- 홈오토메이션 설치 비용
- 베란다·거실 확장 등 내부 시설 개량 공사 비용
- 엘리베이터·냉난방 시설 등 설치, 개량, 증설, 확장 비용 등

수익적지출
- 벽의 도장, 도배, 바닥 장판 교체, 마루 공사 비용
- 싱크대 교체 비용
- 주방 가구 교체 비용
- 옥상 방수 공사 비용
- 하수도관 교체 및 누수 공사 비용
- 화장실 변기·세면대·조명 등 교체 비용
- 보일러 수리 비용 등

과세표준 구간에 따른 세율

매각금액에서 필요경비를 차감해 매매차익을 만들고, 장기보유특별공제와 기본공제 250만원을 차감하면 과세표준이 만들어진다. 그리고 과세표준 구간에 따라 최저 6%에서 최고 45%까지 세율을 적용하는데, 과세표준이 낮을수록 세율이 낮고 과세표준이 높을수록 세율이 높은 누진세율 구조다.

니다.

그러나 실무적으로 필요경비로 인정되는지 여부가 불분명한 경우도 많습니다. 특히 주택을 취득하거나 매각하는 과정에서 소송을 진행하는 경우가 그렇습니다. 일률적으로 판단하기는 어렵지만, 주택을 취득하는 과정에서 소유권 등을 확보하기 위해 직접 소요된 소송 비용과 화해 비용 등은 취득가액에 포함됩니다. 또한 주택을 취득한 후 쟁송이 있는 경우에도 그 소유권을 확보하기 위해 직접 소요된 소송 비용과 화해 비용 등 역시 자본적지출로 인정됩니다.

주택을 취득하는 과정에서 부담한 명도 비용, 소송 비용 그리고 인지대 등 취득에 소요된 모든 비용은 취득가액으로 포함해 매매차익을 계산할 때 공제합니다. 다만 명도 비용은 무조건 필요경비로 인정되는 것이 아닙니다. 주택을 매각하는 과정에서 임차인에 대한 명도소송과 손해배상 그리고 변호사 수임 비용 등은 필요경비로 인정되지 않습니다.

주택을 매각하기 위해 직접 지출하는 비용에는 주택 매각을 위한 계약서 작성 비용, 공증 비용, 인지대 등이 포함됩니다. 하지만 별도의 명도 비용과 지연 배상금 등은 여기에 해당하지 않는 것으로 해석합니다. 다만 부동산을 취득하고 매각하는 과정에서 소요되는 소송 비용은 소송의 성격에 따라 필요경비 공제 여부가 달라질 수 있기 때문에 반드시 세무 전문가에게 문의한 후 필요경비 포함 여부를 판단해야 합니다.

SECTION 1 GENERATION 2030

Q. '영끌'한 대출이자도 소득공제되나?

CASE ; 일명 '영끌 대출'로 집을 구입한 신혼부부입니다. 대출이자 부담은 있지만 곧 태어날 아기에게 따뜻한 우리 집을 선물해주고 싶어 결정했습니다. 앞으로 나갈 돈이 걱정인데, 혹시 받을 만한 혜택이 있을까요?

근로자의 경우 앞서 설명드린 '연말정산'이라는 제도를 숙지하는 것이 좋습니다. 여기서 받을 수 있는 공제가 결국 세금을 줄이는 효과를 가져다주기 때문입니다. 문의하신 것처럼 주택을 구입하기 위해 대출을 받은 경우에도 근로자라면 공제받을 수 있으나 다음과 같은 조건이 있습니다. 무주택이거나 1주택을 보유한 세대의 세대주인 근로소득자가 취득 당시 기준시가 5억원 이하인 주택을 취득하기 위해 주택에 저당권을 설정하고 금융회사로부터 장기주택저당차입금(차입금 상환기간이 15년 이상)에 대한 이자를 지급한 경우 근로소득에서 공제받을 수 있습니다. 장기주택저당차입금이란 주택 소유권이전등기(또는 소유권보존등기)일로부터 3개월 이내에 차입한 차입금으로, 채무자가 당해 저당권이 설정된 주택 소유자여야 합니다. 공제금액은 500만원을 한도로 하며, 주택청약종합저축 소득공제 금액과

A. 주택자금 대출이 특정 요건에 부합하는 경우 대출이자에 대한 소득공제 신청 대상이 됩니다. 그러나 요건을 충족하지 않을 경우 공제가 부인되는 것은 물론, 세금을 추징당할 수도 있으므로 사전에 면밀히 확인해보고 신청하는 것이 좋습니다.

공제 한도를 금리 및 상환기간에 따라 다르게 적용하는 경우

1 차입금 상환기간이 15년 이상이고 차입금의 100분의 70 이상을 고정금리로, 상환기간 연수 동안 차입금의 100분의 70 이상을 대통령령으로 정하는 방식으로 분할상환하는 경우

공제 한도 ⇒ **1800만원**

2 차입금 상환기간이 15년 이상인 장기주택저당차입금의 이자를 고정금리로 지급하거나 대통령령으로 정하는 방식으로 분할상환하는 경우

공제 한도 ⇒ **1500만원**

3 차입금 상환기간이 15년 미만인 장기주택저당차입금의 이자를 고정금리로 지급하거나 대통령령으로 정하는 방식으로 분할상환하는 경우

공제 한도 ⇒ **300만원**

==주택 임차 차입금 원리금 상환액 공제==와 합산해 적용합니다. 그러나 금리 조건 및 상환 방식에 따라 공제 한도가 상향되기도 하고, 반대로 차입금 상환기간이 10~15년인 경우에는 한도가 축소되기도 합니다(상단 표 참조).

단, 장기주택저당차입금에 대한 이자 공제 적용 시 다음과 같은 사항을 주의해야 합니다. 세대주 여부 판정은 소득공제를 신청하는 해당 연도 말 현재 상황에 따릅니다. 세대 구성원이 보유한 주택을 포함해 연도 말 현재 2주택 이상을 보유한 경우에는 적용하지 않습니다. 세대주에 대해서는 실제 거주 여부와 관계없이 적용하고, 세대주가 아닌 거주자에 대해서는 실제 해당 주택에 거주하는 경우만 적용합니다. 무주택 세대주가 주택 분양권 가격이 5억원 이하인 권리를 취득하고, 그 주택 완공 시 장기주택저당차입금으로 전환하는 것을 조건으로 차입한 경우에도 장기주택저당차입금으로 인정받을 수 있습니다.

질문자가 문의하신 주택자금 대출이 위에서 설명한 요건에 부합하는 경우에는 대출이자에 대한 소득공제 신청

주택 임차 차입금 원리금 상환액 공제

과세기간 종료일 기준 무주택 세대의 세대주인 근로소득자가 국민주택 규모(전용면적 85㎡ 이하) 주택을 임차하기 위해 대출 기관이나 거주자로부터 차입한 뒤 원리금을 상환하는 경우 상환 금액의 40%를 소득공제하는 제도. 300만원까지 공제할 수 있다.

> 66
> 무주택이거나 1주택을 보유한 세대의 세대주인 근로소득자가 취득 당시 기준시가 5억원 이하인 주택을 취득하기 위해 주택에 저당권을 설정하고 금융회사로부터 장기주택저당차입금에 대한 이자를 지급한 경우 근로소득에서 공제받을 수 있습니다.
> 99

대상이 됩니다. 따라서 연말정산 시 해당 이자 납부액에 대한 증빙서류를 금융회사로부터 발급받아 제출하거나 국세청 홈택스 발급 서류를 제출해 공제받을 수 있습니다. 주택자금 대출의 공제 요건은 소득자 본인이 확인해 신청하는 것으로, 요건을 충족하지 않을 경우 공제가 부인되고 세금을 추징당할 수 있는 만큼 사전에 면밀히 확인해보고 신청하는 것이 좋습니다.

장기주택저당차입금의 요건은 상환기간과 상환 방식에 따라 공제 한도가 달라지는 특징이 있습니다. 이때 장기주택저당차 입금의 잔액을 15년 경과 후 상환한 경우와 같이 세법에서 규정한 최소 요건을 충족한 경우에는 공제받을 수 있습니다(관련 해석 사례 번호: 원천488, 2009년 8월 11일). 그러나 상환기간 중 15년 경과 이전에 잔액을 일시 상환하는 경우에는 해당 연도 이자 상환액에 대한 공제가 적용되지 않습니다. 또한 요건을 충족하는 신규 차입금을 차입해 기존 장기주택저당차입금의 잔액을 직접 상환하는 경우도(대환) 공제 적용 대상이 됩니다.

SECTION 1 *GENERATION 2030*

Q. 부모님의 집을 증여받을 때 세금 문제는?

11

CASE ; 부모님이 보유 중인 주택 두 채 중 한 채를 저희 부부에게 증여해주시기로 했습니다. 집이 생겨 좋긴 한데, 세금 문제가 복잡해질 것 같아 염려됩니다. 집을 증여받기 전 미리 확인하면 좋은 부분이 있나요?

주택을 증여받을 경우 가족의 재산이 늘어난다는 점은 반가운 일이지만, 세금 문제는 신중하게 확인해야 합니다.

주택과 같은 부동산을 증여받을 경우에는 크게 세 가지 세금이 발생합니다. 증여세, 취득세, 양도소득세입니다. 먼저 증여세를 살펴보면 증여 시점에 해당 주택의 시가를 기준으로 증여세를 납부해야 합니다. 증여세는 재산을 아무 대가 없이 받은 것으로 보고 그에 대해 10~50%의

세금을 증여받은 사람이 납부하는 것인데, 같은 증여재산이라 하더라도 한 명이 받을 경우와 두 명이 받을 경우의 증여세율이 달라집니다.

먼저 해당 주택의 시가를 확인해 증여세를 알아보겠습니다. 주택이 아파트와 같이 매매거래가 자주 발생하는 부동산인 경우 증여 전 6개월에서 증여 후 3개월 이내에 비슷한 평형의 매물이 거래된 가격으로 시가를 산정합니다. 만일 주택이 단독주택이

A. 11 주택과 같은 부동산을 증여받을 경우에는 크게 증여세와 취득세, 양도소득세가 발생할 수 있습니다. 특히 증여세를 줄이기 위해서는 부부가 함께 증여받는 방법을 고려해보는 것을 추천합니다.

어서 매매가액이 형성되기 어렵다면 감정가액 또는 개별 주택 가격으로 시가를 산정할 수 있습니다. 이렇게 확인한 시가를 기준으로 증여재산의 가치가 확인되면 증여재산 공제를 적용합니다. 증여재산 공제란 증여재산 중 세금 없이 받을 수 있는 가치 부분입니다. 성인 자녀가 부모님에게 증여받을 경우 증여재산 공제는 10년간 합산 5000만원을 적용합니다. 증여받는 사람이 성인이더라도 자녀(또는 손자녀)가 아닌 다른 가족이라면 증여재산 공제가 달라집니다. 배우자의 경우 10년간 합산 6억원, 그 외 기타 친족이라면 10년간 합산 1000만원입니다.

다음으로 부동산을 취득하는 경우에는 취득세를 납부해야 합니다. 취득세는 부동산 가액에 정해진 세율을 곱하는데, 증여에 따른 취득세율은 3.5%(지방교육세 등 별도)를 적용합니다. 이때 부동산 가액은 증여세 계산과 달리 '공시가액'을 기준으로 합니다. 증여세와 취득세의 또 다른 차이점은 증여세는 증여받는 사람이 여러 사람이면 세금이 줄어들지만 취득세는 똑같다는 것입니다. 따라서 증여세를 줄이기 위해서는 부부가 함께 증여받는 방법을 고려해보는 것을 추천합니다. 사례의 경우, 증여받는 주택이 조정대상지역의 시가표준액 3억원 이상인 경우라면 취득세율이 12%로 크게 증가하므로 이에 대해서도 유의하셔야 합니다.

마지막으로 양도소득세를 살펴보겠습니다. 양도소득세는 증여하는 사람과 증여받는 사람 모두에게 발생할 수 있습니다. 먼저 증여받을 주택에 전세보증금이나 대출이 있는 경우에는 증여자가 양도소득세를 부담합니다. 그 이유는 증여자가 전세보증금이나 대출을 받았는데, 실제 갚아야 할 사람이 수증자로 바뀌면서 '부담부증여'가 되기 때문입니다.

이렇게 부담부증여가 되면 대출금만큼 증여자가 이익을 본 것으로 보고 양도소득세를 납부하는 대신, 증여받는 사람은 대출금을 뺀 순수한 증여재산가액에 대해서만 증여세를 납부하면 됩니다. 그러나 이렇게 양도소득세가 나올 때 증여세보다 더 부담이 커지는 경우가 있습니다. 여기서 양도소득세는 대출금에 해당하는 만큼의 양도차익에 대해 납부하는데, 당초 취득가액과 증여 당시 시가 차이가 클수록 양도소득세 부담이 커지게 됩니다. 따라서 양도소득세와 증여세(부담부증여)보다 전체 부동산 가액에 대한 증여세(일반 증여)가 더 낮은 경우에는 대출이나 전세보증금을 모두 정리하고 순수 증여를 실행하는 것이 바람직합니다.

다음은 증여받는 세대를 기준으로 한 양도소득세입니다. 현재 1주택이 있는 상황에서 추가 증여를 받는 경우라면 1세대 2주택이 되므로 추후 양도소득세를 고려해 양도하는 시기를 적절히 조율해야 할 것입니다. 또한 증여받은 주택을 양도할 때는 '이월 과세' 규정을 주의해야 합니다. 부모님에게 증여받은 후 5년 이내에 양도할 때 취득가액을 당초 증여자의 취득가액으로 계산하는 규정으로, 증여받은 후 5년이 지나 양도하는 것으로 진행하는 것이 유리합니다.

상속세 및 증여세율

과세표준	세율	누진 공제금액
1억원 이하	10%	–
1억원 초과~ 5억원 이하	20%	1000만원
5억원 초과~ 10억원 이하	30%	6000만원
10억원 초과~ 30억원 이하	40%	1억6000만원
30억원 초과	50%	4억6000만원

증여재산 공제금액

5000만원

성인 자녀가 부모에게 증여받을 경우 증여재산 공제는 10년간 합산 5000만원을 적용한다. 증여받는 사람이 성인이더라도 자녀(또는 손자녀)가 아닌 다른 가족이라면 증여재산 공제가 달라진다.

양도소득세

토지나 건물 등 부동산이나 부동산 분양권 또는 주식과 같은 자산에 대한 권리를 양도할 때 발생하는 소득에 대해 부과하는 세금을 말한다.

SECTION 1 *CHECK POINT* ⑤

주택 매매계약 시 매도인·매수인 유의 사항

SITUATION

매매계약서를 작성하기 전 알아두면 좋은 사항을 체크리스트로 만들어 가져가려고 합니다. 어떤 부분을 확인하는 것이 좋을까요?

SOLUTION

가장 먼저 확인할 점은 계약이 유효하게 성립했는지 여부입니다. 본질적 사항이나 중요한 사항에 관해서는 구체적으로 의사 합치가 있어야 합니다. 또한 가계약이든 구두계약이든 주요 내용 등을 정하고 계약을 체결하게 되면 계약은 성립하고, 그 계약 내용대로 권리 의무가 발생하기 때문에 주의해야 합니다.

주택 매매에 따른 권리 의무는 당사자 간의 계약으로 정해지는 것이 대부분이므로 계약 체결 시 유의할 점에 대해 몇 가지 살펴보겠습니다. 가장 먼저 확인할 점은 계약이 유효하게 성립했는지 여부입니다. 일단 계약이 성립해야 상대방에게 그 계약의 내용대로 의무 이행을 강제하고 권리행사를 할 수 있기 때문입니다.

먼저 매매계약이 유효하게 성립하기 위해서는 계약 당사자 사이에 계약 내용에 대한 의사의 합치가 있어야 합니다. 이러한 의사의 합치는 계약 내용의 모든 사항에 적용되는 것은 아니지만, 계약 내용의 본질적 사항이나 중요한 사항에 관해서는 구체적으로 **의사의 합치**가 있어야 합니다. 또는 향후 구체적으로 특정할 수 있는 기준과 방법 등에 관한 합의가 최소한이라도 있어야 합니다. 예를 들어 이러한 매매계약에서 본질적이거나 중요한 사항이란 매매 목적물이 무엇인지, 매매대금은 얼마인지, 매매대금의 지급 방법과 지급 일시는 어떻게 되는지 등이 해당됩니다.

이렇듯 계약의 성립과 불성립을 먼저 따지는 이유는 계약이 처음부터 성립하지 않은 것으로 인정되면 다른 특약

의사의 합치
서로의 의사가 합쳐서 약속이 하나로 공통되는 것.

이 없는 한 받은 돈의 배액 상환 등 계약상 의무를 이행할 필요가 없고, 원상대로 돌려놓을 의무만이 남기 때문입니다. 예를 들어 가계약의 경우 가계약을 파기하고 지급한 금액을 돌려받을 수 있는지, 아니면 지급받은 금액을 돌려줘야 하는지 여부에 대한 다툼이 발생할 경우 마찬가지로 판단할 수 있습니다. 즉 단순히 부동산을 먼저 선점하기 위한 목적으로 중요한 사항 또는 본질적 사항에 대해 정하지 않거나 일부만 정하고 가계약을 체결할 경우 다른 특약이 없는 한 계약의 불성립을 주장해 계약을 파기하고 지급받은 돈을 돌려주거나 지급한 돈의 반환을 청구할 수 있습니다.

그런데 가계약이든 구두계약이든 주요 내용 등을 정하고 계약을 체결하게 되면 계약은 성립하고, 그 계약 내용대로 권리 의무가 발생하기 때문에 주의해야 합니다. 이런 경우는 가계약금이라는 표현을 썼더라도 다른 약정이 없는 한 가계약금을 포기하거나 배액 상환하는 것만으로는 계약을 해제할 수 없고, 그 계약 내용대로 이행해야 할 상황이 발생할 수 있기 때문입니다.

안전한 계약을 위한 유의 사항

다음으로 위와 같은 주요 내용 등을 정해 계약을 체결하면 유효한 계약이 성립하는데, 이때 안전하게 계약을 체결하려면 매매 당사자는 어떤 점을 유의해야 할까요? 매매 당사자 모두 매매계약을 체결할 때 가장 중요한 첫 단추는 계약서의 꼼꼼한 작성과 확인

> 분쟁을 줄이기 위해서는 계약서 문구를 구체적이고 명확하게 정하는 것이 필요한데, 만약 계약서가 이미 작성돼 있고 그 내용이 모호하거나 불분명하다면 판례에서 이런 경우 어떻게 해석하는지를 참고할 필요가 있습니다.

배액
두 배의 값 또는 그런 금액을 말한다.

매매계약서 작성 전 체크리스크

매수인
☐ 부동산 등기사항전부증명서, 건축물대장, 토지대장 등 공적 서류를 통해 소유자 일치 여부
☐ 제한물권 존재 여부, 위법 건축물 여부, 목적물의 하자 여부 등

매도인
☐ 대금 지급 기일이 특정됐는지 여부
☐ 대금이 지급되지 않았을 때 위약금 청구 가능 여부

입니다. 보통 매매계약은 중개인을 통해 기본적 내용이 적혀 있는 계약서로 거래를 하기 때문에 직접 작성하는 경우는 드물 수 있습니다. 따라서 매매 당사자 상호 간에 구두로 약속한 내용이 있더라도 추후 입증이 힘든 경우 계약서에 적혀 있는 문구대로 해석되고, 그 이행이 강제될 가능성이 높기 때문에 계약 시 특약 내용을 최대한 구체적이고 상세하게 작성할 필요가 있습니다.

즉 분쟁을 줄이기 위해서는 계약서 문구를 구체적이고 명확하게 정하는 것이 필요한데, 만약 계약서가 이미 작성돼 있고 그 내용이 모호하거나 불분명하다면 판례에서 이런 경우 어떻게 해석하는지를 참고할 필요가 있습니다. 대법원은 "문언의 형식과 내용, 법률행위가 이루어진 동기 및 경위, 당사자가 법률행위에 의해 달성하려는 목적과 진정한 의사, 거래의 관행 등을 종합적으로 고려해 사회 정의와 형평의 이념에 맞도록 논리와 경험의 법칙 그리고 사회 일반의 상식과 거래의 통념에 따라 합리적으로 해석해야 한다"고 판시하고 있습니다.

개별적으로 매수인은 부동산 등기사항전부증명서, 건축물대장, 토지대장 등 공적 서류를 통해 소유자 일치 여부, 제한물권 존재 여부, 위법 건축물 여부, 목적물의 하자 여부 등을 확인하는 것이 기본적으로 필요하고, 매도인은 대금 지급 기일이 특정됐는지 여부, 대금이 지급되지 않았을 때 위약금을 청구할 수 있는지 여부를 확인하는 것이 필요합니다.

SECTION 1 CHECK POINT ⑥

슬기로운 층간소음 해결 방안

SITUATION

최근 윗집이 이사 온 후 하루 종일 층간소음에 시달리고 있습니다. 윗집에 편지도 쓰고 관리실에 연락도 해봤지만, 아무런 소용이 없네요. 법적으로 해결할 수 있는 방법이 있을까요?

SOLUTION

상대방의 행동을 직접적으로 제약할 수는 없고, 층간소음으로 피해를 본 당사자가 가해자에게 정신적 피해 등에 대한 손해배상을 청구하는 소송을 제기할 수는 있습니다. 층간소음으로 인한 손해배상이 인정되기 위해서는 '공동주택 층간소음의 기준에 관한 규칙'에서 정한 기준을 충족해야 합니다.

아파트 등과 같은 공동주택에 거주하는 경우 이웃으로 인해 받을 수 있는 대표적인 스트레스가 층간소음이라고 할 수 있습니다. 법적으로 층간소음의 정의는 뛰거나 걷는 동작 등으로 발생하는 소음(직접 충격 소음)과 TV, 음향기기 등의 사용으로 인해 발생하는 소음(공기전달 소음)을 의미합니다. 한국환경공단에 따르면 층간소음의 발생 원인 중 '아이들의 뜀박질 또는 발걸음', '망치질', '가구를 끌거나 찍는 행위' 등이 층간소음의 큰 비중을 차지하고 있고, 이러한 층간소음으로 인해 아랫집과 윗집 간 또는 옆집 간 분쟁이 지속적으로 발생하고 있습니다. 위 사안처럼 층간소음이 발생하면 피해를 입는 이웃집 거주자는 어떤 조치를 취할 수 있을까요.

법에서 정한 내용을 살펴보면 공동주택에서 층간소음이 발생할 경우 우선적으로는 관리실 등에 그 사실을 알리고, 관리실 등 관리주체가 층간소음 피해를 끼친 해당 입주자 등에게 층간소음 발생을 중단하거나 차음 조치를 권고하도록 요청할 수 있으며, 그 입주자 등은 관리주체의 조치 및 권고에 협조해야 한다고 돼 있습니다. 다만 층간소음을 발생시킨 입주자 등

공동주택

여러 가구가 한 건축물 안에서 각각의 공간을 갖고 생활할 수 있도록 설계된 주택을 말한다.

이 그 권고를 무시하더라도 공동주택의 관리 규약 등에 특별히 규정해놓지 않은 이상 관리주체는 문제 해결에 더 이상 관여하기 어려울 수 있습니다. 다음으로 생각해볼 수 있는 방법은 분쟁조정위원회에 조정을 신청하는 것입니다. 이러한 조정은 공동주택관리 분쟁조정위원회나 환경분쟁조정위원회가 담당하고 있습니다. 양 당사자의 양해에 의해 조정이 성립되면 판결과 같은 효력이 발생해 상대방이 조정 내용에 위배되는 행위를 할 경우 추가적 법적 조치를 할 수 있습니다. 이러한 절차를 조금 더 수월하게 이용할 수 있도록 정부는 '층간소음 이웃사이센터'를 개설했고, 전화 상담이나 현장 진단 등을 통해 층간소음에 대한 분쟁을 해결하고 있습니다. 층간소음 이웃사이센터는 1단계로 전화 상담을 하고, 전화 상담으로 해결되지 않는 경우에는 현장 진단을 실시하며, 현장 진단 시 소음 측정까지 진행해 실제 층간소음이 어느 정도 되는지 확인할 수 있습니다. 그 결과 분쟁해결을 위한 조정이 성립될 수 있고, 그 조정은 재판상 화해와 같은 효력이 있으므로 조정에서 정한 내용을 상대방이 지키지 않는 경우 손해배상 등의 조치를 취할 수 있습니다.

법원 소송 제기도 가능

그런데 조정 신청도 상대방이 응할 때나 효력이 있기 때문에 마지막으로 생각해볼 수 있는 방법은 법원에 소송을 제기하는 것입니다. 법원에 소송을 제기한다고 하더라도 층간소음을 멈추도록 상대방의 행동을 직접적으로 제약할 수는 없고, 층간소음으로 피해를 본 당사자가 가해자에게 정신적 피해 등에 대한 손해배상을 청구하는 것을 의미합니다. 층간소음으로 인한 손해배상을 인정받기 위해서는 ① 층간소음이 상대방인 피고에 의해 발생한 소음이어야 하고, ② 층간소음을 발생시킨 방법, 횟수 및 발생 시각 등에 비추어 소음 발생 행위가 공동주택에서 생활하는 이웃 사이에 통상적으로 수인해야 하는 범위를 초과해 평온한 사생활을 방해할 정도에 이르는 정도가 돼야 합니다.

이런 기준을 구체화한 것이 위에서 언급한 '공동주택 층간소음의 기준에 관한 규칙'에서 정한 기준이라고 볼 수 있습니다. 따라서 공동주택의 특성을 고려할 때 위 규칙에서 정한 소음 기준도 초과하지 않고, 생활 소음으로 인한 불쾌감만 불러일으키는 사정만으로는 불법행위에 의한 손해배상책임조차도 인정되지 않을 수 있습니다. 만약 위와 같은 소음 기준을 초과해 가해자에게 손해배상책임이 발생한다면 인정되는 위자료 범위는 중앙환경분쟁조정위원회의 '층간소음 및 빛 공해 배상액 산정 기준'을 참고해볼 수 있습니다.

공동주택 층간소음의 기준에 관한 규칙

단위 : dB(A)

층간소음의 구분		층간소음의 기준	
		주간(06:00~22:00)	야간(22:00~06:00)
직접 충격 소음	1분간 등가소음도	43	38
	최고 소음도	57	52
공기전달 소음	5분간 등가소음도	45	40

자료 국가법령정보센터

절차를 조금 더 수월하게 이용할 수 있도록 정부는 '층간소음 이웃사이센터'를 개설했고, 전화 상담이나 현장 진단 등을 통해 층간소음에 대한 분쟁을 해결하고 있습니다.

층간소음 및 빛 공해 배상액 산정 기준

소음 기준을 5dB 초과할 경우 1인당 피해 기간에 따른 배상 금액(2014년 기준)

피해 기간	6개월 이내	1년 이내	2년 이내	3년 이내
배상 금액	52만원	66만 3000원	79만 3000원	88만 4000원

만일 최고 소음도와 등가소음도 모두 초과하거나 주간과 야간 모두 초과하는 경우에는 30% 이내에서 배상 금액을 가산하고, 소음 발생자가 피해자보다 해당 주택에 먼저 입주한 경우 등에는 30% 이내에서 배상 금액이 감액될 수 있다. 또 피해자가 환자이거나 1세 미만의 유아, 수험생 등일 경우에는 20% 이내에서 배상 금액을 가산한다.

자료 중앙환경분쟁조정위원회

SECTION 1 CHECK POINT ⑦

인테리어 공사에 대한 법적 분쟁 예방

SITUATION

생애 첫 집을 마련하고 인테리어 공사업체에 공사를 맡겼습니다. 그런데 아랫집에서 저희 집 인테리어 공사 때문에 누수와 균열이 생겼다며 하자보수와 손해배상을 요구해왔습니다. 저에게 책임이 있는지 궁금합니다.

SOLUTION

누수와 균열의 원인이 질문자에게 있다면 아랫집 소유자에게 누수방지 공사와 하자보수 공사를 해주고, 질문자는 이에 대해 인테리어 공사업체에 배상액을 구상할 수 있습니다.

먼저 누수와 균열의 원인이 어디에 있는지, 누구의 책임인지부터 확인하는 것이 필요합니다. 원칙적으로 감정 결과 누수와 균열의 원인이 인테리어 공사업체의 부실 공사로 확인된다면 인테리어 공사업체에 책임을 물을 수 있기 때문입니다. 다만 집합건물의 경우 공용 부분과 전용 부분을 구별하고 각각의 경우에 따라 건물 관리주체의 보수 책임 범위인지, 각 소유자의 보수 책임 범위인지 주체가 달라지기 때문에 이 부분의 확인도 중요합니다.
일반적으로는 누수와 균열의 원인을 확인한 결과 그 원인이 윗집의 전용 부분에서 발생했다면 아랫집 소유자는 1차적으로 윗집 소유자에게 누수방지 공사 및 하자보수 공사를 요구하거나 이를 이행하는 데 필요한 금전적 배상을 요구할 것이고, 윗집 소유자는 일단 책임이 인정된다면 이를 이행하고 인테리어 공사업체에 배상액을 구상하는 형태가 될 것입니다.
민법에 따르면 소유자는 소유권을 방해하는 자에 대해 **방해배제청구권**을 행사할 수 있습니다. 윗집의 전용 부분 하자로 아랫집에 누수가 발생했다면 아랫집 소유자 입장에서는 윗집의 하자로 인해 아랫집에 대한 사용·수

방해배제청구권
물권의 완전한 실현이 점유의 상실 이외의 방법으로 방해를 받고 있을 때 침해자에게 그 방해를 제거해달라고 청구할 수 있는 권리.

익 등의 소유권 행사를 방해받는 것이므로 윗집 소유자인 질문자는 아랫집 소유자에게 방해 배제를 위한 누수방지 공사 및 하자보수 공사의 이행을 해야 합니다.

질문자는 인테리어 공사업체와 인테리어 공사 의뢰 계약을 체결했을 텐데, 이 계약은 인테리어 공사업체가 인테리어 공사를 완성할 것을 약정하고 일의 결과에 대해 공사 의뢰인이 보수를 지급하기로 하는 민법상 도급계약이라고 볼 수 있습니다. 그런데 이러한 공사로 완성된 목적물 또는 완성 전의 성취된 부분에 하자가 있는 경우 공사 의뢰인은 인테리어 공사업체에 상당한 기간을 정해 하자보수를 청구할 수 있으며, 하자보수에 갈음해 또는 하자보수와 함께 손해배상을 청구할 수도 있습니다.

따라서 누수와 균열의 원인이 인테리어 공사업체에 있는 것으로 확인되면 그에 대해 인테리어 공사업체에 하자보수를 청구하거나 하자보수에 갈음해 또는 하자보수와 함께 손해배상을 청구할 수 있습니다. 이러한 하자보수 책임과 대금 지급 의무는 동시 이행관계에 있기 때문에 하자보수와 관련한 조치가 제대로 이루어지지 않을 경우 질문자 입장에서는 인테리어 공사업체에 대한 대금 지급을 거절할 수 있습니다.

등록 업체 여부 확인이 중요

인테리어 공사업체가 언제까지 하자보수 책임을 부담하는지에 대해 당사자 간 계약으로 하자보증기간을 정한

> 혹시 모를 분쟁을 대비하기 위해서는 인테리어 공사 전에 미리 등록 업체 여부를 확인한 후 공사를 진행하는 것이 좋습니다.

건설산업기본법

건설 공사의 조사, 설계, 시공, 감리, 유지 관리, 기술 관리 등에 관한 기본적인 사항과 건설업의 등록, 건설 공사의 도급 등에 관해 필요한 사항을 규정함으로써 건설 공사의 적정한 시공과 건설 산업의 건전한 발전을 도모함을 목적으로 하는 법률.

실내건축공사업 등록 요건
1500만원

인테리어 공사업체가 1500만원 이상의 인테리어 공사를 진행하기 위해서는 반드시 건설산업기본법에 따라 실내건축공사업 등록을 해야 하고, 등록 요건으로 법률상 일정 자본금을 갖춰야 하며, 나중에 손해배상을 위한 공제에 가입할 의무가 있다.

경우 그 기간 내에 발생한 하자에 대해 인테리어 공사업체 측에 책임을 물을 수 있습니다. 그런데 계약에서 하자보증기간을 따로 정하지 않았다면 어떻게 될까요?

우선 인테리어 공사업체가 1500만원 이상의 인테리어 공사를 진행하기 위해서는 반드시 **건설산업기본법**에 따라 실내건축공사업 등록을 해야 하고, 등록 요건으로 법률상 일정 자본금을 갖춰야 하며, 나중에 손해배상을 위한 공제에 가입할 의무가 있습니다.

따라서 별도의 계약으로 정하지 않았더라도 인테리어 공사업체가 실내건축공사업 등록을 했다면 건설산업기본법에 따라 실내 인테리어 공사의 경우 공사 완공일로부터 1년 이내에 발생한 하자에 대해 업체 측에 책임을 물을 수 있습니다.

혹시 모를 분쟁을 대비하기 위해서는 인테리어 공사 전에 미리 등록 업체 여부를 확인한 후 공사를 진행하는 것이 좋습니다.

하자로 인해 발생한 손해를 입증하기 위해서는 하자를 발견했을 때 그때그때 사진이나 동영상으로 남겨두거나 관련된 당사자 간의 대화 내용을 보관해두는 식으로 분쟁에 대비할 필요가 있습니다.

윗집 소유자의 경우 하자 원인이 윗집(즉 본인)에 있다고 할지라도 아랫집에서 요구하는 손해배상 및 하자보수 범위가 적정한 것인지에 대해 입증 자료를 요구할 수 있어 위와 같은 준비가 필요합니다.

분쟁을 줄이는 차용증 작성 방법

SITUATION
부모님께 매입 자금 일부를 빌리려고 합니다. 증여받지 않고 빌려서 일정 기간 후에 갚으려고 하는데, 차용증을 작성할 때 주의해야 할 점이 있을까요? 또 공증을 따로 받지 않아도 될까요?

SOLUTION
차용증을 작성하는 데 기본적으로 필요한 사항을 알아두면 도움이 됩니다. 공증을 받으면 차용증을 본인 의사로 작성했다는 점에 대한 강력한 증거력이 생기기 때문에 분쟁 방지에 도움이 될 수 있습니다.

돈을 빌려주고 갚는 행위를 민법에서는 '금전소비대차'라고 말합니다. 금전소비대차라는 계약이 성립하기 위해서는 반드시 계약서를 작성해야 하는 것은 아니고 구두계약도 가능하지만, 그 내용 전반에 대한 입증이 어려울 수 있기 때문에 추후 분쟁을 예방하기 위해서나 증명이 목적이라면 서면으로 작성해두는 것이 유리할 수 있습니다.

이때 공증이 꼭 필요할까요? 차용증을 공증받는다는 것은 공증 사무소에서 차용증을 공정증서로 작성하거나 차용증에 공증인의 인증을 받는 것을 의미합니다.

이런 공증을 하게 되면 차용증을 본인 의사로 작성했다는 점에 대한 강력한 증거력이 생기기 때문에 분쟁 방지에 도움이 될 수 있고, 추가로 강제집행 승낙이 있는 공증(집행 공증이라고도 부릅니다)을 하게 되면 민사소송을 거치지 않고서도 그 공정증서를 집행권원으로 한 강제집행이 가능하다는 장점이 있습니다. 다만 공증이 계약의 성립과 효력 발생에 필수요건은 아니다 보니 공증이 없더라도 계약은 성립하고 효력이 발생한다는 점 때문에 위와 같은 장점을 이용하거

소비대차
당사자 일방이 금전이나 기타 대체물의 소유권을 상대방에게 이전할 것을 약정하고, 상대방은 그와 동종·동질·동량의 물건을 반환할 것을 약정함으로써 성립하는 계약을 말한다.

나 거래를 확실히 증명할 수 있는 수단이 필요하다면 공증을 활용해볼 수 있습니다.

참고로 공증과 내용증명은 그 용도가 다릅니다. 내용증명은 문서가 상대방에게 언제 도달했다는 점에 대한 증명의 용도로 쓰이며 내용에 대한 증명의 용도로는 제한이 있습니다.

차용증 작성 요령

그렇다면 차용증을 작성하는 요령이 있을까요? 차용증을 작성하는 데 특별한 양식이 있는 것은 아니지만, 기본적으로 필요한 사항에는 ① 채권자와 채무자에 대한 사항, ② 차용금, ③ 이자가 있는 경우 이자액과 이자 지급 방법, ④ 변제 기일, ⑤ 변제 방법, ⑥ 불이행 시 책임(위약금, 지연손해금 등), ⑦ 특약 사항, ⑧ 작성일 등이 있습니다.

위 내용을 구체적으로 확인해보면 ① 채권자와 채무자는 다른 사람과 구분될 수 있고 특정할 수 있을 정도로 표시하는 것이 필요하므로 일반적으로 주민등록번호, 주소, 전화번호 등을 기재합니다. ② 차용금은 서로 약정한 금액이 되며, ③ 이자의 경우 가족 간에는 무이자로 빌려주거나 빌릴 수 있지만 일정 금액 이상이 되면 세무상 증여로 취급될 수 있습니다.

이자를 지급하기로 하는 경우 이자 지급일과 이자율을 정할 수 있는데, 대차 원금이 10만원 이상인 금전소비대차 계약은 다음 사항을 유의해야 합니다. 즉 계약상 최고 이자율을 이자제한법(제2조 제1항 및 시행령, 현

> 차용증을 공증받는다는 것은 공증 사무소에서 차용증을 공정증서로 작성하거나 차용증에 공증인의 인증을 받는 것을 의미합니다.

공증
특정한 사실 또는 법률관계의 존재를 공적으로 증명하는 행정행위를 말한다.

차용증 작성에 필요한 사항

1. 채권자와 채무자에 대한 사항
2. 차용금
3. 이자가 있는 경우 이자액과 이자 지급 방법
4. 변제 기일
5. 변제 방법
6. 불이행 시 책임 (위약금, 지연손해금 등)
7. 특약 사항
8. 작성일

행 최고 이자율은 연 20%)에서 제한하고 있습니다. 따라서 고율의 이자를 정하고자 하는 경우에는 계약 체결 당시 위 법률을 확인해 최고 이자율을 넘지 않도록 정할 필요가 있습니다.

④ 변제 기일을 특정해놓는 경우 그 기일이 도래해야 이행을 청구할 수 있고 그 기일을 경과한 때부터 지체 책임을 지며, 또한 소멸시효도 진행되는 점을 유의해야 합니다. 변제 기일을 정해놓지 않는 경우에는 기한의 정함이 없는 채무로서 채권자는 언제든지 이행을 청구할 수 있고 소멸시효는 계약 체결 즉시 진행되지만, 지체 책임은 채권자로부터 이행 청구를 받은 다음날부터 지게 됩니다.

⑤ 변제 방법은 상황에 따라 원리금 상환 방식, 원금 상환 방식 등으로 정할 수 있습니다. ⑥ 만약 채무자가 변제일에 변제를 하지 않는다면 어떻게 대처할 것인지를 정할 수 있는데, 보통 특약 사항으로 채무불이행에 관한 손해배상액을 예정해놓을 수 있고, 이를 위약금이라고도 합니다.

기타 사항으로는 당사자 간 특별한 사항을 약정하거나 조건을 정할 수 있으며, 마지막으로 작성일과 작성자 등을 기재하면 차용증이 완성됩니다.

SECTION 2
GENERATION 4050

사회 활동이 한창 활발한 연령층인 4050 세대는 생각해야 할 부동산 세금 문제도 다양하다. 집이 재건축될 경우 고려해야 하는 종합부동산세나 양도소득세, 일시적 2주택자가 된 경우 살펴봐야 할 비과세 요건, 임대 빌딩을 구입할 때 명의 결정 등에 이르기까지 4050 세대의 분주한 부동산 라이프는 여전히 현재진행형이다.

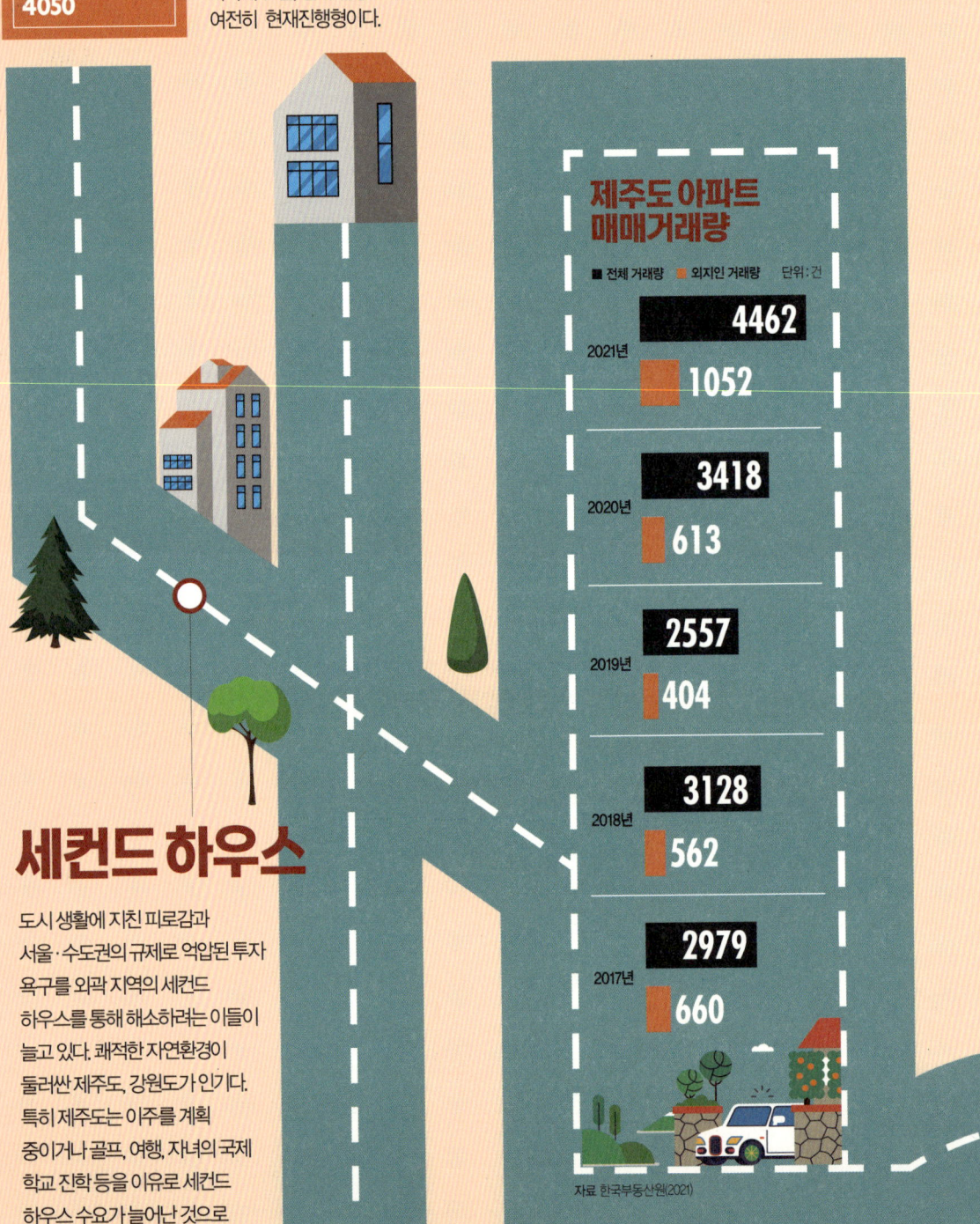

세컨드 하우스

도시 생활에 지친 피로감과 서울·수도권의 규제로 억압된 투자 욕구를 외곽 지역의 세컨드 하우스를 통해 해소하려는 이들이 늘고 있다. 쾌적한 자연환경이 둘러싼 제주도, 강원도가 인기다. 특히 제주도는 이주를 계획 중이거나 골프, 여행, 자녀의 국제학교 진학 등을 이유로 세컨드 하우스 수요가 늘어난 것으로 나타났다.

제주도 아파트 매매거래량

■ 전체 거래량 ■ 외지인 거래량 단위 : 건

연도	전체 거래량	외지인 거래량
2021년	4462	1052
2020년	3418	613
2019년	2557	404
2018년	3128	562
2017년	2979	660

자료 한국부동산원(2021)

인생 2막 계획하는 '4050 재테크족'

수익형 부동산

한국부동산원에 따르면 2019년 이후 상업·업무용 부동산 거래가 2년 연속 증가세를 보였다. 상업·업무용에는 상가와 오피스텔 등 수익형 부동산이 포함되는데, 특히 전체 거래에서 상가의 비율이 증가해 눈길을 끌었다.

4050 세대의 실물자산 구성

- 거주 주택: **55.6%**
- 거주 주택 이외의 부동산: **36.1%**
- 자동차: 4.1%
- 자동차 이외 기타 실물자산: 2.7%
- 회원권 및 동산을 남입액: 1.5%

자료: 보험개발원(2021)

SECTION 2 GENERATION *4050*

Q. 세금 종류별 주택 수 계산 방법은?

CASE ; 양도소득세, 취득세, 종합부동산세, 재산세 등 주택 수에 따라 중과세되는 세금의 종류가 많은 것으로 알고 있습니다. 주택에 대한 중과세를 판단할 때 세금 종류별로 주택을 세는 기준이 궁금합니다.

부동산은 취득·보유·처분하는 모든 단계에서 세금을 냅니다. 취득할 때는 취득세를, 보유하는 동안에는 재산세와 종합부동산세(요건 충족 시)를 냅니다. 보유하면서 임대하는 경우에는 임대소득에 대한 종합소득세를 냅니다. 그리고 매각하면 양도소득세를 냅니다. 부동산에 부과하는 세금은 보통 부동산 평가액이나 소득을 기준으로 계산합니다. 부동산 수는 세금을 늘리는 데 결정적 역할을 하지 않습니다. 그러나 주택은 다릅니다. 평가액이나 벌어들인 소득이 동일하더라도 주택 수에 따라 세금의 크기가 달라집니다.

수택에 대한 취득세는 구입하는 가격에 따라 1~3%의 세율을 적용합니다. 하지만 다주택을 보유한 사람이 주택을 구입하면 취득세 부담은 대폭 상승합니다. 세대를 기준으로 세 번

 취득세와 재산세 그리고 국세인 양도소득세는 세대를 기준으로 주택 수를 셉니다. 주택 수에 따라 월세와 전세 임대에 대한 과세 여부가 달라지는 종합소득세는 부부 합산 기준으로 주택 수를 셉니다. 또 종합부동산세를 계산할 때 적용하는 주택은 세대를 기준으로 세는 경우도 있고, 개인을 기준으로 세는 경우도 있습니다.

째 주택(비조정대상지역의 경우 네 번째 주택) 이상을 취득하는 경우 취득세는 최대 12%까지 상승합니다. 다주택 보유자가 주택을 증여하는 경우에도 주택의 취득세는 늘어납니다. 다주택 보유자가 주택을 증여할 경우 조정대상지역 여부와 주택 가격 그리고 주택 수에 따라 최대 12%의 세율을 적용해 취득세를 계산합니다. 주택에 대한 재산세는 주택 수의 영향을 받진 않지만, 공시가격 9억원 이하의 주택 한 채만 보유한 경우 최대 50%까지 재산세가 감면됩니다. 종합부동산세는 주택을 두 채 이상 보유하는 경우 부담이 급격하게 상승합니다.

주택 임대소득에 대한 종합소득세도 주택 수의 영향을 받습니다. 1주택을 보유한 상황에서 주택을 임대하는 경우 고가 주택(공시가격 9억원 초과)만 아니면 종합소득세가 과세되지 않습니다. 2주택을 보유한 상황에서 주택을 임대하는 경우 전세 임대는 ==종합소득세==가 과세되지 않습니다. 그러나 세 채 이상의 주택을 보유한 상황에서 주택을 임대하면 임대의 유형을 불문하고 무조건 종합소득세가 과세됩니다. 양도소득세는 주택 수에 더 많은 영향을 받습니다. 1주택을 보유한 상황이라면 양도소득세 비과세가 가능합니다. 하지만 두 채 이상 보유한 상황에서 조정대상지역에 있는 주택을 매각하면 양도소득세는 급격하게 상승합니다. 양도소득세 기본세율(6~45%)에 20~30%p가 가산되고, 장기보유특별공제가 배제되기 때문입니다.

주택에 부과하는 세금은 세금 종류별로 주택 수를 세는 방식이 다릅니다. 지방세인 취득세와 재산세 그리고 국세인 양도소득세는 세대를 기준으로 주택 수를 셉니다. 주택 수에 따라 최대 12%의 세율이 적용되는 취득세, 1채의 주택을 보유했을 때 최대 50%까지 감면되는 재산세, 그리고 양도소득세 중과세는 모두 세대를 기준으로 주택 수를 셉니다. 세대 구성원이 보유하고 있는 주택도 주택 수에 포함됩니다. 반면 주택 수에 따라 월세와 전세 임대에 대한 과세 여부가 달라지는 종합소득세는 부부 합산 기준으로 주택 수를 셉니다. 주택 임대소득에 대한 종합소득세를 계산할 때는 세대 구성원인 자녀가 보유한 주택은 주택 수에서 제외됩니다.

종합부동산세를 계산할 때 적용하는 주택은 세대를 기준으로 세는 경우도 있고, 개인을 기준으로 세는 경우도 있습니다. 종합부동산세 과세 대상을 판단하는 과세 기준과 세액공제는 세대 기준으로 주택 수를 셉니다. 세대 기준으로 1주택을 단독명의(부부 공동명의 포함)로 보유하는 경우 종합부동산세의 과세 기준은 11억원을 적용하고, 세액공제도 최대 80%까지 가능합니다. 반면 종합부동산세율과 세부담상한선은 개인 기준으로 주택 수를 셉니다. 따라서 조정대상지역에서 두 채를 보유하고 있거나 지역을 불문하고 세 채 이상의 주택을 보유한 경우 종합부동산세율은 일반세율보다 2배 높아지고, 세부담상한선은 일반 기준인 150%에서 300%까지 상승합니다.

세금 종류별 주택 수 세는 방식

- **지방세(취득세와 재산세)** '세대' 기준
- **국세(양도소득세)** '세대' 기준
- **종합소득세** '부부 합산 기준 주택 수'
- **종합부동산세** '세대' 기준 또는 '개인' 기준

> 주택 임대소득에 대한 종합소득세도 주택 수의 영향을 받습니다. 주택 수에 따라 월세와 전세 임대에 대한 종합소득세가 달라집니다.

종합소득세

개인에게 귀속되는 각종 소득을 종합해 하나의 과세 단위로 보고 세금을 부과하는 누진세 제도.

SECTION 2 GENERATION *4050*

Q.13 1세대 1주택 양도소득세 비과세 요건은?

CASE; 10년 전 3억원에 취득한 집을 10억원에 매도할 예정인데, 1주택자는 양도소득세 걱정을 하지 않아도 된다는 말이 맞나요? 참고로 작은 오피스텔을 보유한 처제가 3개월 정도 같이 거주하고 있는 상황입니다.

주택을 팔면 매매차익에 대한 양도소득세를 부담해야 하지만, 세금을 내고 나면 같은 가격대의 새로운 주택을 구입하는 데 차질이 생길 수 있기 때문에 주거생활 안정을 지원하기 위한 목적으로 일정 조건을 갖춘 1주택자에게는 양도소득세 비과세 혜택을 부여하고 있습니다. 그래서 일반적으로 1주택자는 양도소득세 걱정을 하지 않아도 된다는 말이 나오는 것입니다.

하지만 "악마는 디테일에 있다"는 말이 있지요. 당연히 1주택 비과세 요건을 갖추었다고 생각했는데, 미처 확인하지 못한 사항이 발목을 잡아 비과세를 적용받지 못하고 큰 세금을 추징당하는 경우도 종종 생깁니다. 따라서 매도 계약을 체결하기 전 꼼꼼히 살펴보는 게 중요합니다.

위 사례의 경우 1주택 비과세 대상이라면 양도소득세는 납부할 필요가 없

A.13 일반적으로 양도일 현재 '1세대가 2년 이상 보유한 1주택을 양도하는 주택'은 비과세 대상에 해당합니다. 위 사례의 경우 1주택 비과세 대상이라면 양도소득세는 납부할 필요가 없지만, 비과세 대상이 아니라면 약 4억3000만원의 양도소득세를 부담해야 할 수도 있습니다.

지만, 비과세 대상이 아니라면 약 4억 3000만원의 양도소득세를 부담해야 할 수도 있는 상황입니다.

일반적으로 양도일 현재 1세대가 2년 이상 보유한 1주택을 양도하는 주택은 비과세 대상에 해당합니다. 하지만 여기서 조금 더 구체적으로 살펴보면 1세대는 본인뿐만 아니라 ① 동일한 주소에서, ② 생계를 같이하는, ③ 가족을 포함합니다.

2년 이상 보유 요건은 <mark>조정대상지역</mark>의 주택을 2017년 8월 3일 이후에 취득한 경우라면 보유 기간 중 2년 이상 거주해야 하고, 2021년 1월 1일 현재 다주택자가 매매·증여·용도변경으로 1주택이 된 경우라면 1주택이 된 날부터 2년 이상 보유 및 거주 기간을 충족해야 합니다.

주택도 단독주택이나 아파트와 같은 공동주택만 주택으로 보는 것이 아니라 사실상 주거용으로 사용하고 있다면 오피스텔이나 다른 건물도 주택에 해당하는 것으로 판정합니다.

위 사례의 경우를 보면 처제와 같이 살고 있는 상황이므로 동일 세대원에 포함되고, 처제가 보유한 오피스텔이 주거용으로 사용되고 있다면 그것도 주택으로 분류되기 때문에 1세대 2주택자에 해당할 수 있는 상황입니다. 이때 양도하려는 본인의 주택이 조정대상지역에 있다면 2주택 중과세 대상이므로 약 4억3000만원, 조정대상지역이 아니라면 중과세가 적용되지 않아 약 2억2000만원의 양도소득세를 부담해야 합니다.

하지만 주택을 양도하기 전에 처제가

1주택 비과세 요건

일반 요건	세부 요건
1세대가	세대 : 동일한 주소에서 생계를 같이하는 가족
	가족 : 본인과 배우자의 직계존비속(그 배우자 포함) 및 형제자매
2년 이상 보유한	2017년 8월 3일 이후 조정대상지역 주택 취득 시 보유 기간 중 2년 거주 필요
	보유 기간 : 취득일부터. 단, 다주택에서 1주택이 된 경우 그날부터 계산
1주택을 양도할 것	주택 : 사실상 주거용으로 사용하는 건물
	지분(동일 세대원 합산 기준)으로 일부만 소유해도 1주택

※ 양도 금액 12억원을 초과하는 고가 주택은 양도 금액 중 12억원이 차지하는 비율만 비과세됨.

> **66**
> 주택도 단독주택이나 아파트와 같은 공동주택만 주택으로 보는 것이 아니라 사실상 주거용으로 사용하고 있다면 오피스텔이나 다른 건물도 주택에 해당하는 것으로 판정합니다.
> **99**

조정대상지역

정부가 부동산시장 과열을 막기 위해 주택법에 근거해 지정하는 지역이다. 주택 가격 상승률이 물가상승률의 2배 이상이거나 청약 경쟁률이 5대 1 이상인 지역 등이 대상이다.

다른 곳으로 거주지를 옮겨 별도 세대가 된다면 1세대 1주택 요건을 충족하게 돼 비과세 혜택을 받을 수 있습니다. 만일 이미 양도가 끝난 상황이라면 예외적으로 처제와 거주는 같이 하고 있지만, 사실상 '생계'를 달리하고 있다는 증빙이 가능해야 1세대 1주택으로 인정받을 수 있습니다. 동일한 주소에서 생계를 같이한다는 것은 일반적으로 주민등록에 전입신고가 돼 있는지 여부로 확인하지만, 서류와 실제 상황이 다르다면 실제 상황을 우선 적용한다는 점에도 주의할 필요가 있습니다.

참고로 1주택 비과세 대상이더라도 양도 금액이 12억원을 초과하는 고가 주택의 경우에는 양도 금액 중 12억원에 해당하는 비율까지만 비과세하고 나머지 금액은 과세합니다.

SECTION 2 *GENERATION 4050*

Q. 부동산을 자주 사고파는 경우 주의 사항은?

CASE ; 투자금이 많진 않지만, 소액 부동산이라도 기회가 있을 때마다 사고팔고 하면서 조금씩 자산을 불리고자 합니다. 부동산 투자 시 세금에 대한 공부가 가장 중요하다는데, 특히 주의해야 할 점이 있나요?

부동산 투자를 하게 되면 일반적으로 부동산을 취득할 때 취득세, 보유하는 동안 재산세와 종합부동산세, 임대하면 사업소득세, 매도할 때는 양도소득세, 상속이나 증여 시에는 상속세와 증여세를 부담해야 합니다. 따라서 예상치 못한 세금으로 곤란해지지 않으려면 각각의 세금 문제에 직면하기 전에 먼저 자세한 요건을 살펴보고, 세부담액을 최소화하는 방법은 없는지 사전 검토를 꼼꼼하게 하는 것이 중요합니다.

일반적으로 부동산 매도 시 양도소득세를 부담해야 하는 것으로 많이 알고 있지만, 부동산을 자주 사고파는 경우에는 양도소득세가 아닌 사업소득세가 과세될 수 있어 잘 알아둘 필요가 있습니다. 부동산 매도로 발생하는 소득은 양도소득과 사업소득으로 구분하는데, 이는 별도의 획일적 기준에 따른 것이 아니라 매매 규모·거래 횟수·반복성 등 거래에 관한 제

취득세, 재산세, 종합부동산세, 사업소득세, 양도소득세, 상속세, 증여세 등 부동산 투자 시 적용되는 세금의 종류가 다양합니다. 특히 부동산을 자주 사고파는 경우에는 양도소득세가 아닌 사업소득세가 과세될 수 있어 잘 알아둘 필요가 있습니다.

반 사항을 종합적으로 판단해 사업적인 것으로 인정되면 사업소득으로, 사업 목적이 없는 경우에는 양도소득으로 분류합니다. 참고로 사업 목적으로 반기 중 1회 이상 부동산을 취득하고 2회 이상 매도하는 경우에는 부동산매매업으로 보아 사업소득을 적용합니다.

양도소득세는 매매차익에서 보유 기간에 따른 장기보유특별공제와 양도소득 기본공제 250만원을 차감한 과세표준에 양도소득세율을 적용해 부담할 세액을 산출하고, 양도일이 속하는 달의 말일부터 2월 이내에 신고 및 납부해야 합니다. 그리고 연도 중 다른 부동산의 양도소득과 합산해 다음 해 5월 양도소득 확정신고를 통해 납부세액을 정산합니다.

부동산매매업에 대한 사업소득은 양도일이 속하는 달의 말일부터 2개월 이내에 예정신고를 하고, 다음 해 5월 다른 종합소득과 합산해 종합소득 확정신고를 한 후 납부세액을 정산합니다. 예정신고 시에는 양도소득세 계산 방식을 준용해 장기보유특별공제를 반영하고, 양도소득세율을 적용해 산출한 세액을 우선 납부합니다. 확정신고 시에는 장기보유특별공제 미적용, 대출이자 등 사업 관련 비용을 추가로 적용하고 그 차익을 다른 종합소득과 합산해 종합소득세율을 적용한 세액으로 정산합니다. 이때 양도소득세 중과 대상에 해당하는 비사업용 토지, 미등기 부동산, 다주택자는 종합소득세율을 적용한 세액과 양도소득세율을 적용한 세액 중 큰 금

사업소득과 양도소득의 차이

구분	사업소득	양도소득
신고 방법	예정신고 후 종합소득 확정신고 정산	예정신고 후 양도소득 확정신고 정산
장기보유특별공제	적용 대상 아님(예정신고 시에만 반영)	적용 대상임
세율	종합소득세율 (예정신고 양도소득세율) 중과 대상 세액 계산 특례 적용	양도소득세율
기타	대출이자 등 사업 관련 비용 경비 인정	양도소득 기본공제 250만원 적용

> 부동산매매업에 대한 사업소득은 양도일이 속하는 달의 말일부터 2개월 이내에 예정신고를 하고, 다음 해 5월 다른 종합소득과 합산해 종합소득 확정신고를 한 후 납부세액을 정산합니다.

장기보유특별공제
보유 기간이 3년 이상인 토지나 건물에 대해 양도소득 금액을 산정할 때 일정액을 공제해 양도소득세를 계산하는 제도.

액을 부담하도록 하는 세액 계산 특례가 적용됩니다. 다만 양도소득세율을 적용하더라도 보유 기간 2년 미만 시의 단기 양도소득세율은 적용하지 않습니다

사업소득을 적용하면 양도소득 대비 유리한 점이 있습니다. 먼저 보유 기간 2년 미만의 단기매매를 하는 경우입니다. 양도소득세의 경우 보유 기간이 1년 미만 70%, 2년 미만 60%의 중과세율을 적용하지만, 사업소득은 이런 불이익이 없습니다. 그리고 대출이자나 접대비, 차량 유지비 등 사업 관련 비용을 양도소득과 달리 비용 처리할 수 있는 것도 장점입니다.

마지막으로 다른 종합소득과 합산 시 결손금을 통산할 수 있어 세부담이 줄어들 수도 있습니다. 하지만 다주택자 중과세 적용 대상이라면 사업소득으로 분류되는 경우에도 세액 계산 특례 적용으로 절세 효과를 기대하기는 어렵습니다. 이러한 특성을 잘 이해하고 활용하면 계획하는 부동산 투자에서 좀 더 좋은 결과를 얻을 수 있습니다.

SECTION 2 GENERATION *4050*

 종합부동산세 줄이는 방법은?

CASE ; 종합부동산세를 '세금 폭탄'이라고 표현하는 매체도 있고, 부담스럽지 않다고 하는 전문가도 있습니다. 다주택자가 종합부동산세를 줄일 수 있는 방법이 있나요?

주택에 대한 종합부동산세는 매년 6월 1일을 기준으로 보유 중인 주택의 공시가격 합계가 6억원을 초과하면 부과하는 세금입니다. 다만 세대 기준으로 1주택을 단독명의(부부 공동명의 포함)로 소유한 경우 6억원이 아닌 11억원을 초과하면 종합부동산세를 계산합니다. 그리고 보유 기간과 소유자 연령에 따라 최대 80%까지 세액공제가 가능합니다.
부부 공동명의일 경우에는 각자 6억원(합계 12억원)을 공제받은 세액과 위와 같이 단독명의로 계산해 11억원 공제 및 세액공제를 받은 세액을 비교해 더 낮은 세액으로 선택해 적용할 수 있습니다.
다주택을 보유한 경우 종합부동산세 부담은 급격하게 상승합니다. 세 채 이상의 주택을 소유하거나 조정대상지역에 2주택을 소유하면 세율은 2배로 높아집니다. 세부담상한선도 일반적인 150%가 아닌 300%로 상승

 종합부동산세를 줄이기 위해서는 세대 기준으로 주택 수를 줄여야 합니다. 만약 세대 기준으로 주택 수를 줄일 수 없다면 개인 기준으로 주택 수를 줄여야 합니다. 세대 기준으로 2주택을 보유하고 있어도 부부가 한 채씩 소유하는 것이 유리합니다.

합니다.

종합부동산세의 과세표준은 공시가격에 공정시장가액비율을 곱해 구하는데, 2022년 이후에 적용하는 공정시장가액비율은 100%입니다.

결국 2022년부터 기준 금액 6억원(1세대 1주택 11억원)을 초과하는 공시가격이 곧 종합부동산세의 과세표준이 됩니다. 공시가격까지 매년 상승한다면 종합부동산세의 과세표준은 더 높아지고, 종합부동산세 부담은 더욱 커지게 될 것입니다.

종합부동산세를 줄이기 위해서는 세대 기준으로 주택 수를 줄여야 합니다. 만약 세대 기준으로 주택 수를 줄일 수 없다면 개인 기준으로 주택 수를 줄여야 합니다. 종합부동산세율과 세부담상한선은 개인 기준으로 카운트한 주택 수를 적용하기 때문입니다. 따라서 세대 기준으로 2주택을 보유하고 있어도 부부가 한 채씩 소유하는 것이 유리합니다. 그렇다면 공동명의로 다주택을 소유하면 어떨까요? 부부가 공동명의로 2주택을 소유한 경우가 부부 중 한 사람이 2주택을 모두 소유한 경우보다 종합부동산세 절세 측면에서 유리합니다. 하지만 부부가 각자 한 채씩 단독명의로 소유한 경우보다는 종합부동산세 부담이 큽니다. 부부가 2주택을 공동명의로 소유하면 두 사람 모두 2주택을 소유한 것으로 판단하기 때문입니다.

주택의 매각과 취득 시점을 조절하는 것도 종합부동산세를 줄이는 방법입니다. 종합부동산세 과세기준일은 매년 6월 1일입니다. 따라서 주택을 매각할 경우 6월 1일까지, 매입할 경우 6월 2일 이후에 하는 것이 좋습니다. 이때 대체 취득을 조심해야 합니다. 양도소득세의 경우 1세대 1주택 양도소득세 비과세를 판단할 때 일시적으로 2주택을 인정합니다. 기존 주택을 팔기 전 새 주택을 먼저 구입하더라도 유예기간(3년 또는 조정대상지역의 경우 1년) 이내에 기존 주택을 매각하면 1세대 1주택으로 양도소득세 비과세가 인정됩니다. 그러나 종합부동산세의 경우 대체 취득하는 동안의 유예기간을 인정하지 않습니다. 그래서 양도소득세와 종합부동산세의 절세 효과를 모두 누리려면 유예기간에 6월 1일이 포함되지 않도록 주의해야 합니다.

주택을 소유하고 있는 세대 구성원이 독립 세대의 요건을 갖췄다면 세대를 분리하는 것도 방법입니다. 독립 세대 구성이 가능한 자녀에게 주택을 증여하고 세대를 분리하면 주택 수를 줄일 수 있습니다. 독립 세대를 구성하기 위해서는 세 가지 요건 중 한 가지 이상을 충족해야 합니다. ① 자녀가 결혼했거나, ② 자녀의 나이가 만 30세 이상이거나, ③ 자녀가 기준중위소득의 40% 이상의 소득과 독립된 생계를 유지할 수 있는 경우(미성년자는 제외) 독립 세대로 인정받을 수 있습니다. 다만 배우자는 위 세 가지 요건을 갖추어 세대를 분리한다고 하더라도 독립 세대로 인정하지 않습니다. 배우자가 독립 세대로 인정받는 유일한 방법은 실질적인 이혼뿐입니다.

종합부동산세 절세 꿀팁

① 세대 기준으로 주택 수 줄이기
② 개인 기준으로 주택 수 줄이기
③ 주택 매각 및 취득 시점 조절하기
④ 주택을 소유한 세대 구성원의 세대 분리하기

> 주택의 매각과 취득 시점을 조절하는 것도 종합부동산세를 줄이는 방법입니다. 종합부동산세 과세기준일은 매년 6월 1일입니다. 매년 6월 1일을 기준으로 주택을 평가해 종합부동산세를 계산합니다. 따라서 주택을 매각할 경우 6월 1일까지, 매입할 경우 6월 2일 이후에 하는 것이 좋습니다.

▶ 종합부동산세

부동산 보유 정도에 따라 과표가 결정되는 세금. 주택과 토지를 각각 합산해 공시가격 합계액이 각 유형별로 공제금액을 초과하는 경우 그 초과분에 대해 과세되며, 이를 줄여 '종부세'라고도 한다.

SECTION 2 GENERATION *4050*

 주택 임대사업자가 주의할 사항은?

CASE ; 현재 거주 중인 집 한 채와 임대 중인 다가구주택 한 채를 보유하고 있습니다. 다가구주택은 주택 임대사업자로 등록해 임대하고 있는데, 주택 임대사업자가 주의할 세금 문제가 있다면 알려주세요.

주택 임대사업자는 관할 시·군·구청에 등록하고 주택을 의무 기간 동안 임대하는 사업자를 말합니다. 주택 임대사업자에게는 '민간임대주택에 관한 특별법'에 규정된 여러 가지 의무 사항이 있습니다. 기본적으로는 사업소득의 일종인 임대소득이 발생하므로 소득세를 신고하고, 표준임대차계약서를 작성해야 하며, 등록한 민간임대주택이 임대의무기간과 의무료 증액 기준을 준수해야 하는 재산임을 소유권 등기에 부기등기하고, 임대보증금에 대한 보증 가입 등의 의무를 준수해야 합니다. 반면 주택 임대사업자가 세법상 요건을 충족한 경우에는 세제 혜택을 받을 수 있습니다.

질문하신 사례와 같이 주택 임대사업자로 구청과 세무서에 등록한 임대주택 한 채와 거주 주택 한 채를 보유한

 주택 임대사업자로 구청과 세무서에 등록한 임대주택 한 채와 거주 주택 한 채를 보유한 경우 거주 주택에 대한 비과세와 임대주택에 대한 지방세 및 양도소득세 그리고 종합부동산세 혜택을 받을 수 있습니다. 그런데 이에 대한 법률 내용의 일부가 다소 변경되었으므로 잘 살펴봐야 합니다.

비과세를 적용받기 위한 임대주택 요건

① 거주 주택 양도일 현재 시·군·구청에 임대사업자 등록 및 세무서에 사업자 등록 후 임대
② 임대사업자 등록 후 임대 개시일 당시 기준시가가 수도권은 6억원, 수도권 외 지역은 3억원 이하
③ 임대보증금 또는 임대료 증가율 5% 이하
④ 임대의무기간 10년 이상 장기 임대

※ 임대사업자 등록 신청 시점에 따라 다음과 같은 차이가 있습니다.
① 2020년 7월 10일까지 시·군·구청에 임대사업자 등록 신청한 경우 : 5년 이상(단기 또는 장기 임대)
② 2020년 7월 11일~8월 17일 시·군·구청에 임대사업자 등록 신청한 경우 : 8년 이상(장기 임대)
③ 2020년 8월 18일 이후 시·군·구청에 임대사업자 등록 신청한 경우 : 10년 이상(장기 임대)

비과세를 적용받기 위한 거주 주택 요건

요건을 충족한 민간 매입 임대주택 외에 1세대가 보유한 1주택으로서 보유 기간 중 세대 구성원 전원이 2년 이상 거주해야 합니다. 2019년 2월 12일 이후 취득한 거주 주택인 경우에는 생애 최초로 양도하는 것이어야 비과세를 적용합니다.
단, (1) 2019년 2월 12일 이전에 취득한 거주 주택이나 (2) 2019년 2월 12일 이전에 요건을 충족한 임대주택을 보유하고 있고, 2019년 2월 12일 이전에 거주 주택을 취득하기 위해 매매계약을 체결하고 계약금을 지급한 사실이 증빙서류에 의해 확인되는 경우 횟수에 관계없이 비과세 적용이 가능합니다.
거주 주택 비과세 외에 임대주택에 대한 지방세 혜택도 일부 변경됐습니다. 2020년 8월 12일 세법 개정으로 임대주택을 새로 취득하거나 등록하는 경우 적용 대상이 축소됐습니다. 따라서 새로 임대주택을 취득해 등록할 경우 감면 대상인지 여부를 확인한 후 거래하는 것이 좋습니다.

임대주택 말소 유형에 따른 세제 혜택 변경(말소 외 다른 조건을 충족한다는 가정)

구분	자동 말소	신청 말소
거주 주택 비과세	말소 후 5년 이내 거주 주택 양도 시 비과세 혜택 가능	
지방세 감면	이미 받은 세제 혜택은 추징하지 않음	
양도소득세 중과세 배제	중과세 배제 가능	말소 후 1년 이내 양도 시 가능
종합부동산세 합산 배제	말소 후 종합부동산세 대상	말소 후 종합부동산세 대상

※ 거주 주택 비과세 및 양도소득세 중과세 배제는 신청 말소 시 임대의무기간 2분의 1 이상 임대한 경우여야 함.

경우 받을 수 있는 세제 혜택이 있습니다. 거주 주택에 대한 비과세와 임대주택에 대한 지방세 및 양도소득세 그리고 종합부동산세 혜택입니다. 이 중 일부는 2020년 관련 법률의 개정으로 내용이 변경됐습니다.

거주 주택 비과세 횟수 제한 신설

주택 임대사업자가 임대주택을 제외하고 1주택만 보유한 경우 해당 주택에서 세대 구성원 전원이 2년 이상 거주('거주 주택')한 후 양도하면 1세대 1주택으로 비과세를 적용받을 수 있습니다.
다만 거주 주택의 비과세 횟수에 제한이 있습니다. 거주 주택 비과세는 생애 한 차례만 적용되나, 2019년 2월 12일 이전에 취득한 주택에 대해서는 제한이 없습니다. 따라서 기존 거주 주택 비과세를 받은 후 새로 거주 주택을 취득하는 경우에는 비과세가 적용 되지 않으므로 사전에 충분한 절세 전략이 필요합니다.

임대주택 말소에 따른 세제 혜택 변경

2020년 8월 '민간임대주택법' 개정으로 기등록한 임대주택이 '단기 임대주택'이거나 '아파트'인 경우에는 임대의무기간이 종료된 후 자동으로 등록말소가 됩니다. 또한 임차인의 동의하에 임대인이 신청하면 임대주택 등록말소도 가능합니다. 자동 말소의 경우 세제 혜택이 유지되나, 신청 말소는 일부 조건이 필요합니다. 종합부동산세는 말소 후 부과 대상이 되므로 주의가 필요합니다.

SECTION 2 GENERATION *4050*

Q.17 증여받은 농지는 비사업용 토지일까?

CASE ; 6년 전 부모님에게 증여받은 농지가 있는데 농사를 짓지는 않았습니다. 자금이 필요해 농지를 팔 계획인데, 비사업용 토지를 양도하는 경우 세부담이 더 크다고 들었습니다. 이런 경우에도 비사업용 토지에 해당하나요?

비사업용 토지는 부동산투기 근절 대책으로 시행하는 제도입니다. 비사업용 토지에 대한 규제 내용으로 양도소득세율은 일반 양도소득세율 6~45%에 10%p를 가산해 16~55%로 중과세합니다. 양도차익에 대해 보유 기간에 따라 공제하는 장기보유특별공제(6~30%) 적용은 배제했던 적이 있고, 배제 논의가 있었으나 현재는 공제가 가능합니다.

비사업용 토지는 예외 사항이 있지만, 일반적으로 토지 양도자가 토지 보유 기간 중 일정한 기간 동안(기간 기준) 해당 토지의 본래 지목 용도에 맞게 사용(용도 기준)하지 않은 경우를 말합니다. 즉 농지의 경우 토지 소유자가 소재지에 살면서 농사를 지어야 하고(재촌 자경), 그 기간이 양도일 직전 5년(3년) 중 3년(2년) 이상이거나 토지 보유 기간 중 60% 이상이

A.17 비사업용 토지는 일반 양도소득세율에 비해 10%p가 가산됩니다. 위 사례의 경우 부모님이 해당 농지 소재지에 8년 이상 거주하면서 경작한 것을 구체적인 자료로 입증 가능함과 동시에 도시 지역에 편입되지 않은 상태에서 양도한다면 재촌 자경을 하지 않았어도 사업용 토지에 해당할 수 있습니다.

어야 비사업용 토지에 해당하지 않습니다. 위 사례의 경우 부모님에게 증여받은 농지에 대해 자녀가 해당 토지 소재지에 거주하며 농사를 짓지 않았기 때문에 농지의 본래 용도에 맞게 사용하지 않은 상태입니다. 그러나 자녀가 여건이 돼 재촌 자경을 할 경우, 즉 양도일 직전 최소 2년간 농지 소재지에 거주하며 농사를 짓는다면 용도 기준과 양도일 직전 3년 중 2년 이상의 기간 기준에 부합하므로 사업용 토지로 전환될 수 있습니다.

한편 예외 사항으로 법령에서 정한 일정한 사유가 있는 경우 해당 토지를 <mark>비사업용 토지</mark>로 보지 않는 내용이 있습니다. 여기에 해당하는 경우에는 비사업용 토지의 판단 기준인 용도 기준과 기간 기준을 불문하고 비사업용 토지에 해당하지 않습니다. 직계존속 또는 배우자가 8년 이상 토지 소재지에 거주하며 직접 경작한 농지를 해당 직계존속 또는 배우자로부터 상속·증여받은 경우 해당 농지를 비사업용 토지로 보지 않습니다. 다만 해당 농지의 양도 당시 도시 지역(녹지지역 및 개발제한구역은 제외) 내 토지는 제외해 같은 규정이 적용되지 않습니다. 이 규정의 내용은 즉 부모님이 증여 전에 8년 이상 농지 소재지에 거주하며 직접 농사를 지은 경우라면 현재 증여받은 농지 소유자인 자녀가 해당 농지 소재지에 살며 농사를 짓지 않았더라도 1차적으로 사업용 토지에 해당할 수 있습니다. 이와 더불어 자녀가 농지를 양도할 당시 농지가 도시 지역(주거·상업·공업 지역)에 편입돼 있지 않아야 온전히 사업용 토지에 해당할 수 있습니다.

정리하자면 위 사례의 경우 본인은 농지 소재지에 거주 및 경작을 하지 않았지만, 증여자인 부모님이 해당 농지 소재지에 8년 이상 거주하며 경작한 사실을 구체적 자료로 입증 가능하고 도시 지역(주거·상업·공업 지역)에 편입되지 않은 상태에서 해당 농지를 양도한다면 재촌 자경 없이 언제 양도하더라도 사업용 토지에 해당할 수 있습니다. 만약 부모님도 8년간 재촌 자경 요건을 갖추지 못한 경우라면 자녀가 그 요건을 갖추지 않는 한 비사업용 토지에 해당합니다.

한편 농지가 수용될 경우 예외적으로 재촌 자경과 관계없이 사업인정고시일로부터 5년(2021년 5월 4일 이전 사업인정 고시된 사업의 경우 2년) 이전에 취득했다면 사업용 토지로서 양도할 수 있습니다. 배우자 또는 자녀에게 증여해 수증자의 취득가액을 증여가액으로 높인 후 수증자가 5년 뒤 양도하는 것을 절세 방안으로 고려해볼 수 있습니다.

비사업용 토지 양도 시 세법 적용

구분	일반 부동산	비사업용 토지
세율	6~45%	(6~45%)+10%p
장기보유특별공제	적용(연 2%, 최대 30%)	적용(연 2%, 최대 30%)

양도일 직전 최소 2년간 농지 소재지에 거주하며 농사를 짓는다면
용도 기준과 양도일 직전 3년 중 2년 이상의 기간 기준에 부합하므로
사업용 토지로 전환될 수 있습니다.

비사업용 토지

나대지·부재지주 소유 임야 등을 실수요에 따라 사용하지 않고 재산 증식 수단의 투기적 성격으로 보유하고 있는 토지를 말한다.

비사업용 토지에 해당하지 않는 조건

60%

농지의 경우 토지 소유자가 소재지에 살면서 농사를 지어야 하고(재촌 자경), 그 기간이 양도일 직전 5년(3년) 중 3년(2년) 이상이거나 토지 보유 기간 중 60% 이상이어야 비사업용 토지에 해당하지 않는다.

SECTION 2 *GENERATION 4050*

 아파트를 증여받는 경우 절세 방법은?

CASE ; 다주택자인 부모님이 무주택자인 저와 동생에게 시세 10억원 정도의 주택을 한 채씩 증여하실 계획이라고 합니다. 처음 증여를 받게 됐는데 세금은 얼마나 내야 하는지, 절세 방법은 없는지 궁금합니다.

재산을 무상으로 이전받게 되면 증여받는 사람이 증여 이익에 대해 증여세를 부담해야 하고, 부동산 소유권이전에 따라 취득세도 부담해야 합니다. 우선 위 사례의 경우 두 주택이 다 조정대상지역에 있고 시가 10억원, 공시가격 6억원으로 가정해보면 각자가 부담해야 할 세금은 증여세가 약 2억2000만원, 취득세가 8000만원으로 합계 약 3억원입니다.

다. 그리고 2023년 이후에 증여하는 경우에는 취득세 과세표준이 기준시가에서 시가로 변경되기 때문에 약 5000만원 이상 세부담이 증가할 수 있습니다.

위 예상 세액을 계산할 때는 시가를 10억원으로 가정했는데, 실제 시가와 유사 재산의 범위, 증여재산 평가액을 결정하는 과정을 이해하면 절세를 할 수 있습니다. 우선 시가는

 공시가격 6억원으로 가정해보면 각자가 부담해야 할 세금은 증여세가 약 2억2000만원, 취득세가 8000만원으로 합계 약 3억원입니다. 절세 방안은 증여받는 주택이 빌라인지, 아파트인지에 따라 달라집니다. 아파트의 경우 유사 재산 매매 사례액보다 감정평가액이 적게 나온다면 절세가 가능합니다.

불특정 다수 사이에 자유롭게 거래가 이루어지는 경우 통상적으로 성립한다고 인정되는 가액을 의미합니다. 매매되지 않은 상태의 시세는 시가로 인정되지 않고 일반적 상황에서의 실제 매매가격과 감정평가액이 대표적 시가이며, 일정 기간 이내에 발생한 것만 인정됩니다. 그리고 유사 재산의 범위는 공동주택인 경우 동일 단지에 있으면서 전용면적과 기준시가 모두 5% 이내의 차이가 있을 때만 해당하고, 공동주택이 아닌 경우에는 면적·위치·용도·종목·기준시가 모두 동일하거나 유사한 경우에만 해당합니다.

재산 평가액은 해당 재산의 시가를 우선 적용하며, 해당 재산의 시가 해당액이 없는 경우에는 유사 재산의 시가를 적용합니다. 그리고 유사 재산의 시가 해당액도 없다면 해당 재산의 기준시가를 적용합니다. 이때 예외적으로 해당 재산이 담보로 제공된 채무액이나 임대용 부동산의 월세 환산 가액(=임대보증금+월세×100)이 있는 경우에는 이를 고려해 가장 큰 금액으로 최종 평가액을 확정합니다.

이러한 기준으로 살펴보면 상대적으로 아파트는 유사 재산이 매매된 사례가 많기 때문에 매매 시세와 유사한 금액이 시가일 가능성이 높으며, 빌라의 경우에는 일정 기간 이내에 매매 사례가 없으면 기준시가로 적용될 가능성이 높습니다. 따라서 위 사례의 경우 빌라는 기준시가를 기준으로 증여세를 약 1억원만 부담할 수도 있습니다.

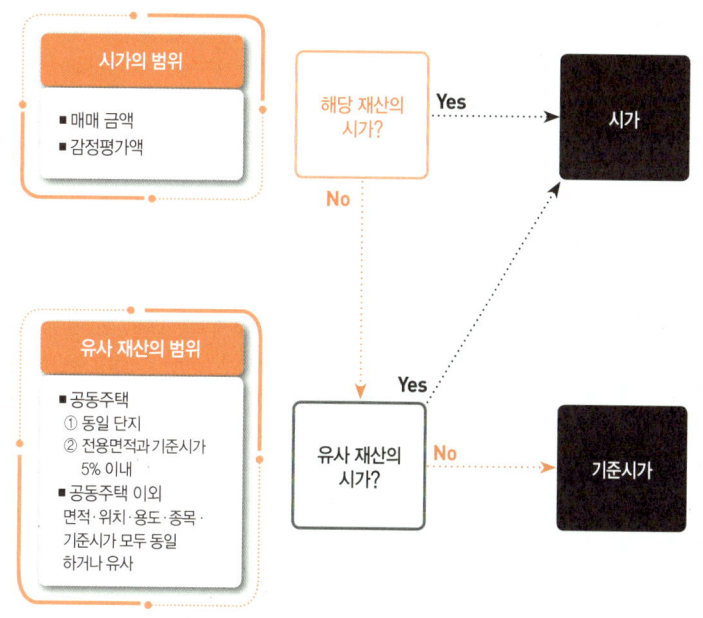

증여재산 평가 기준 요약

기준시가
부동산을 사고팔거나 상속·증여 시 실제 거래 가격을 확인할 수 없을 경우 세금을 매기는 기준 가격을 말한다.

한 가지 더 기억해야 할 것은 유사 재산의 매매 사례 가액보다는 해당 재산의 감정평가액이 우선 적용된다는 점입니다. 따라서 아파트를 증여받는 경우에도 유사 재산 매매 사례 가액보다 감정평가액이 더 적게 나온다면 절세가 가능하며, 위 사례의 경우 평가액이 1억원 감소하면 증여세 3000만원의 절세가 가능합니다.

참고로 국세청 홈택스에서 부동산 주소를 입력해 스스로 평가액을 조회해 볼 수 있습니다(www.hometax.go.kr→조회·발급→세금신고납부→상속·증여재산 평가하기).

SECTION 2 GENERATION *4050*

 주택을 임대할 경우 세금과 건강보험료는?

CASE ; 1세대 2주택자입니다. 거주 주택 외에 노후용으로 1주택을 추가 구입해 임대하고 있는데, 전세로 임대하고 있다가 이번에 반전세로 재계약을 했습니다. 반전세는 세금과 건강보험료가 나온다고 들었습니다. 절세 방법이 있을까요?

주택은 부동산의 한 유형이지만 일반 부동산과 달리 세금에서 차이가 있습니다. 1세대 1주택일 경우 양도소득세 비과세, 종합부동산세 공제 우대, 재산세 감면 혜택 등이 부여됩니다. 인간의 기본 생활을 위한 1주택은 필수 재화라는 관점에서 바라보기 때문입니다. 그러나 이 모든 혜택은 1세대 2주택이 되면서 달라집니다. 1세대가 추가로 보유한 주택은 이제 일반 부동산과 똑같은 관점에서 세금을 부담해야 하고, 경우에 따라서는 보다 무거운 세금이 부과되기도 합니다.

주택을 임대하는 경우의 세금도 일반 부동산과 차이가 있습니다. 먼저 주택 임대 시에서 부부를 기준으로 주택 수를 계산합니다. 이렇게 계산한 주택이 한 채인 경우이고, 이 주택을 임대하는 경우(그렇다면 사실 소유자 본인도 다른 주택을 임차해

 직장에 다니는 동안에는 주택 월세 소득에 대해 근로소득과 합산하지 않고 분리과세하는 것이 유리할 것입니다. 은퇴 후에도 같은 상황이라면 주택 임대소득에 대해서는 종합과세를 적용해 낮은 세금을 부담하되, 건강보험료는 '지역가입자'로서 소득과 재산에 대해 부과될 것이라는 점을 미리 확인하는 것이 좋습니다.

살고 있는 예외적인 경우일 것입니다) 기준시가 9억원 이하라면 임대소득에 대해 비과세합니다. 이 경우 임대소득이 아무리 크더라도 비과세 대상입니다. 부부 합산 2주택부터는 임대를 어떻게 하는지에 따라 과세 대상에 차이가 있습니다. 전세보증금을 받고 임대하는 경우와 일부 보증금과 월세가 포함된 반전세 또는 월세 형식 중 전세보증금에 대해서는 다르게 과세합니다. 일단 부부 합산 3주택 이상이고 보증금이 3억원을 초과할 경우 일부 비율에 대해서만 과세합니다. 월세나 반전세의 경우 월세액은 그대로 임대인의 수입이 됩니다.

결론적으로 전세라면 부부 합산 2주택으로 전세보증금 합계액 3억원까지는 과세하지 않지만, 월세라면 부부 합산 1주택으로 기준시가 9억원 이하는 과세하지 않고 그 외의 경우에는 원칙적으로 과세한다고 보면 됩니다. 위 사례의 경우 부부 합산 2주택 상황이지만 전세일 때는 과세 대상이 아니었으나 반전세로 변경하면서 일부 월세액이 발생했고, 이 월세 소득은 임대소득으로 세금을 신고해야 할 대상입니다. 주택 임대소득은 사업소득의 유형으로 과세하지만 과세 방식에서도 일부 혜택을 주고 있습니다. 먼저 연간 2000만원 이하 주택 임대소득은 분리과세를 할지, 종합과세를 할지 납세자가 선택할 수 있도록 하고 있습니다. 분리과세는 다른 종합소득과 합산하지 않는 대신 14%의 세율(<mark>지방소득세</mark> 별도)로 세금을 계산하는 것이고, 종합과세는 다른 종합소

전세보증금 과세 대상

부부 합산 3주택 이상이고 보증금이 3억원을 초과할 경우 일부 비율에 대해서만 과세한다. 부부 합산 2주택인 경우라면 보증금이 아무리 크더라도 과세 대상이 아니다.

> ❝ 월세나 반전세의 경우 월세액은 그대로 임대인의 수입이 됩니다. 따라서 월세액에 대해서는 원칙적으로 과세하되, 앞서 살펴본 부부 합산 1주택으로 기준시가 9억원 이하의 주택에 대해서만 비과세합니다. ❞

지방소득세

지방소득세는 지방세의 한 세목으로, 각 납세의무자에 따라 소득세 또는 법인세에 부수적으로 붙는 부가세를 말한다.

득(근로소득, 사업소득 등)과 합산해 누진세율 6~45%(지방소득세 별도)로 세금을 계산하는 것입니다. 종합소득이 적은 경우라면 종합과세가 유리하고, 종합소득이 많은 경우라면 분리과세가 유리합니다. 다만 종합소득이 적더라도 분리과세를 선택할 때 다른 소득자의 부양가족공제를 받을 수도 있기 때문에 경우에 따라 유불리를 살펴야 합니다.

또 하나 중요한 것이 건강보험료입니다. 앞서 주택 임대소득이 사업소득이라고 설명했는데, 사업소득이 있는 사람을 사업자라고 합니다. 사업자는 건강보험료를 지역가입자로 내는 것이 원칙입니다. 예외로 직장가입자의 경우 사업소득은 보수 외 소득으로 판정해 기준 금액 초과 부분에 대해서만 소득월액 보험료를 내도록 하고 있습니다. 사례를 정리하면 반전세 임대주택의 월세 수입이 연간 2000만원 이하이고, 임대하는 주택의 소유자가 직장인이라고 가정할 경우 직장에 다니는 동안에는 주택 월세 소득에 대해 근로소득과 합산하지 않고 분리과세하는 것이 일반적으로 유리할 것입니다. 또 해당 소득이 기준 금액을 초과할 경우 추가로 건강보험료가 부과될 수 있으나 기준 금액은 현재 연 3400만원(2022년 하반기에 2000만원으로 인하 예정)입니다. 만일 은퇴 후에도 같은 상황이라면 주택 임대소득에 대해서는 종합과세를 적용해 낮은 세금을 부담하되, 건강보험료는 지역가입자로서 소득과 재산에 대해 부과될 것이라는 점을 미리 확인하는 것이 좋습니다.

SECTION 2 GENERATION *4050*

Q. 부모님 건물을 담보로 대출받는 경우 증여세 문제는?
[20]

CASE ; 상가건물을 구입할 때 부모님께 도움을 받으려고 합니다. 차용증을 작성하고 자금을 빌리는 것은 증여세 이슈가 있어서 안 될 것 같고, 부모님이 보유한 건물에 담보를 설정하고 제 명의로 대출을 받으려 하는데 괜찮을까요?

부동산을 구입할 때 오롯이 자기 자금으로 구입하는 사람은 없을 것입니다. 오히려 자기 자금이 충분히 있음에도 대출을 받는 경우도 있습니다. 임대소득에 대한 종합소득세를 계산할 때 대출이자가 필요경비로 공제되기 때문입니다. 부동산은 조달할 수 있는 자금의 크기에 따라 그 규모가 결정되는 경우가 많습니다. 부족한 자금은 가족에게 증여받거나 빌리는 경우도 있지만, 금융기관의 대출로 자금을 조달하는 경우가 가장 일반적입니다. 대출금의 크기는 보통 담보력에 따라 달라지기 때문에 자금 조달이 충분하지 않은 경우가 많습니다. 그래서 부모님의 담보력을 활용하는 경우가 있습니다. 부모님 소유의 부동산을 담보로 제공하고 본인 명의로 금융기관에서 대출받아 자금을 조달하는 경우입니다.
그렇다면 이렇게 제3자의 담보제공 대출로 부동산을 구입하는 경우에도

A. 결과적으로 건물을 담보로 금융기관에서 대출을 받는 것과 부모님에게 직접 자금을 빌리는 경우에 큰 차이는 없습니다. 하지만 전자의 경우 객관성을 인정받을 수 있기 때문에 추후 자금 출처에 대응하기 쉽다는 장점이 있습니다.
[20]

취득 자금의 원천으로 인정될 수 있을까요? 그리고 대출이자 비용이 임대소득에 대한 종합소득세를 계산할 때 필요경비로 인정될까요? 본인 부담으로 대출에 대한 원금과 이자 비용을 상환한다면 해당 대출은 부동산 취득 자금으로 인정됩니다. 또한 임대소득에 대한 종합소득세를 계산할 때도 필요경비로 인정받을 수 있습니다.

다만 증여세 문제가 완벽하게 해결된 것은 아닙니다. 세법에서는 담보력을 제공받은 것도 증여로 판단합니다. 부모님의 담보력이 없었다면 대출도 불가능했을 것이라는 해석입니다. 그래서 금융기관 대출에 실제로 지급한 이자가 세법에서 정하는 이자보다 낮을 경우 그 차액을 증여로 판단합니다. 세법에서 정하는 법정이자율은 4.6%로 다소 높습니다. 예를 들어 제3자의 담보제공으로 금융기관에서 3%로 대출을 받았다면 법정이자율과의 차이인 1.6%는 증여받은 것으로 판단합니다.

하지만 실제로 지급한 이자와 법정이자가 차이 난다고 해서 무조건 증여세를 부과하는 것은 아닙니다. 실제로 지급한 이자와 법정이자율 4.6%로 계산한 이자의 차이가 1000만원 미만인 경우에는 증여세를 부과하지 않습니다. 예를 들어 부모님의 부동산에 담보를 설정하고 금융기관에서 3%의 이자율로 5억원을 대출받은 경우를 가정해보겠습니다. 세법에서 정한 법정이자율 4.6%와 금융기관에서 3%의 이자율로 실제 지급한 이자의 차이는 1년 기준으로 800만원입니다. 이 경우

금융기관 대출에 실제로 지급한 이자가 세법에서 정하는 이자보다 낮을 경우 그 차액을 증여로 판단합니다.

특수관계자

지배·종속회사, 관계회사, 관련회사, 주주, 임원, 종업원 및 회사와 밀접한 거래관계에 있는 자로서 회사의 경영이나 영업 정책에 영향을 줄 수 있는 자를 의미한다.

증여세 부과 기준

1000만원 미만

실제로 지급한 이자와 법정이자율 4.6%로 계산한 이자의 차이가 1000만원 미만인 경우에는 증여세를 부과하지 않는다. 특수관계자가 아닌 경우 거래 관행상 정당한 사유가 있다면 그 차이가 1000만원 이상이라 하더라도 증여로 판단하지 않는다.

에는 세법에서 정한 이자와 실제 지급한 이자의 차이가 1000만원 미만이기 때문에 증여세 문제는 발생하지 않습니다. 그렇다면 특수관계자가 아닌 사람의 부동산을 담보로 제공받은 경우는 어떻게 될까요? 특수관계자가 아닌 경우 거래 관행상 정당한 사유가 있다면 그 차이가 1000만원 이상이라 하더라도 증여로 판단하지 않습니다. 하지만 세법에서는 거래 관행이 무엇인지에 대한 명확한 설명은 없습니다. 지금까지 설명을 들었다면 담보제공에 대한 증여세 이슈가 부모님에게 직접 자금을 빌리는 경우와 차이가 없다는 것을 눈치챘을 것입니다. 가족에게 자금을 직접 차용하는 경우에도 4.6%의 법정이자율을 적용하고, 실제로 지급한 이자와의 차이를 증여로 판단합니다. 또한 법정이자와 실제 지급한 이자의 차이가 1000만원 미만인 경우 증여로 보지 않는다는 것도 동일합니다. 그래서 가족의 부동산을 담보로 제공하고 금융기관에서 대출을 받는 것보다 차용증을 작성하고 돈을 빌리는 것이 간편하다고 생각할 수 있습니다. 하지만 금융기관 대출을 이용하는 경우에는 객관성을 인정받을 수 있기 때문에 추후 자금 출처에 대응하기 쉽습니다. 또 가족에게 직접 차용하는 경우 자금을 대여한 가족이 수령한 이자는 금융소득(비영업대금의 이익)으로 구분해 종합소득세 신고를 반드시 해야만 합니다. 반면 담보제공으로 받은 대출은 해당 이자를 금융기관에 지급하기 때문에 이러한 문제는 발생하지 않습니다.

SECTION 2 CHECK POINT ⑨

중도금 지급과 임의 계약해제

SITUATION

지난해 말 아파트 매매계약을 체결해 계약금만 지급한 상태입니다. 부동산 가격 조정이 올 수 있다는 얘기가 들려 계약을 파기하고 싶은데, 임의 계약해제 가능 여부와 가능 기간이 궁금합니다.

SOLUTION

원칙적으로 상대방에게 책임을 물을 만한 채무불이행 사유가 있거나 특약이 없는 이상 매매 당사자는 임의로 계약을 해제하지 못합니다. 그러나 일정한 요건을 모두 충족한다면 계약을 해제할 수 있습니다.

매매계약은 상대방과 대금, 대금 지급 시기 등 주요 내용을 정해 계약을 체결한 이상 특별한 사정이 없는 한 유효하게 성립하고, 구두계약이든 서면계약이든 계약금 지급 여부를 불문하고 확정적으로 효력이 발생합니다. 따라서 원칙적으로 상대방에게 책임을 물을 만한 채무불이행 사유가 있거나 특약이 없는 이상 매매 당사자는 계약 내용대로 의무를 이행해야 하며, 임의로 계약을 해제하지 못합니다. 다만 민법에서는 상대방의 계약 불이행 사유가 없더라도 일정한 요건 하에서 임의로 계약을 해제하는 것을 허용하고 있습니다.

임의 계약해제 허용 요건

여기서 일정한 요건이란 ① 매매대금 중 계약금으로 정한 금액은 전부 매도인에게 지급한 상태여야 하며, ② 임의 계약해제를 배제하는 다른 특약이 없어야 합니다. 또한 계약금을 전부 지급한 이후 ③ 당사자의 일방이 다음 이행에 착수할 때까지만 가능하며, ④ 매수인은 지급한 계약금을 포기하고, 매도인은 지급받은 계약금의 배액을 상환하는 경우여야 합니다. 위 ①~④의 요건이 충족될

매도인
매매계약에서 목적물을 파는 쪽.

매수인
매매계약에서 목적물을 사는 쪽.

때 매수인은 계약을 임의로 해제할 수 있습니다. 따라서 매수인이 계약을 임의로 해제하려면 계약금을 전부 지급한 상태여야 하고, 중도금이 있는 경우에는 중도금 지급 전까지, 중도금이 없는 경우에는 잔금 지급 전까지 계약금을 포기한다는 의사표시를 하고 계약을 해제할 수 있습니다.

참고로 판례는 "상대방이 이행에 착수한다는 것은 객관적으로 외부에서 인식할 수 있는 정도로 채무 이행 행위의 일부를 하거나 이행을 하기 위해 필요한 전제 행위를 하는 것을 의미한다"고 보고 있습니다. 예를 들어 목적물의 인도나 소유권이전 또는 중도금 지급 행위 등이 있으면 이행의 착수로 볼 수 있습니다.

또한 판례는 "반드시 계약 내용에 딱 들어맞는 이행 제공의 정도에까지 이르러야 하는 것은 아니지만, 매매대금을 준비하는 등 단순히 이행 준비를 하는 것만으로는 이행의 착수에 해당하지 않는다"고 보고 있습니다. 예를 들어 계약상대방이 A나 B에 대해 계약 이행을 최고하고 잔금 지급을 구하는 소송을 제기한 것만으로는 이행에 착수했다고 볼 수 없다고 판시하고 있습니다.

매도인의 임의 계약해제 경우

그렇다면 반대로 위 사례와 달리 부동산시장이 좋아질 것으로 예상해 매도인이 임의로 계약을 해제하려고 한다면 그 부동산을 사고자 하는 매수인은 어떻게 해야 할까요?

임의로 계약을 해제하고자 하는 매도

임의로 계약해제가 가능한 요건

① 매매대금 중 계약금으로 정한 금액은 전부 매도인에게 지급한 상태

+

② 임의 계약해제를 배제하는 다른 특약이 없는 상태

+

③ 계약금을 전부 지급한 이후 당사자의 일방이 다음 이행에 착수할 때까지만 가능

+

④ 매수인 – 지급한 계약금 포기
매도인 – 지급받은 계약금의 배액을 상환하는 경우

인 입장에서는 매수인이 다음 이행을 하기 전까지 이미 지급받은 계약금을 돌려주고 계약을 해제한다는 의사표시를 하는 것으로 계약을 해제할 수 있습니다. 매매계약 체결 시 보통 각각의 대금 지급 기일은 정해져 있기 때문에 매수인은 정해진 기일까지 기다려서는 매도인의 임의 해제를 막기 힘들 수 있습니다.

이때 매수인은 다른 약정이 없는 한 중도금 지급 기일 등 정해진 대금 지급 기일 전이라도 중도금을 전부 또는 일부 지급하는 등 이행의 착수 행위를 할 경우 상대방의 계약해제권 행사를 막을 수 있습니다.

판례는 매매계약에서 이행기의 약정이 있는 경우라도 당사자가 채무 이행기 전에는 착수하지 않기로 하는 특약을 하는 등 특별한 사정이 없는 한 이행기 전이라도 이행에 착수할 수 있고, 이를 유효한 이행으로 보고 있습니다.

따라서 위와 같이 매도인은 임의로 계약을 해제하려 하고 매수인은 그 부동산을 무조건 취득해야 하는 상황이라면, 매수인은 중도금 지급 기일 전이라도 매도인이 계약해제 의사표시를 하기 전에 중도금으로 볼 수 있는 일부 또는 전부를 매도인에게 지급해 임의 계약해제권 행사를 막을 수 있습니다.

매도인 입장에서는 매수인이 다음 이행을 하기 전까지 이미 지급받은 계약금을 돌려주고 계약을 해제한다는 의사표시를 하는 것으로 계약을 해제할 수 있습니다.

임대차 보증금 반환 청구 방법과 절차

SITUATION

아파트를 임차해 살고 있는데 계약 종료 후 다른 곳으로 이사를 갈 계획입니다. 그런데 집주인이 돈이 없다며 보증금을 다른 임차인이 들어오면 돌려주겠다고 합니다. 이럴 땐 어떻게 대처하는 게 좋을까요?

SOLUTION

계약이 적법하게 종료됐다면 임차권등기명령을 신청해야 합니다. 임차권이 등기된 때부터 기존의 대항력과 우선변제권은 기존 순위에 따라 유지되기 때문입니다. 또 임대차 보증금을 돌려받기 위한 강제 조치를 진행할 수도 있습니다.

임대차가 종료됐는데도 보증금을 돌려받지 못하는 상황이거나 이런 상황이 예상된다면 다음의 순서로 대응을 생각해볼 수 있습니다. 우선 임대차 보증금을 계약 종료 시에 돌려받으려면 계약이 적법하게 종료돼야 합니다. 계약이 종료돼야 한다는 의미는 주택임대차보호법의 적용을 받는 임대차 계약의 경우에는 임대차 기간이 정해져 있더라도 묵시적 갱신 규정으로 계약 종료의 의사표시를 계약 종료일 전 일정 기간까지 하지 않으면 계약은 자동으로 2년 연장되기 때문입니다. 따라서 임차인이 계약 종료에 맞춰 보증금을 돌려받기 위한 조치로 먼저 계약 해지 통지를 법에서 정한 기간 동안 할 필요가 있습니다.

다음으로 임대차계약이 종료됐음에도 불구하고 임대차 보증금을 돌려받지 못하는 경우 임차인이 등기된 전세권이나 임차권을 가지고 있지 않은 이상 기존의 대항력과 우선변제권의 효력 유지를 위한 조치가 필요합니다. 물론 전입신고를 그대로 유지하면서 계속 거주하는 경우라면 기존의 대항력과 우선변제권은 유지되기 때문에 상관없겠지만, 이사 등으로 전입신고나 점유를 이전해야 하는 경우라면

대항력
민법에서 이미 유효하게 이루어진 권리관계를 제3자가 인정하지 않을 경우 이를 물리칠 수 있는 법률에서의 권리와 능력을 말한다.

우선변제권
채권자 중 어떤 사람이 다른 채권자보다 먼저 변제를 받을 수 있는 권리를 말한다.

기존의 대항력과 우선변제권의 효력을 유지하기 위한 조치로 임차권등기명령을 신청해둘 필요가 있습니다. 임대차계약이 종료됐음에도 보증금을 돌려받지 못하는 경우 임차인은 단독으로 임차권등기명령을 법원에 신청할 수 있으며, 기존의 대항력과 우선변제권은 임차권등기명령을 신청한 때가 아니라 임차권이 등기된 때부터 기존 순위에 따라 유지됩니다.

그러나 임차권이 등기된다고 하더라도 이는 기존의 대항력과 우선변제권의 효력을 유지하는 효력만 있을 뿐 임대차 보증금을 돌려받기 위한 조치는 되지 않습니다. 따라서 임대차 보증금을 돌려받기 위한 강제 조치로서 임대인을 상대로 보증금 반환 청구 소송을 진행해야 합니다. 소송에서 승소하는 것으로 임대인에 대한 권원을 확보한 다음, 해당 임대차 목적물에 대한 경매 신청 또는 임대인의 일반 재산에 대한 강제집행 등을 통해 임대차 보증금을 강제로 회수할 수 있습니다. 다만 임차인이 전입신고와 점유 그리고 확정일자를 갖춘 후 임차 건물 및 그 대지에 대해 경매 절차를 진행할 경우 다른 권리자와의 선후에 따라 우선변제권이 인정되기 때문에 그 배당 절차에서 우선해 변제받을 수 있습니다.

그렇다면 임차인이 보증금을 회수하는 절차인 경매 절차는 어떻게 진행되는 걸까요? 간단하게 설명하면 대항력과 우선변제권을 모두 가진 임차인이 강제경매신청을 하면(이 경우 배당요구가 필요 없습니다) 법원은 경매개시결정을 통해 매각할 부동산을 압류하고 경매개시결정 사실은 등기됩니다. 매각할 부동산이 압류되면 집행법원은 채권자들이 배당요구를 할 수 있는 기간을 정하고 관련 내용을 공고합니다. 그 후 법원은 매각 준비, 매각 방법 등의 지정 공고 통지 후 매각을 실시합니다. 이러한 과정을 거쳐 경락인이 매각 대금을 모두 납부하면 법원은 배당 기일을 정하고, 강제경매 신청한 임차인은 순위에 따라 배당금에서 보증금을 변제받게 됩니다. 만약 최우선순위의 대항력과 우선변제권을 갖춘 임차인이 배당 절차에서 보증금 전액을 배당받을 수 없을 때는 보증금 중 경매 절차에서 배당받지 못한 나머지 금액에 대해 경락인에게 대항할 수 있습니다.

참고로 주택임대차보호법상 임차인은 임차 주택의 양수인에게 대항해 보증금을 반환받을 때까지 임대차 관계의 존속을 주장할 수 있는 대항력과 보증금에 관해 임차 주택의 가액으로부터 우선변제를 받을 수 있는 우선변제권을 선택해 행사할 수 있습니다. 또한 대항력과 우선변제권을 갖춘 주택 임차인이 별도로 전세권설정 등기를 마치더라도 주택임대차보호법상 임차인으로서 우선변제를 받을 수 있는 권리와 전세권자로서 우선변제를 받을 수 있는 권리는 별개의 것이므로 임차 주택에 관해 전세권자로서 배당 절차에 참가해 전세금의 일부에 대해 우선변제를 받더라도 변제받지 못한 나머지 보증금에 대한 대항력 행사가 가능합니다.

계약 종료 시에 임대차 보증금 돌려받으려면

① 법에서 정한 기간 동안 '계약 해지 통지'
• 계약이 적법하게 종료됐는지 확인
• 묵시적 갱신 규정에 의해 자동으로 2년 연장되기 때문

② '임차권등기명령' 신청
• 기존의 대항력과 우선변제권 효력 유지 위한 조치
• 기존의 대항력과 우선변제권은 임차권이 등기된 때부터 기존 순위에 따라 유지

③ 최후의 강제 조치, '소송'
• 임대인 상대로 보증금 반환 청구 소송
• 승소 후 임대인에 대한 권원 확보해 임대차 목적물에 대한 경매 신청
• 임대인의 일반 재산에 대한 강제집행 등을 통해 임대차 보증금 강제 회수 가능

임차권등기명령
임대차계약이 종료된 이후 보증금을 반환받지 못할 경우 임차 주택 소재지 관할 법원에서 임차인이 단독으로 신청할 수 있는 제도를 말한다.

SECTION 2 CHECK POINT ⑪

주말농장 위한 농지 취득

SITUATION

서울에 거주 중인 저는 주말농장을 위해 근교 지역의 농지를 취득하려고 합니다. 농업인이 아니어도 농지를 취득하는 게 가능한지, 취득 시 어떤 요건이 필요한지 궁금합니다.

SOLUTION

농지법에 따르면 농지는 본인이 직접 농업경영에 이용하거나 이용할 자가 아니면 소유하지 못합니다. 다만 주말 체험 영농이 목적인 경우 예외 사항에 포함돼 세대원 전부가 소유하는 면적이 1000㎡를 넘지 않는다면 취득이 가능합니다.

헌법은 농지는 경작자만이 소유할 수 있으며, 농지 소작제도는 금지한다고 정해 경자유전의 원칙을 규정하고 있습니다. 다만 농업 생산성 제고와 농지의 합리적 이용을 위해서나 불가피한 사정으로 발생하는 농지의 임대차와 위탁경영은 법률이 정하는 바에 따라 예외적으로 인정됩니다.

관련 법률은 농지법인데, 앞에서 말한 대로 농지는 본인의 농업경영에 이용하거나 이용할 자가 아니면 소유하지 못하도록 농지법에 명시돼 있습니다. 다만 몇 가지 예외 사항으로 주말 체험 영농을 하기 위해 농지를 소유하는 경우 농업경영에 이용하지 않더라도 농지를 소유할 수 있도록 허용하되, 세대원 전부가 소유하는 주말 체험 영농 농지의 면적이 1000㎡를 넘지 않아야 한다고 정하고 있습니다. 만약 상속으로 농지를 취득하게 되는 경우는 어떨까요. 상속으로 농지를 취한 경우 역시 농업경영을 하지 않더라도 상속 농지 중 총 1만㎡까지는 소유할 수 있습니다. 상속으로 농지를 취득한 자로서 농업경영을 하지 않는 사람이 그 소유 상한을 초과해 소유하고 있는 농지는 한국농어촌공사에 위탁해 임대차나 사용대차의 방법으

농지법
농지의 소유 및 관리에 관한 사항을 정한 법률을 말한다.

농업경영
농업인 또는 농업법인이 자기의 계산과 책임으로 농업을 영위하는 것(농지법 제2조 제4호).

로 이용할 수 있습니다. 이때 임대차나 무상으로 사용하게 하는 기간 동안에는 농지 소유권이 유지됩니다. 그 외에 농지전용 허가를 받거나 농지전용 신고를 한 자가 그 농지를 임대하거나 무상 사용하는 경우에는 농업경영에 이용하지 않더라도 그 기간 중에는 농지를 계속 소유할 수 있습니다.

또한 농지법은 농지 소유자가 농지를 농업경영에 이용하지 않을 경우 그 사유가 발생한 날로부터 1년 이내에 해당 농지를 그 사유가 발생한 날 당시 세대를 같이하는 세대원이 아닌 자에게 처분해야 한다고 정해 '농지처분의무'를 부여하고 있습니다. 농지처분의무는 시장·군수 또는 구청장이 농지의 처분의무가 생긴 농지 소유자에게 농지처분의무통지서로 통지하게 되며, 처분의무 기간에 처분 대상 농지를 처분하지 않은 농지 소유자에게 6개월 내에 그 농지를 처분할 것을 명할 수 있는데 이를 '농지처분명령'이라고 합니다. 농지 소유자는 처분명령을 받으면 한국농어촌공사에 그 농지의 매수를 청구할 수 있고, 한국농어촌공사는 농지 소유자의 매수 청구를 받으면 공시지가를 기준으로 해당 농지를 매수할 수 있습니다.

다만 시장·군수 또는 구청장은 처분 대상 농지를 처분하지 않은 농지에 대해 처분명령을 바로 내리지 않고 유예하는 경우가 있습니다. 이 경우에도 유예 사유에 해당하지 않으면 바로 그 유예한 처분명령을 내리게 되며, 처분명령을 유예받은 후 처분명령을 받지 않고 그 유예기간이 지난 경우에는 농지

농지취득자격증명 발급 시 필요 사항

- 취득 대상 농지의 면적
- 취득 대상 농지에서 농업경영을 하는 데 필요한 노동력과 농업 기계·장비·시설의 확보 방안
- 소유 농지의 이용 실태
- 농지취득자격증명을 발급받으려는 자의 직업·영농 경력·영농 거리가 포함된 농업경영계획서 또는 주말 체험 영농계획서

농지 매매를 통해 농지를 취득할 경우 일반적인 부동산 매매와 다른 점이 있는데, 농지 소재지를 관할하는 시·구·읍·면의 장에게 농지취득자격증명을 발급받아야 한다는 것입니다.

처분의무에 대해 처분명령이 유예된 농지의 그 처분의무는 없어진 것으로 봅니다. 또 한 가지 확인할 점은 농지 매매를 통해 농지를 취득 할 경우 일반적인 부동산 매매와 다른 점이 있는데, 농지 소재지를 관할하는 시·구·읍·면의 장에게 '농지취득자격증명'을 발급받아야 한다는 것입니다.

농지취득자격증명을 발급받으려는 사람은 취득 대상 농지의 면적, 취득 대상 농지에서 농업경영을 하는 데 필요한 노동력과 농업 기계·장비·시설의 확보 방안, 소유 농지의 이용 실태(농지 소유자에게만 해당), 농지취득자격증명을 발급받으려는 자의 직업·영농 경력·영농 거리가 포함된 농업경영계획서 또는 주말 체험 영농계획서를 작성해 농지 소재지를 관할하는 시·구·읍·면의 장에게 발급 신청을 해야 합니다. 그리고 시·구·읍·면의 장은 농지취득자격증명의 발급 신청을 받은 경우 그 신청을 받은 날로부터 4일(농업경영계획서를 작성하지 않고 농지취득자격증명의 발급 신청을 하는 경우에는 2일) 이내에 일정한 요건에 적합한지 여부를 확인해 이에 적합한 경우에는 신청인에게 농지취득자격증명을 발급해야 합니다.

결국 위 사례의 경우 주말농장 목적으로 농지를 취득할 예정이라면 세대원 전원 합산 기준으로 1000㎡ 이하의 면적으로 취득하되 매매를 통해 취득하고자 한다면 일반적인 부동산 매매 절차에 따라야 하고, 농지취득자격증명을 발급받아야 한다는 것을 유의해야 합니다.

SECTION 2 *GENERATION 4050*

Q.21 취득한 집이 재건축·재개발되는 경우 세금 문제는?

CASE ; 저는 1주택자인데, 현재 거주하고 있는 집이 곧 재건축될 예정이라고 합니다. 관리처분계획이 인가되면 입주권 전매제한이 생긴다는데, 그 전에 집을 파는 게 좋을지 고민이 많습니다.

재건축이 진행되면 각 단계별로 세법상 취급이 주택에서 조합원 입주권으로, 그리고 다시 주택으로 변경되는 과정을 거칩니다. 먼저 관리처분계획 인가일을 기준으로 그 전에는 주택으로, 그 이후에는 조합원 입주권으로, 그리고 준공 후 사용 승인일 이후에는 다시 주택으로 보아 세법을 적용합니다. 조합원 입주권도 주택과 유사한 적용을 받지만, 주택과 완전히 동일한 것으로 처리하는 건 아니기 때문에 차이점을 알아둘 필요가 있습니다.

먼저 관리처분계획 인가일 이전에는 일반적으로 알고 있는 주택이기 때문에 매매 시 1주택 비과세 규정을 적용받을 수 있고, 고가 주택의 경우 과세 대상 금액에서 보유 기간과 거주 기간에 따른 장기보유특별공제를 최대 80% 적용받을 수 있습니다.

A.21 관리처분계획 인가일 이후 가격 상승이 클 것으로 예상한다면 재건축이 완료된 이후에 주택을 매매하는 것이 세부담을 더 낮출 수 있습니다. 또 사업시행 인가일 이후 대체 주택을 취득해 1년 이상 거주하는 등 일정 요건을 갖추고 대체 주택을 양도하면 1주택 비과세가 가능합니다.

관리처분계획 인가일 이후 투기과열지구의 조합원 입주권은 <mark>전매제한</mark>을 적용받지만, 이 경우에도 1세대 1주택자로 10년 이상 소유하고 5년 이상 거주한 경우와 같이 예외적인 경우에는 매매할 수 있습니다. 이때 조합원 입주권도 1주택 비과세와 동일한 방식으로 비과세를 적용받을 수 있는데, 장기보유특별공제 적용은 관리처분계획 인가 전과 후의 매매차익을 구분해 인가 전 차익에 대해서만 취득일부터 인가일까지 기간에 대해 적용받을 수 있고 인가 후 양도차익에 대해서는 장기보유특별공제를 적용받을 수 없습니다.

재건축이 완료된 이후에 주택을 매매할 경우에는 재건축 전 주택 취득일로부터 보유 및 거주 기간을 판단해 1주택 비과세를 적용할 수 있습니다. 그러나 장기보유특별공제를 적용할 때는 전체 매매차익을 관리처분계획 인가 전과 후로 구분하고 인가 후 발생한 차익은 다시 기존 주택 평가분과 추가 분담금 납부분으로 구분하는데, 추가 분담금 납부분에 대해서는 <mark>관리처분계획</mark> 인가일 이후 기간에 대해, 그 외 부분은 취득일부터 인가일까지 기간에 대해 장기보유특별공제를 적용합니다. 따라서 관리처분계획 인가일 이후 가격 상승이 클 것으로 예상한다면 재건축이 완료된 이후에 주택을 매매하는 것이 세부담을 더 낮출 수 있습니다.

재건축이 진행되는 동안 거주할 대체 주택을 새로 취득하는 경우에는 이사 등으로 일시적으로 2주택이 되는 상황과 유사하게 적용합니다. 따라서 신규 주택을 취득한 날로부터 일정 기간 이내에 조합원 입주권을 양도하면 비과세를 적용받을 수 있는데, 이때 조정대상지역이라 하더라도 1년 이내에 신규 주택으로 전입 또는 양도할 필요 없이 3년 이내에만 양도하면 된다는 점이 다릅니다. 또한 대체 주택에서 거주하다가 재건축이 완료되면 2주택자가 되지만, 이 경우에도 일정 요건을 갖추고 대체 주택을 양도하면 1주택 비과세가 가능합니다. 그 요건은 사업시행 인가일 이후 대체 주택을 취득해 1년 이상 거주하고, 재건축 완공 후 2년 이내에 이사해 1년 이상 거주하면서 완공 후 2년 이내에 대체 주택을 양도하면 됩니다.

참고로 재건축 진행 시 1+1로 2주택을 받는 경우도 있는데, 이 경우에는 관리처분계획 인가일부터 2개의 입주권을, 준공일 이후에는 2주택을 보유한 것으로 보기 때문에 위에서 설명한 비과세 혜택을 받을 수 없다는 점에 유의해야 합니다.

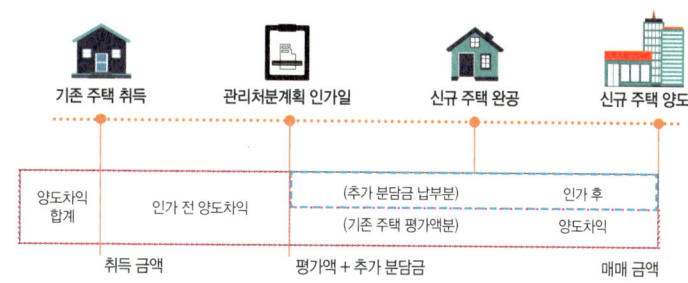

재건축 이후 주택 양도 시 양도차익 구분

▶ 전매제한
투기 목적으로 주택을 구입하는 것을 막기 위해 주택이나 그 주택의 입주자로 선정된 지위 등을 일정 기간 동안 다시 팔 수 없도록 제한하는 제도.

▶ 관리처분계획
재개발 사업 시행 후 대지와 건축물 등에 대한 합리적이고 균형 있는 권리 배분에 관한 사항을 정하는 계획을 말한다.

> 재건축이 완료된 이후 주택을 매매할 경우에는 재건축 전 주택 취득일로부터 보유 및 거주 기간을 판단해 1주택 비과세를 적용할 수 있습니다.

SECTION 2 GENERATION *4050*

Q.22 다가구주택의 부담부증여 시 주의 사항은?

CASE ; 1세대 1주택인 다가구주택의 경우 부담부증여를 할 때 주의가 필요하다고 들었습니다. 각 세대(호실)가 주택으로 분류돼 양도소득세가 중과세되는 경우가 실제로 있나요?

증여의 경우 증여받는 수증자가 증여세를 부담해야 하는데, 증여세를 줄이기 위해 많이 사용하는 방법 중 하나가 부담부증여입니다. 부담부증여는 증여자가 부동산을 증여할 때 담보된 채무를 승계하는 조건으로 증여하는 것입니다. 부담부증여를 하는 경우 채무액을 공제해 증여세를 계산하기 때문에 수증자의 증여세가 줄어듭니다. 하지만 부담부증여는 증여자에게 양도소득세가 부과됩니다. 증여자의 채무를 인수하는 조건으로 증여하기 때문에 채무를 넘긴 증여자가 대가의 일부를 받은 것으로 해석합니다. 따라서 부담부증여는 두 가지 종류의 세금이 동시에 발생합니다. 수증자에게는 증여세가, 증여자에게는 양도소득세가 부과됩니다. 부담부증여가 의미 있는 판단이 되기 위해서는 늘어나는 양도소득세보다

A.22 실제로 다가구주택을 불법으로 증축하거나 층수를 늘리는 경우 다가구주택으로 인정받지 못하고 다주택으로 과세되는 사례가 있으므로 주의가 필요합니다. 건축법상 요건을 충족한 다가구주택을 지분으로 매각하지 않고 일괄로 매각하면 1세대 1주택으로 양도소득세 비과세가 가능합니다.

줄어드는 증여세가 더 커야 합니다. 절세 측면에서 부담부증여를 할 때 부동산 선택은 상당히 중요합니다. 증여하는 부동산의 평가액과 인수하는 채무가 동일해도 취득 시점과 취득 가격이 다르면 양도소득세의 크기가 달라집니다. 부담부증여를 할 때 증여세는 증여하는 부동산의 취득 가격에 상관없이 증여 당시의 부동산 평가액과 인수하는 채무로 결정합니다. 하지만 부담부증여를 할 때 양도소득세는 증여하는 부동산의 평가액과 인수하는 채무가 동일해도 취득 시점과 취득 가격에 따라 계산 결과가 달라집니다. 그래서 부담부증여 대상으로 매매차익이 크지 않은 부동산을 선택하는 것이 좋습니다. 취득 당시보다 손실이 예상되거나 비과세 대상 부동산도 부담부증여 대상으로 좋습니다. 양도소득세 없이 증여세만 줄일 수 있기 때문입니다. 따라서 비과세 대상인 1세대 1주택을 보유한 사람이 세대를 달리하는 독립한 자녀에게 부담부증여를 한다면 양도소득세 부담 없이 증여세만 줄일 수 있습니다.

그렇다면 다가구주택을 **부담부증여**하는 경우도 1세대 1주택으로 양도소득세 비과세 효과를 볼 수 있을까요? 다가구주택은 여러 가구가 살 수 있도록 방, 출입구, 화장실 등을 갖춰 독립적 생활을 할 수 있게 만든 주택입니다. 다만 세대별로 구획하거나 분리해 매매하기 힘든 주택을 말합니다. 통상적으로 다세대주택과 많이 비교하는데, 다가구주택과 다세대주택을 쉽게 구분하는 방법이 있습니다. 다세대주택은 호실별로 등기가 가능하지만, 다가구주택은 하나의 주소로 등기가 됩니다. 그래서 법률적으로 다세대주택은 호실별로 주택 수를 세지만, 다가구주택은 하나의 주택으로 해석합니다. 하지만 세법은 다가구주택도 원칙적으로 호 별로 주택 수를 카운트합니다. 다가구주택을 매각하면 원칙적으로 다주택 보유자로 판단하고 양도소득세를 계산합니다. 다만 세법의 요건을 갖춘 경우 다가구주택도 하나의 주택으로 인정합니다.

다가구주택이 세법상 하나의 주택으로 인정받기 위해서는 두 가지 요건을 갖춰야 합니다. 먼저 건축법에서 규정하는 다가구주택이어야 합니다. 그리고 하나의 매매 단위로 매각해야 합니다. 실무적으로는 다가구주택을 불법으로 증축하거나 층수를 늘리는 경우 다가구주택으로 인정받지 못하고 다주택으로 과세되는 사례가 있으므로 주의가 필요합니다. 1세대 1주택 비과세 요건을 충족한 다가구주택을 1주택으로 비과세 적용을 받기 위해서는 '하나의 매매 단위로 양도하는 경우'이어야 합니다. 그러나 부담부증여는 '일부'만을 양도하는 경우에 해당합니다. 따라서 부담부증여를 하는 다가구주택 중 양도소득세는 각 호실을 각각의 주택으로 계산해 다주택을 양도한 것으로 판단합니다. 특히 해당 다가구주택이 조정대상지역에 있는 경우에는 중과세로 인해 세부담이 훨씬 더 커집니다. 그러므로 다가구주택을 부담부증여하는 경우 신중하게 판단할 필요가 있습니다.

다가구주택 충족 요건

① 다가구주택으로 사용하는 층수가 3개 층 이하여야 한다.

② 주택으로 사용하는 바닥면적의 합계가 660㎡ 이하여야 한다.

③ 19세대 이하가 거주할 수 있어야 한다.

> 부담부증여를 할 때 증여세는 증여하는 부동산의 취득 가격에 상관없이 증여 당시의 부동산 평가액과 인수하는 채무로 결정합니다. 하지만 부담부증여를 할 때 양도소득세는 증여하는 부동산의 평가액과 인수하는 채무가 동일해도 취득 시점과 취득 가격에 따라 계산 결과가 달라집니다.

부담부증여

배우자나 자녀에게 부동산 등 재산을 사전에 증여하거나 양도할 때 전세보증금이나 주택담보대출과 같은 부채를 포함해서 물려주는 것.

SECTION 2 GENERATION *4050*

Q.[23] 농어촌주택을 취득할 경우 서울 주택의 비과세는?

CASE ; 50대가 되니 서울 생활을 유지하면서 시골에 세컨드 하우스를 마련해 가끔씩 가서 지내면 좋겠다는 생각이 듭니다. 다만 시골집을 취득하게 되면 2주택이 되는데, 이 경우 서울 집을 처분할 때 비과세가 되는지 궁금합니다.

최근 들어 주중에는 도시에서 생활하고, 주말에는 시골에 있는 주택에서 전원생활을 즐기는 사람이 많습니다. '5도2촌'을 누릴 수 있다면 그야말로 멋진 일일 것입니다. 누구나 꿈꾸고 이룰 수 있는 일이지만, 자칫하면 생각지도 않은 거주 주택에 대한 양도소득세 비과세 대신 양도소득세 중과세율 적용과 장기보유특별공제 미적용에 따라 세금 폭탄을 맞을 수

도 있기 때문에 주의가 필요합니다. 하지만 방법이 없는 것은 아닙니다. 요건을 충족하는 농어촌주택을 취득하면 기존 주택을 양도할 때 비과세 특례를 받을 수 있기 때문입니다.

요건을 갖춘 농어촌주택은 조세특례제한법과 소득세법상 두 가지가 있습니다. 먼저 소득세법상 농어촌주택은 귀농 주택으로 이사해 실질적으로 영농에 3년 이상 종사해야 하는 조건

 자칫하면 양도소득세 중과세율 적용 등에 따라 세금 폭탄을 맞을 수도 있어 주의가 필요합니다. 2022년 12월 31일까지 법정의 농어촌주택과 고향 주택에 해당하는 한 채의 주택을 취득해 3년 이상 보유하고, 그 전에 보유하던 일반 주택을 양도하는 경우에는 1세대 1주택 비과세가 적용됩니다.

이 있기 때문에 위 사례와는 맞지 않습니다. 따라서 조세특례제한법상의 농어촌주택 취득 요건과 과세특례 요건이 중요합니다. 1세대가 2022년 12월 31일까지 법정의 농어촌주택과 고향 주택에 해당하는 1주택을 취득해 3년 이상 보유하고, 그 농어촌주택을 취득하기 전에 보유하던 다른 일반 주택을 양도하는 경우에는 그 농어촌주택을 해당 1세대의 소유 주택이 아닌 것으로 보아 1세대 1주택 비과세를 적용합니다.

특례 대상 농어촌주택과 고향 주택은 적당한 시골에 있는 막연한 주택이 아니라 까다로운 지역 요건과 가액 요건이 필요합니다. 우선 농어촌주택의 지역 요건을 살펴보면 배제 지역 외 지역으로 취득 당시 읍·면 또는 법정 인구 20만 명 이하의 열거된 시 지역에 속한 동으로서 보유하고 있던 일반 주택이 소재하는 동과 같거나 연접하지 않는 동에 있어야 합니다. 그리고 농어촌주택과 일반 주택은 같은 읍·면 또는 연접한 읍·면에 있지 않아야 합니다. 배제 지역은 특례가 적용되지 않는 지역을 말하며, 농어촌주택 취득 당시 수도권 지역(경기도 연천군, 인천광역시 옹진군은 제외), 도시 지역, 토지거래허가구역, 조정대상지역, 관광단지가 해당됩니다. 고향 주택의 지역 요건은 고향에 소재한 주택(가족관계등록부에 10년 이상 등재된 등록 기준지로, 10년 이상 거주 사실이 있는 지역)이면서 법정 인구 20만 명 이하의 열거된 시 지역에 소재해야 합니다. 또 고향 주택과 일반 주택이 행

농어촌주택·고향 주택 등 특례 요건

구분	농어촌주택	고향 주택
지역 요건	배제 지역 외 읍·면/법정의 시 지역 동	배제 지역 외 고향인 법정의 시 지역
가액 요건	취득 당시 기준시가 2억원(한옥은 4억원) 이하	
취득 순서	일반 주택 보유 중 농어촌주택 또는 고향 주택 취득	
보유 요건	농어촌주택 또는 고향 주택 취득 후 3년 이상 보유	

> ❝
> 양도하는 일반 주택의 비과세와 관련해 유의할 점이 있습니다.
> 특례를 적용받으려면 일반 주택은 농어촌주택(또는 고향 주택)을 취득하기 전에 먼저 보유하고 있어야 합니다.
> ❞

5도 2촌
일주일 중 5일은 도시에서, 2일은 농촌에서 생활하는 라이프스타일을 일컫는다.

정구역상 같은 시 또는 연접한 시에 있지 않아야 합니다. 고향 주택의 특례 배제 지역은 취득 당시 수도권, 조정대상지역, 관광단지가 해당됩니다. 농어촌주택과 고향 주택의 가액 요건은 기준시가로 취득 당시 2억원(지방자치단체 조례에 따라 등록된 한옥은 4억원)을 초과하지 않아야 합니다. 특례를 적용받으려면 일반 주택은 농어촌주택(또는 고향 주택)을 취득하기 전에 먼저 보유하고 있어야 합니다. 또한 농어촌주택(또는 고향 주택)을 먼저 양도하는 경우에도 특례를 적용받지 못합니다. 비과세 특례를 적용받기 위해서는 농어촌주택(또는 고향 주택)을 3년 이상 보유해야 하며, 3년 이상 보유하기 전에 일반 주택을 양도하는 경우 우선적으로 비과세 특례를 적용하지만 사후 관리로서 3년 이상 보유하지 않은 경우(수용, 상속, 멸실은 제외)에는 비과세 특례를 미적용해 양도소득세가 과세됩니다.

SECTION 2 GENERATION *4050*

Q. 다가구주택은 1주택일까, 다주택일까?

CASE ; 오래전 옥탑방 포함 총 여섯 가구가 거주하는 3층짜리 다가구주택을 구입해 거주하면서 나머지 층은 임대해왔습니다. 주택을 팔고 이사 갈 생각인데요. 10년 이상 거주한 1주택자는 양도소득세 부담이 거의 없는 것이 맞나요?

'가구(家口)'와 '세대(世帶)'는 국립국어원 표준국어대사전에 '현실적으로 주거 및 생계를 같이하는 사람의 집단'이라고 둘 다 같은 의미로 설명돼 있지만, 다가구주택과 다세대주택처럼 같은 듯 다르게 사용되고 있습니다. 알쏭달쏭한 '가구'와 '세대' 이야기를 먼저 하는 것은 다가구주택이 한 끗 차이로 1주택 비과세 혜택을 받을 수도 있고, 다주택 중과세가 적용돼 양도소득세 부담액이 커지는 등 큰 차이가 발생할 수 있어 주의가 필요하기 때문입니다.

소득세법에서는 다가구주택의 주택 수를 계산할 때 각 호를 1주택으로 보되, 건축법상 다가구주택의 요건을 갖추고 하나의 매매 단위로 거래하는 경우에는 예외적으로 전체를 1주택으로 볼 수 있도록 정하고 있습니다. 건축법 시행령에서는 다가

A. 거주 기간보다 중요한 것은 다가구주택의 사실상 사용 현황입니다. 다가구주택이 한 끗 차이로 1주택 비과세 혜택을 받을 수도 있고, 다주택 중과세가 적용돼 양도소득세 부담액이 커지는 등 큰 차이가 발생할 수 있기 때문입니다. 반드시 다가구주택의 사실상 사용 현황을 미리 살펴 건축법 시행령의 요건을 위배하는지 확인해야 합니다.

구주택의 요건으로 ① 주택으로 사용하는 층수(지하층 제외)가 3개 층 이하일 것, ② 주택 바닥면적의 합계가 660㎡ 이하일 것, ③ 19호 이하일 것 세 가지를 정하고 있습니다. 주택으로 사용하는 층수를 계산할 때 지하층은 제외하며, 옥탑의 경우 건축면적의 8분의 1을 초과하면 층수에 합산됩니다. 따라서 위 사례의 경우 주거용으로 사용하는 옥탑의 면적이 건축면적의 8분의 1을 초과한다면 주택으로 사용하는 층수가 4개 층이 되므로 건축법상 다가구주택의 요건을 충족하지 못합니다. 그러면 전체 1주택이 아닌 호별로 각각 주택 수에 반영되므로 총 여섯 채의 주택을 양도하는 것이 될 수 있고, 한 채를 제외한 다섯 채 해당분은 다주택 중과세가 적용돼 예상을 뛰어넘는 양도소득세를 부담해야 할 수 있습니다.

일반적으로 다가구주택은 건축법상 단독주택으로 분류되고, 호별 구분등기가 아닌 단독 등기를 해야 하며, 하나의 매매 단위로 거래되기 때문에 1주택으로 보고 있습니다. 하지만 국세청은 세법 규정을 엄격히 해석해 다가구주택 중 실제 주택으로 사용하는 층이 4개 층 이상인 경우 1주택 비과세로 신고한 건에 대해 양도소득세를 추징해오고 있습니다. 따라서 다가구주택을 양도할 때 절세를 위해서는 다가구주택의 사실상 사용 현황을 미리 살펴 건축법 시행령의 요건을 위배하는지 반드시 확인해야 합니다. 만일 요건을 위배하는 상황이라면 사실상 사용 용도를 원상복구하거나 옥탑을 철거하는 등의 방법을 통해 요건을 충족해야 절세가 가능합니다.

과거에는 다가구주택의 주택 사용 층수가 3개 층을 초과하더라도 1주택 비과세 적용에 문제가 없었으나, 서울지방국세청이 국토교통부의 질의 회신을 바탕으로 일선 세무서에 감사 지적을 하면서 2019년부터 세금추징이 시작되었습니다.

한편 옥탑이 층수에 포함되면서 추징된 세금이 수억원에 이르자 조세 심판 청구와 행정소송이 이어지자 3개 층에 해당하는 부분까지는 1주택 비과세 혜택을 적용해야 한다거나, 상가 겸용 주택은 전체를 주택으로 보아 비과세할 때 3개 층을 초과해도 비과세되는 점과의 형평성, 과거 국세청이 과세한 사례가 없어 납세자의 신뢰이익이 보호되어야 한다는 점 등이 주장되었습니다. 그러나 현재 조세심판원과 고등법원까지의 판단은 조세법률주의 원칙에 따라 주택으로 쓰는 층수가 3개 층 이하라는 요건을 충족하지 못하면 1주택 비과세 대상이 아닌 것으로 판결하고 있습니다.

층수에 포함되는 옥탑의 건축면적

8분의 1

주택으로 사용하는 층수를 계산할 때 지하층은 제외하며, 옥탑의 경우 건축면적의 8분의 1을 초과하면 층수에 포함한다.

양도소득세
토지나 건물 등 부동산이나 부동산 분양권 또는 주식과 같은 자산에 대한 권리를 양도할 때 발생하는 소득에 대해 부과하는 세금.

다가구주택과 다세대주택의 구분

구분	다가구주택	다세대주택
건축법 유형	단독주택	공동주택
주택 층수*	3개 층 이하	4개 층 이하
바닥면적	합계 660㎡ 이하	합계 660㎡ 이하
호수	19호 이하	-
특성	전체를 하나로 등기	호별 별도 등기
주택 수 산정	각 호를 1주택으로 산정. 단, 하나의 단위로 양도 시 전체를 1주택으로 산정	각 호를 1주택으로 산정

* 주택 층수에 지하층은 제외하며, 건축면적의 8분의 1을 초과하는 옥탑은 포함.

SECTION 2 GENERATION *4050*

Q. 상속 주택의 세무 혜택은?

CASE ; 1세대 1주택 비과세를 판단할 때 상속 주택은 주택 수에 포함하지 않는다더군요. 그래서 기존에 가지고 있던 주택을 매각하려고 하는데, 비과세 적용이 되지 않고 양도소득세도 중과세될 수 있다고 합니다.

가족의 사망으로 물려받은 주택을 상속 주택이라고 합니다. 상속 주택을 잘 활용하면 양도소득세 측면에서 절세가 가능합니다. 상속 주택은 말 그대로 상속이라는 사유로 불가피하게 취득하게 되고, 상속인 간 협의에 따라서는 본인의 의지와 상관없이 취득하는 경우가 많습니다. 그래서 양도소득세 중과세나 1세대 1주택 양도소득세 비과세를 판단할 때 예외를 두고 있습니다. 다만 상속 주택의 요건을 잘못 이해하면 예상치 못한 양도소득세 폭탄을 맞을 수 있습니다. 상속 주택이라고 모두 대상이 되는 건 아니기 때문입니다. 요건을 갖추지 못한 상속 주택은 매입하는 주택과 동일하게 해석하기 때문에 양도소득세가 중과세되거나 비과세가 배제되는 경우가 발생합니다. 1세대 1주택 양도소득세 비과세를 판

A. 상속 주택은 양도소득세 중과세나 1세대 1주택 양도소득세 비과세를 판단할 때 예외를 두고 있습니다. 그러나 세법에서 인정하는 상속 주택은 한 채뿐입니다. 만약 다주택 보유자인 부모님이 사망해 여러 상속인 각자가 주택을 상속받는 경우 가장 오랫동안 보유한 주택에 세무적 혜택이 부여됩니다.

단할 때 일시적 2주택은 인정됩니다. 상속으로 2주택이 된 경우에도 이 규정은 유효합니다. 상속으로 2주택이 된 경우 유예기간 안에 기존 주택을 매각하면 1세대 1주택으로 양도소득세 비과세가 가능합니다. 그런데 소득세법에서는 상속 주택에 더 큰 혜택을 부여합니다. 상속으로 2주택이 된 경우 유예기간이 경과해 기존 주택을 매각해도 비과세가 가능합니다. 즉 일반 주택을 매각할 때 상속 주택은 주택으로 보지 않고 비과세를 판단합니다. 이 규정을 활용하면 기존 주택을 매각해 비과세 혜택을 받은 후 상속 주택도 비과세 요건을 갖춰 매각하면 두 주택 모두 양도소득세 비과세가 가능합니다. 이 규정은 1주택을 보유한 독립 세대 상속인이 상속으로 2주택이 된 경우에만 가능합니다.

상속 주택은 다주택 보유자에 대한 양도소득세 중과세를 판단할 때도 혜택이 있습니다. 일반적으로 다주택 보유자가 조정대상지역에서 주택을 매각하면 양도소득세가 중과세됩니다. 하지만 상속 주택은 상속받은 날로부터 5년이 경과하기 전에 매각하면 양도소득세가 중과세되지 않습니다.

한편 가족의 사망으로 물려받은 주택은 예외 없이 상속 주택이라고 생각하는 경우가 많습니다. 상속으로 받았으니 상속 주택이라는 것입니다. 하지만 소득세법을 기준으로 해석하면 틀린 이야기입니다. 소득세법에서 인정하는 상속 주택은 한 채뿐이기 때문입니다. 즉 다주택 보유자인 부모님이 사망해 여러 상속인 각자가 주택

상속 주택의 세무적 혜택 부여 판단 순서

① 가장 오랫동안 보유한 주택
보유 기간이 동일한 주택이 두 채 이상이라면?
↓
② 거주 기간이 가장 긴 주택
거주 기간까지 동일하다면?
↓
③ 피상속인이 사망할 당시 거주한 주택
거주한 사실이 없다면?
↓
④ 공시가격이 가장 높은 주택

공시가격

정부가 조사·산정해 공시하는 가격으로, 토지 지가 산정 등 부동산 가격의 지표가 되는 가격.

기존 주택을 매각해 비과세 혜택을 받은 후 상속 주택도 비과세 요건을 갖춰 매각하면 두 주택 모두 양도소득세 비과세가 가능합니다. 이 규정은 1주택을 보유한 독립 세대 상속인이 상속으로 2주택이 된 경우에만 가능합니다.

을 상속받는 경우 상속 주택은 다음의 순서로 판정합니다. 먼저 피상속인이 가장 오랫동안 보유한 주택을 상속 주택으로 판단합니다. 만약 보유 기간이 동일한 주택이 두 채 이상이면 그중 거주 기간이 가장 긴 주택을 상속 주택으로 판단합니다. 거주 기간까지 동일하다면 피상속인이 사망할 당시 거주한 주택을 상속 주택으로 판단하고, 만약 거주한 사실이 없다면 공시가격이 가장 높은 주택 순으로 상속 주택을 판단합니다.

소득세법상 상속 주택은 한 채만 인정한다는 규정은 상속으로 2주택이 된 경우 일반 주택의 비과세를 판단할 때도 적용하고, 다주택 보유자가 보유한 상속 주택의 양도소득세 중과세를 판단할 때도 적용합니다. 피상속인 홍길동이 2주택(A주택과 B주택)을 보유한 상황에서 사망한 경우를 가정해보겠습니다. A주택의 보유 기간은 10년, B주택은 5년입니다. 자녀 두 명이 A주택과 B주택을 한 채씩 상속받았다면 세법 기준으로 A주택만 상속 주택으로 인정합니다. 따라서 A주택을 상속받은 자녀는 다주택 보유자라도 5년 이내에 매각하면 양도소득세 중과세 대상에서 제외됩니다. 그뿐 아니라 A주택을 상속받아 2주택이 되더라도 기존 주택은 1세대 1주택으로 양도소득세 비과세가 인정됩니다. 하지만 B주택은 상황이 다릅니다. B주택은 유상으로 매입한 주택과 동일하게 취급하기 때문에 중과세나 비과세를 판단할 때 예외가 적용되지 않습니다.

SECTION 2 GENERATION *4050*

가족 공동명의로 상가 취득 시 경비 처리가 가능한 범위는?

CASE ; 가족 공동명의로 투자 목적의 상가를 구입할 계획인데 부동산을 지분으로 취득할 수 있을까요? 그리고 대출이자도 경비 처리가 가능할까요?

부동산을 지분으로 취득하는 것은 당연히 가능합니다. 주의할 점은 출자금에 대한 지분 소유자 각자의 자금 출처와 대출이자에 대한 경비 인정 조건입니다. 여기서는 대출이자 부분을 중심으로 설명하겠습니다. 소득이 발생하는 경우 세금을 부담하는 것이 소득세의 기본 구조입니다. 누진세율 구조에 따라 소득이 많아지면 세부담도 훨씬 커지게 마련입니다. 따라서 세금을 줄이기 위해서는 소득에 들어간 비용을 최대한 인정받는 것이 중요합니다. 소득이 발생하는 데 들어가는 비용을 세법에서는 '필요경비'라고 부릅니다. 필요경비에는 수입을 얻기 위해 직접 사용한 부채에 대한 이자도 포함됩니다. 그렇다면 임대 수입이 발생하는 건물을 취득하는 데 들어간 대출이자는 당연히 필요경비 범위에 포함돼야 합니다. 다만 단독명

상가를 단독명의로 취득하는 경우라면 대출이자에 대한 비용 처리가 가능합니다. 그러나 상가를 공동명의로 취득하는 경우라면 각 공동소유자가 얼마의 금액을 '출자'했는지를 먼저 확인해야 하고, 대출을 받아 '출자'한 경우에는 얼마의 금액을 '대출'받았는지에 따른 명확한 근거와 입증이 필요합니다.

의로 취득하는 경우와 다르게 공동명의로 취득하는 경우에는 대출이자 경비 인정 문제를 좀 더 세심하게 살펴볼 필요가 있습니다. 그 이유는 공동사업자의 구성 방식에 있습니다. 공동사업자의 구성 방식은 먼저 지분 소유자 각자가 '출자'하는 형식이 됩니다.

예를 들어 상가를 구입하는 것을 회사를 설립하는 것과 비교해보겠습니다. 회사의 자산은 자본과 부채로 이뤄지는데, 자본은 주주들이 제공하는 것으로 회사가 비용을 지출하지 않아도 됩니다. 일단 회사를 설립하고 나서 회사가 필요한 자금을 융통하기 위해 금융회사에서 대출을 받게 되면 그 대출이자는 비용 처리가 가능합니다. 대출을 통해 회사가 원활하게 영업활동을 하고, 이를 통해 수익을 얻을 수 있기 때문입니다. 그러나 출자를 하기 위해 대출을 받았다면 그 대출이자는 회사가 아닌 개인 주주가 부담해야 할 비용이므로 회사에서는 비용 처리를 할 수 없습니다.

다시 원점으로 돌아와 상가를 단독명의로 취득하는 경우라면 대출이자에 대한 비용 처리가 가능합니다. 1인 회사이므로 대출을 제외한 조달 자금을 자본으로 보면 대출은 모두 부채가 되고, 이 부채가 사업상 필요한 자금으로 활용됐다면 비용으로 인정받을 수 있습니다. 그러나 상가를 공동명의로 취득하는 경우라면 각 공동소유자가 얼마의 금액을 '출자'했는지를 먼저 확인해야 하고, 대출을 받아 '출자'한 경우에는 얼마의 금액을 '대출'받았는지에 따른 명확한 근거와 입증이 필요합

공동사업장 전체의 대출금 판단 조건

① 동업 계약서를 통해 공동사업자가 사전에 출자를 완료해야 함

② 출자금 비율에 따라 출자 비율을 결정해야 함

③ 이익 분배 시 출자금 외 별도의 공동사업장 전체 부담의 차입금을 조달해야 함

④ 수익에서 해당 지급이자를 공제한 후 이익을 분배하는 것으로 약정하는 등의 조건이 필요

> 일단 회사를 설립하고 나서 회사가 필요한 자금을 융통하기 위해 금융회사에서 대출을 받게 되면 그 대출이자는 비용 처리가 가능합니다.

출자
민법상의 조합, 상법상의 각종 회사 등에 대해 사업을 영위하기 위한 자본으로서 재산, 노무나 신용을 내놓는 것 또는 그 행위에 대한 목적물을 말한다.

니다. 이에 대해 과세 당국의 해석은 "공동사업에 출자하기 위해 차입한 금액에 대한 지급이자는 당해 공동사업자의 총수입 금액을 얻기 위해 직접 사용된 부채에 대한 지급이자로 볼 수 없으므로 필요경비에 산입할 수 없다"(소득세과 1585, 2018년 12월 21일)라는 답변을 내놓았습니다. 그러나 해당 차입금이 공동사업을 위해 차입한 경우라면 필요경비에 해당하는 것이 분명합니다. 이에 "출자를 위한 차입금인지, 공동사업을 위한 차입금인지 여부는 공동사업 구성원 간에 정한 동업 계약의 내용 및 출자금의 실제 사용 내역 등에 따라 판단하는 것"(소득세제과 149, 2011년 4월 22일)이라는 해석도 있습니다.

결론적으로 본 사례의 경우 해당 대출금을 출자자의 개인 대출금으로 판단할 것인지, 공동사업장 전체의 대출금으로 판단할 것인지에 따라 대출이자에 대한 필요경비를 인정받을 수 있는지 여부가 달라집니다. 공동사업장 전체의 대출금으로 판단하기 위해서는 동업 계약서를 통해 공동사업자가 사전에 출자를 완료하고, 출자금 비율에 따라 출자 비율을 결정하며, 이익 분배 시 출자금 외 별도의 공동사업장 전체 부담의 차입금 조달 및 수익에서 해당 지급이자를 공제한 후 이익을 분배하는 것으로 약정하는 등의 조건이 필요합니다. 사업장의 필요경비 인정 여부는 소득세에 영향을 미치므로 출자와 차입의 규모와 형식은 사업 개시 시점에 면밀히 검토해 진행하는 것이 바람직합니다.

SECTION 2 GENERATION *4050*

Q.27 임대 빌딩, 개인 명의로 살까, 법인 명의로 살까?

퇴직을 앞두고 노후에 안정적인 임대소득을 위해 퇴직금과 기존 저축을 합해 수익형 부동산을 가족 공동명의로 취득할 예정입니다. 이때 법인을 설립해 법인 명의로 취득하는 것이 절세 측면에서 더 유리할까요?

수익형 부동산은 보유 기간 중 임대소득을 얻을 수 있고, 추후 양도 시 자본이득까지 기대할 수 있어 부동산 투자처로 항상 인기가 많습니다. 수익형 부동산에 개인으로 투자하느냐 법인으로 투자하느냐의 문제는 어느 쪽이 유리하다고 콕 집어 말할 수 없습니다. 왜냐하면 투자 대상은 동일하지만, 투자 주체별로 적용되는 고유의 운영 관리상 여러 가지 제도와 세금 체계에 대한 차이가 존재하기 때문입니다. 특히 세금 관련 내용에서 개인과 법인의 차이를 이해하는 것이 중요합니다.

취득 단계의 취득세는 개인의 경우 일반 취득세율이 적용됩니다. 법인의 경우에는 개인과 달리 취득세 중과세가 적용될 수 있습니다. 수도권 중 과밀억제권역으로 지정된 지역에 소재하는 법인이 설립된 지 5년 이내에 과밀억제권역에 소

개인 명의와 법인 명의별로 각각 장단점이 있기 때문에 어느 쪽이 유리하다고 말하기는 힘듭니다. 취득하고자 하는 부동산의 가액과 대출 가능 금액, 부동산 소재지, 현재 법인 보유 여부와 본점 소재지, 법인 설립 시점, 타 소득수준, 건강보험료 등을 각각 고려해 종합적으로 판단하고 결정하는 것이 좋습니다.

재하는 부동산을 취득할 경우 취득세가 중과세(9.4%)됩니다. 설립된 지 5년이 지난 법인이거나 본점 소재지가 과밀억제권역 밖에 있을 경우 등은 중과세가 배제됩니다.

보유 단계에서는 재산세와 종합부동산세가 있고, 임대소득에 대한 소득세와 법인세가 있습니다. 주택이 아닌 <mark>수익형 부동산</mark>의 재산세와 종합부동산세는 개인과 법인의 차이가 없습니다. 임대소득에 대한 소득세는 세율에서 차이가 있습니다. 개인은 사업소득으로 최저 6%에서 최고 45%의 세율이 적용되고, 법인은 최저 10%에서 최고 25%의 세율이 적용돼 일차적인 소득 과세 시에는 법인이 유리해 보일 수 있습니다. 그러나 법인의 경우 법인소득에 대한 법인세를 부담하고, 남은 이익에 대해 개인 자금으로 추가 인출하려고 하면 배당으로 처리돼 배당에 대한 소득세를 추가로 부담해야 합니다. 결국 법인세에 추가로 부담하는 소득세를 합하면 법인이 유리하다고는 볼 수 없습니다.

한편 소득의 귀속 시기와 관련해 개인은 소득이 발생한 연도에 무조건 과세가 이뤄지는 구조인 반면, 법인은 법인 사업소득을 급여나 배당(2000만원 이하는 분리과세), 퇴직금으로 소득 종류가 변경될 수 있고 시기도 분산할 수 있는 장점이 있습니다.

처분 단계에서 자본이득에 대한 세금으로 개인은 양도소득세가 있습니다. 양도소득세는 보유 기간에 따라 장기보유특별공제(연 2%, 15년 이상 최대 30%)를 적용해 세금을 부담합니다.

개인 명의와 법인 명의의 세금 차이

구분	개인	법인
취득세	일반 취득세율 적용	수도권 과밀억제권역 취득세 중과세 제도 있음
소득세	종합소득세율(6~45%)	법인세율(10~25%)
장기보유특별공제	적용(최대 30%)	미적용
양도 후 재투자 측면	불리	유리
연부연납 담보제공	가능(부동산)	불가(비상장주식)

수익형 부동산

주기적으로 임대수익을 얻을 수 있는 부동산으로 펜션, 코쿤피스(소규모 개인사업자용 초소형 사무실), 원룸텔 등을 들 수 있다.

개인의 경우 양도소득세를 부담한 후의 금액으로 재취득해야 하지만, 법인의 경우에는 낮은 법인세만 부담한 후 법인 명의로 재취득이 가능하므로 재투자 측면에서는 법인이 더 효율적일 수 있습니다.

반면 법인의 경우에는 취득 이후 보유 기간에 대해 장기보유특별공제가 적용되지 않습니다. 따라서 보유 기간이 긴 부동산을 처분할 때 법인에서 법인세 부담 후 배당 등을 통해 추가적으로 세부담을 할 경우 최종 세후 귀속 소득 측면에서는 개인보다 불리할 수도 있습니다. 그러나 부동산을 양도한 후 양도 대금을 재투자해 새로운 부동산을 취득한다면 개인의 경우 양도소득세를 부담한 후의 금액으로 재취득해야 하지만, 법인의 경우에는 낮은 법인세만 부담한 후 법인 명의로 재취득이 가능하므로 재투자 측면에서는 법인이 더 효율적일 수 있습니다.

증여·상속 관점에서 재산평가는 개인의 경우 자산가치로 평가되고, 법인의 경우에는 법인의 자산 중 부동산 비율이 80%가 넘는 경우 주식평가가 순자산가치로 평가돼 큰 차이가 없습니다. 정리하자면 개인과 법인은 여러 차이가 존재하기 때문에 취득하고자 하는 부동산의 가액과 대출 가능 금액, 부동산 소재지, 현재 법인 보유 여부와 본점 소재지, 법인 설립 시점, 타 소득 수준, 건강보험료 등을 각각 고려해 종합적으로 판단하고 결정해야 합니다.

SECTION 2 *GENERATION 4050*

Q.28 다주택자의 양도소득세 중과세 예외 사유는?

CASE; 서울 소재 주택을 보유하며 10년 이상 거주하고 있고, 지방 지역에 3억원 이하 주택을 한 채 더 갖고 있습니다. 수도권 외 소형주택은 주택으로 보지 않는다던데, 양도소득세 중과세를 피할 방법이 있을까요?

주택을 양도하는 경우 매매차익에 대해 양도소득세를 부담하는데, 일정 요건을 갖춘 1주택자에게는 비과세 혜택이 부여되고 다주택자가 양도하는 주택의 경우에는 중과세의 불이익이 적용됩니다. 이때 1주택 비과세 대상에 해당하는지, 다주택 중과세 대상에 해당하는지는 각 요건에서 보유 주택 수를 어떻게 산정하는지에 따라 달라질 수 있습니다.

위 사례의 경우 새로운 주택을 먼저 취득하고 현재 거주하는 주택을 양도하면 기본적으로 3주택 상태에서의 매매이므로 다주택 중과세 대상에 해당하는지 먼저 살펴봐야 합니다. 다주택 중과세 적용 여부는 세 가지 단계를 거쳐 판단합니다.
먼저 1단계로 조정대상지역에 소재하는 주택을 양도하는 것인지를 검토해야 합니다. 양도하는 주택이 조정대

A.28 1주택 비과세 대상 여부를 판단할 때는 지방 소형주택을 주택 수에서 배제하는 예외 규정은 없습니다. 양도소득세를 절세하고 싶다면 지방 소형주택을 먼저 처분한 후 일시적 2주택 비과세 요건을 갖춘 상태에서 신규 주택을 취득하는 것이 좋습니다.

상지역에 소재하는 것이 아니거나, 주택이 아닌 조합원 입주권이라면 중과세 대상에 해당하지 않습니다.

다음은 2단계로 보유 주택 수를 판단해 2주택 이상인지를 검토해야 합니다. 주택 수를 산정할 때는 조합원 입주권과 2021년 이후 취득한 분양권도 주택 수에 반영하며, 지방 지역의 주택을 양도할 경우 기준시가 3억원 이하 주택은 주택 수에 반영하지 않습니다.

마지막 3단계에서는 다주택자로서 양도하는 주택이 중과세 제외 대상에 해당하는지를 판단해야 합니다. 중과세 제외 요건은 3주택 이상인 경우와 2주택인 경우를 별도로 정하고 있기 때문에 차이가 있을 수 있는데, 일시적 2주택인 경우와 양도 시 기준시가 1억원 이하의 주택인 경우에는 2주택자로 중과세 대상인 경우에만 제외되고 3주택 이상은 중과세에서 제외되지 않으므로 주의가 필요합니다.

지방 지역의 주택 양도 시 기준시가 3억원 이하의 주택은 2단계의 보유 주택 수 산정 시에도 제외되고 3단계의 중과세 제외 대상에도 모두 해당하는데, 이런 점 때문에 '지방 소형주택은 주택으로 보지 않는다'고 일반화하는 오해를 하는 경우가 있습니다. 하지만 1주택 비과세 대상 여부를 판단할 때는 지방 소형주택을 주택 수에서 배제하는 예외 규정은 없다는 점에 주의할 필요가 있습니다.

위 사례의 경우에는 지방 지역 소형주택이 있기 때문에 이사를 위해 새로운 주택을 취득하고 종전 주택을 양도

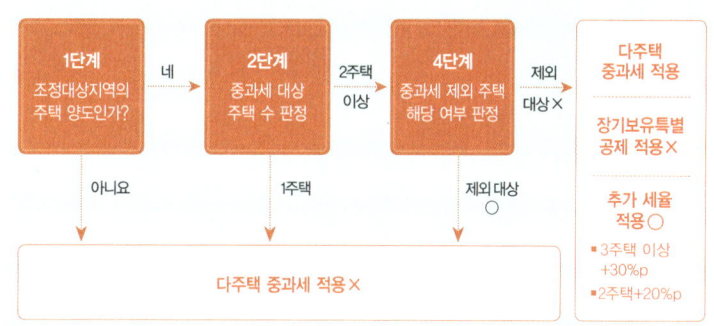

다주택 중과세 적용 여부 판단 기준

> 일시적 2주택인 경우와 양도 시 기준시가 1억원 이하의 주택인 경우에는 2주택자로 중과세 대상인 경우에만 제외되고 3주택 이상은 중과세에서 제외되지 않으므로 주의가 필요합니다.

하더라도 일시적 2주택으로 인한 1주택 비과세를 적용받을 수 없습니다. 또한 다주택자 중과세 여부를 검토해보면 지방 지역 소형주택을 제외하고 2주택 중과세 대상에 해당해 장기보유특별공제를 적용받을 수 없고, 20%p의 추가 세율도 부담해야 합니다. 2주택 중과세 제외 대상에 일시적 2주택이 규정돼 있기는 하지만, 위 사례의 경우에는 3주택에 해당해 이를 적용받을 수 없기 때문입니다.

따라서 양도소득세를 줄이기 위해서는 지방 소형주택을 먼저 처분한 후 일시적 2주택 비과세 요건을 갖춘 상태에서 신규 주택을 취득하는 것이 좋습니다.

중과세
보통 세금의 비율보다 더 많이 부과하는 세금.

장기보유특별공제
3년 이상의 장기 보유 자산에 대해 그 양도소득 금액을 산정할 때 일정액을 공제해 줌으로써 건전한 부동산의 투자 행태 내지 소유 행태를 유도하려는 제도.

SECTION 2 GENERATION *4050*

Q.29 겸용 주택을 양도할 때 양도소득세 절세 방법은?

CASE ; 상가주택에서 주택이 차지하는 연면적이 상가의 연면적보다 크면 건물 전체를 주택으로 인정받고 1세대 1주택으로 양도소득세 비과세도 가능하다고 들었습니다. 매각할 때도 이 규정이 적용되나요?

일반적으로 상가주택은 상가와 주택이 혼재된 건물을 말합니다. 일반 건축물대장을 떼면 건축물의 주 용도에 주택과 근린생활시설이 기재돼 있습니다. 세법에서는 이러한 유형의 건물을 보통 겸용 주택이라고 표현합니다. 겸용 주택은 주택과 다른 용도를 같이 사용할 수 있다는 점에서 활용도가 높습니다. 특히 상가와 주택의 일부를 임대하면서 본인이 거주할 수도 있고, 상가에서 직접 사업을 할 수도 있기 때문에 노후 대비용으로 인기가 많습니다.

그런데 겸용 주택에 세금을 부과할 때 상가로 볼 것인지, 주택으로 볼 것인지가 애매합니다. 어떻게 바라보는지 여부에 따라 세금이 달라지기 때문입니다. 원칙적으로 상가와 주택의 사용 목적이 다르기 때문에 부분별로 세금을 각각 계산하는 것이 원칙입니다. 상가 부분은

A.29 상가와 주택이 혼재된 건물을 겸용 주택이라고 합니다. 겸용 주택에서 주택의 연면적이 상가의 연면적보다 조금이라도 크면 전체를 주택으로 보아 양도소득세 비과세가 가능합니다. 그러나 이미 다주택을 보유하고 있는 상황에서 겸용 주택을 매각할 때는 이 규정을 적용하지 않습니다.

상가로, 주택 부분은 주택으로 보아 세금을 부과합니다. 실제로 취득세, 재산세, 임대소득에 대한 종합소득세, 부가가치세 그리고 양도소득세까지 대부분의 세금은 건물의 용도별로 나눠 세금을 계산합니다.

그러나 겸용 주택 전체를 주택으로 판단하는 경우도 있습니다. 양도소득세 비과세를 판단할 때가 대표적입니다. 보통은 면적을 기준으로 판단합니다. 주택의 연면적이 상가의 연면적보다 크면 건물 전체를 하나의 주택으로 봅니다. 부속 토지도 건물을 따라 판단합니다. 양도소득세 비과세를 판단할 때 건물 전체를 하나의 주택으로 볼 것인지에 대한 판단은 양도소득세 절세에 영향을 많이 줍니다. 겸용 주택 전체가 주택으로 구분되는 경우 1세대 1주택으로 양도소득세 비과세가 가능하기 때문입니다.

위에서 언급한 것과 같이 겸용 주택에서 주택의 연면적이 상가의 연면적보다 조금이라도 크면 전체를 주택으로 봅니다. 만약 상가의 연면적이 주택의 연면적보다 크거나 같을 경우 주택 부분과 상가 부분은 양도소득세를 따로 계산합니다.

여기서 확인하고 넘어가야 할 부분이 있습니다. 겸용 주택 전체를 주택으로 볼 것인지에 대한 판단은 겸용 주택 외에 다른 주택이 없는 경우, 즉 겸용 주택에 대한 1세대 1주택 양도소득세 비과세를 판단할 때만 적용합니다. 이미 다주택을 보유하고 있는 상황에서 겸용 주택을 매각할 때는 이 규정을 적용하지 않습니다.

겸용 주택을 주택 수에서 제외하는 꿀팁

주거용 → 업무용
용도변경!

> 상가 부분을 포함한 겸용 주택 전체를 주택으로 판단하는 경우도 있습니다. 주택의 연면적이 상가의 연면적보다 크면 건물 전체를 하나의 주택으로 봅니다.

겸용 주택
점포 겸용 주택으로 주택지 안에 소규모 점포가 있는 주택을 말한다.

그리고 다주택 보유자의 양도소득세 중과세를 판단할 때 겸용 주택은 무조건 주택 수에 포함됩니다. 겸용 주택에서 주택의 면적이 아무리 작더라도 양도소득세 중과세를 판단할 때 하나의 주택으로 카운트합니다. 특히 주거용으로 사용하는 옥탑방도 주택 수에 포함되기 때문에 주의해야 합니다. 겸용 주택을 주택 수에서 제외시키려면 용도변경을 통해 주거용을 업무용으로 변경하는 것도 고려할 만합니다.

그런데 2022년부터는 매각하는 겸용 주택이 고가 주택(양도 금액 12억원을 초과하는 경우)인 경우에는 이 규정을 적용하지 않습니다. 즉 겸용 주택을 매각할 때 12억원을 초과하면 주택의 연면적이 상가의 연면적보다 크더라도 주택 부분만 1세대 1주택으로 양도소득세 비과세를 적용합니다. 따라서 겸용 주택의 시세가 12억원을 약간 초과하는 경우 매각금액 결정에 신중해야 합니다.

15년 전 4억원에 구입한 겸용 주택(주택 면적 51%, 상가 면적 49%)을 12억원과 13억원에 각각 매각하는 경우를 가정해보겠습니다. 비과세 요건을 갖췄다고 가정할 경우 12억원에 매각하면 이 겸용 주택은 양도소득세가 전혀 부과되지 않습니다. 반면 13억원에 매각하면 12억원을 초과하기 때문에 주택 부분만 비과세되고 상가 부분은 1억600만원 정도의 양도소득세가 부과됩니다. 세금을 고려한다면 13억원보다 12억원에 매각하는 것이 더 유리하다는 것을 알 수 있습니다.

SECTION 2 GENERATION *4050*

Q. 리츠(REITs)란 무엇이며, 받을 수 있는 절세 혜택은?

CASE ; 적은 자금으로 투자할 수 있는 부동산 상품을 찾아보다가 리츠가 대표적 부동산 간접투자 방식이라는 말을 들었습니다. 투자상품이면서 절세 혜택도 있다고 하던데, 리츠에 대해 구체적으로 알고 싶습니다.

부동산을 직접 매매해 수익을 창출하는 직접투자 방식도 있는 반면, 다수의 자금을 모아 투자해 수익을 투자자에게 배분하는 간접투자 방식도 있습니다. 부동산에 투자하더라도 이렇게 투자 방식에 따라 세금 또한 달라집니다.

직접투자 방식의 경우 개인을 기준으로 투자자산을 보유하는 기간 중에 발생하는 수익은 사업소득이고, 양도하는 경우에는 양도소득으로 과세합니다.

이에 따른 각종 법적 절차와 행정 규제를 모두 사업자 본인이 준수하며 진행해야 하는 부담이 있습니다.

반면 간접투자 방식의 경우에는 투자금 한도 내에서 책임을 부담할 뿐이고 실제 투자의 전 과정은 업무를 위탁받은 회사('자본시장과 금융투자업에 관한 법률'에 따른 부동산집

A. 리츠(REITs)는 부동산 간접투자 방식 중 하나로, 여러 명의 투자자에게서 자금을 모아 부동산 등에 투자한 뒤 생긴 이익을 되돌려주는 투자회사를 말합니다. 종합과세되지 않으려면 비과세나 분리과세되는 금융소득이어야 하는데, 부동산 투자로 받는 배당소득에 대한 조건을 충족하는 경우에 한해 분리과세 혜택을 주고 있습니다.

합투자기구 및 '부동산투자회사법'에 따른 공모부동산투자회사)에서 처리합니다(부동산집합투자기구에서 사모집합투자기구는 제외).

이렇게 투자가 완료돼 수익금이 발생하고 최종 수익을 배분받게 되면 투자자가 받는 소득의 유형은 '배당소득'이 됩니다.

배당소득은 세법에서 종합소득의 한 유형으로 봅니다. 이자소득과 배당소득을 금융소득이라고 부르는데, 이 금융소득에 대해서는 원칙적으로 14%(지방소득세 별도)를 소득 지급하는 시점에서 원천징수합니다. 이렇게 미리 세금을 냈으니 다 끝난 것 같지만 아닙니다. 연간 금융소득이 2000만원을 초과하는 경우에는 금융소득 종합과세라고 해 다른 종합소득과 합산합니다.

이 경우 종합소득세율(6~45%)에 따라 추가 세금을 납부하게 됩니다. 당연히 이중과세가 아닌지 의문이 들 수 있지만, 이미 원천징수한 세금은 인정하고 공제해주기 때문에 추가적 세금을 납부할 뿐입니다.

종합과세라는 단계에 들어서면 이렇게 추가 세금 부담이 생기고, 건강보험료 등 세금 외 부담도 더해질 수 있으므로 가능하면 종합과세되지 않는 것이 가장 바람직합니다.

종합과세되지 않으려면 비과세나 분리과세되는 금융소득이어야 합니다. 이 역시 세법에서 규정한 경우에만 받을 수 있는 혜택입니다.

특별히 특정 소득 유형에 대해 사회 전체적인 균형 발전이나 건전한 자산 형성에 기여할 경우 법에서 정해 혜택을 주고 있습니다.

다시 원점으로 돌아와 앞에서 말한 리츠에 대해 추가로 설명해보겠습니다. 현재 조세특례제한법에서는 일정한 요건을 갖춘 리츠에 대해서는 세제 혜택을 주어 투자를 지원하고 있습니다.

이러한 요건을 갖춘 공모부동산집합투자기구에 대해서는 부동산 투자로 받는 배당소득에 대한 조건을 충족하는 경우에 한해 분리과세 혜택을 주고 있습니다.

조건을 충족하는 경우 3년간 지급받는 배당소득에 대해 소득세율 9%(지방소득세 등 별도)로 분리과세합니다. 분리과세 혜택 대신 투자자는 거주자이어야 하고, 투자 금액 한도와 투자 기간에 대한 제약이 있습니다.

만일 투자일로부터 3년이 되는 날 이전에 세제 혜택을 받은 공모부동산집합투자기구(리츠)의 소유권을 이전한 경우에는 감면받은 세액을 추징해 원천징수합니다. 이때 사망이나 해외 이주, 천재지변 등의 예외적 사유는 인정받을 수 있으나 원칙적으로 투자 기간이 3년 이상이어야 한다는 점을 유의해야 합니다.

이런 혜택을 주는 이유는 임대 부동산, 상업용 부동산 등 간접투자 활성화를 통한 국민 자산 형성을 지원하기 위해서라고 밝히고 있습니다.

당초 리츠에 대한 세제 혜택은 2021년말까지 적용 대상이었으나 지난 세법 개정으로 2023년까지 2년 연장해 적용하고 있습니다.

분리과세 혜택을 받을 수 있는 조건

① 법에 따라 설립된 공모부동산집합투자기구 또는 리츠에 3년 이상 투자할 것

② 투자 금액 한도는 5000만원

③ 2023년 12월 31일까지 투자분에 한함

리츠(REITs)란?

- Real Estate Investment Trusts를 줄여 부르는 말로 부동산투자신탁, 즉 부동산투자를 전문으로 하는 뮤추얼펀드.

- 주식 발행을 통해 여러 명의 투자자에게서 자금을 모아 상업 시설 등 대규모 부동산이나 부동산 관련 증권 등에 투자한 뒤 생긴 이익을 되돌려주는 투자회사를 말한다.

- 분기 말마다 부동산 실물을 총자산의 70% 이상 매입해야 하며, 자본금의 10배까지 차입이 가능하다.

- 공모 리츠는 거래소에 상장해 주식처럼 거래할 수 있다. 소액 투자가 가능하며, 부동산의 안전성과 주식의 환금성을 고루 갖추었다는 장점이 있다.

- 1960년 미국에서 최초로 제도가 만들어진 뒤 2000년대 들어 일본, 호주, 싱가포르 등으로 확산됐다.

SECTION 2 GENERATION *4050*

Q. 상가 임대 시 일반과세 사업자와 간이과세 사업자의 차이는?

31

CASE ; 매매 금액 6억원의 상가에 투자하려고 합니다. 보증금 2000만원에 월세 200만원 정도의 수익을 얻을 것으로 예상하고 있습니다. 간이과세 사업자가 아닌 일반과세 사업자로 등록하면 더 좋다던데 맞나요?

상가를 취득해 임대하게 되면 부동산 임대사업을 하는 것이므로 부가가치세법에 따라 세무서에 사업자등록을 한 후 임대료 수입에 대해 부가가치세 납세의무를 이행해야 하고, 소득세법에 따라 임대소득에 대한 소득세 납세의무도 이행해야 합니다.

임대료에 대한 부가가치세는 1월부터 6월까지를 1기, 7월부터 12월까지를 2기로 해 1기분은 7월 25일, 2기분은 익년 1월 25일까지 신고납부해야 합니다.

이때 영세한 규모의 사업자에게 부가가치세 신고납부 의무를 완화된 기준으로 이행할 수 있도록 간이과세 사업자를 두고 있으며, 그 외의 경우에는 모두 일반과세 사업자에 해당합니다.

일반과세 사업자는 부가가치세를 신고할 때 매출세액 합계액에서 매입세액을 차감한 세액을 납부해야 하며,

A. 31 일반과세 사업자는 부가가치세를 신고할 때 매입세액이 더 큰 경우 세액을 환급받을 수도 있습니다. 그러나 간이과세 사업자는 매입세액이 더 크더라도 차액을 환급받을 수 없어 일반과세 사업자가 유리하다고 생각할 수 있지만, 간이과세 사업자가 더 유리한 부분도 있습니다.

매입세액이 더 큰 경우 세액을 환급받을 수도 있습니다. 그래서 일반과세 사업자로 등록하면 상가 취득 시 건물분 가격에 대한 매입세액을 환급받을 수 있는 것입니다.

반면 간이과세 사업자는 공급대가에 업종별 부가가치율(임대업 40%)을 곱한 금액의 10%를 매출세액으로 하고 매입대가의 0.5%를 매입세액으로 해 차액을 부가가치세로 납부해야 합니다. 이때 일반과세 사업자와 달리 매입세액이 더 크더라도 차액을 환급받을 수 없습니다. 이런 차이로 일반과세 사업자가 더 유리하다고 생각할 수 있지만, 간이과세 사업자가 더 유리한 부분도 있습니다.

간이과세 사업자는 당해 연도의 공급대가가 4800만원 미만이라면 부가가치세를 납부하지 않아도 되며, 보유하던 상가를 양도할 때 건물 가격의 10%를 부가가치세로 납부해야 하는 일반과세 사업자와 달리 공급대가의 4%만 납부해도 됩니다.

그리고 간이과세 사업자가 상가 취득 시 공제받지 못한 매입세액은 상가 양도 시 건물의 취득가액에 가산되므로 양도소득세 부담을 낮추는 데 활용할 수 있습니다.

위 사례의 경우 간이과세 사업자로서 건물분 부가가치세 2000만원을 환급받지 못하더라도 향후 상가를 매입 가격과 동일한 가격으로 매각한다고 가정하면 일반과세 사업자 대비 부가가치세 납부 감소액을 1000만원 정도 예상해볼 수 있고, 월세 수입에 대한 부가가치세 약 20만원을 납부하지 않

부동산 임대업의 간이과세와 일반과세 비교

구분	간이과세 사업자	일반과세 사업자
기준 금액	직전 연도 공급대가 4800만원 미만	직전 연도 공급대가 4800만원 이상
증빙서류 발급	영수증 발급(세금계산서 발급 가능)	세금계산서 의무 발급
부가가치세 납부액	공급대가×4%−매입대가×0.5% 세액 환급 적용 불가	매출세액−매입세액 세액 환급 가능
기타 사항	세액 납부 의무 면제 가능	−

※ 공급대가와 매입대가는 부가가치세를 포함한 금액을 의미함.

> 일반과세 사업자는 부가가치세를 신고할 때 매출세액 합계액에서 매입세액을 차감한 세액을 납부해야 하며, 매입세액이 더 큰 경우 세액을 환급받을 수도 있습니다. 반면 간이과세 사업자는 공급대가에 업종별 부가가치율(임대업 40%)을 곱한 금액의 10%를 매출세액으로 하고 매입대가의 0.5%를 매입세액으로 해 차액을 부가가치세로 납부해야 합니다.

▶ **매출세액**
부가가치세 과세 대상이 되는 재화의 공급 또는 용역의 공급에 대해 거래상대방으로부터 거래징수했거나 거래징수해야 할 부가가치세를 말한다.

▶ **매입세액**
본인의 사업을 위해 사용됐거나 사용될 재화 또는 용역의 공급과 재화의 수입에 대한 부가가치세액을 말한다.

간이과세 사업자
부가가치세를 매길 때 여러 가지 세금 혜택을 주는 사업자를 말한다.

아도 되기 때문에 약 4년 이상 임대하면 간이과세 사업자의 세부담이 더 유리할 수 있습니다.

신규 사업자는 간이과세 사업자로 등록할 수 있고, 직전 연도 공급대가가 4800만원 미만인 경우에는 일반과세 사업자로 전환하지 않고 계속 유지할 수 있습니다.

하지만 다른 일반과세 사업자가 이미 있는 경우나 특별시 및 광역시(읍·면 지역 제외), 시(읍·면 지역 제외) 지역에 소재한 임대용 건물의 경우에는 개별공시지가에 따라 지역별 건물 연면적 기준을 초과하는 경우에는 간이과세 사업자를 적용할 수 없으니 이를 참고해 간이과세 사업자와 일반과세 사업자 중 본인에게 유리한 사업자 유형을 선택하는 것이 좋습니다.

SECTION 2 CHECK POINT ⑫

상가 임차인의 원상회복의무 범위

SITUATION

임차인에게 원상회복의무의 이행을 요구했더니 이전 임차인이 인테리어한 그대로라며 이행을 거부합니다. 현재 임차인에게 원상회복의무에 대해 어느 선까지 요구할 수 있을까요?

SOLUTION

임차인은 임대차계약 체결 시 받은 상태 그대로 반환하면 되고, 이전 임차인이 설치한 시설물까지 원상회복할 의무는 없습니다. 그러나 계약 체결 시 구체적인 원상회복의무의 내용과 범위를 정해놓는다면 분쟁을 방지하는 데 도움이 될 것입니다.

상가 임차인의 원상회복의무 실효성

임대차 관계에서 임차인이 부담하는 의무 중 원상회복의무가 있습니다. 임차인의 원상회복의무란 임대차계약이 종료했을 때 특별한 사정이 없는 한 임차인은 임대인에게 목적물을 원상으로 회복시켜 반환해야 하는 의무를 의미합니다.

보통은 임대차계약을 체결하면서 임대차계약서에 "임차인은 임대차 목적물을 원상회복해 반환할 의무가 있다"라고 특약으로 기재합니다. 만약 임대차계약서에 원상회복의무를 기재하지 않았다면 어떨까요? 임차인은 원상회복의무가 없는 것일까요? 아닙니다. 임대차계약서에 기재하지 않았다고 하더라도 민법에서 임차인의 원상회복의무에 대한 근거를 찾을 수 있습니다. 즉 임차인의 <mark>원상회복의무</mark>는 민법 제615조의 사용대차 관계에서 차주가 차용물을 반환할 때 원상회복해야 한다고 정한 내용을 민법 제654조를 통해 임대차에도 준용함으로써 원상회복의무의 법적 근거가 되고 있습니다.

원상회복의무
민법 제615조에 따르면 차주가 차용물을 반환하는 때에는 이를 원상회복해야 한다. 이에 부속시킨 물건은 철거할 수 있다.

계약 시 구체적 내용 명기가 도움 돼

임차인의 원상회복의무에 대해서는 이렇듯 계약서 또는 민법상 근거가 명확하나, 원상회복의 방법이나 범위와 관련해서는 법에 정해진 바가 없습니다. 따라서 계약으로 미리 범위나 방법을 정해놓지 않으면 원상회복의무가 임차인에게 있음을 명시했음에도 분쟁이 발생할 수밖에 없습니다.

임대차에서 흔히 발생하는 다툼 중 하나는 위 사례와 같이 전 임차인이 설치한 시설물까지 현 임차인이 원상회복의 의무가 있는지 여부에 관한 것입니다. 임대인은 전 임차인이 설치한 시설물을 활용하거나 개조해 사용·수익해온 현 임차인이 원상회복할 의무가 있다고 주장할 것이고, 임차인은 본인이 설치한 것이 아니기 때문에 원상회복의무를 부담할 이유가 없다고 주장할 것입니다.

판례의 태도를 살펴보면 원칙적인 대법원 판례는 1990년 10월 30일 선고 90다카12035 판결로, 이에 따르면 "이미 시설물이 설치돼 있던 점포를 임차해 내부 시설을 개조한 임차인의 경우 별도의 약정이 없는 한 임차인이 임차 받았을 때의 상태로 반환하면 되는 것이지 그 이전 임차인이 설치한 것까지 원상회복할 의무가 있다고 할 수는 없다"고 판단한 바 있습니다.

즉 별도의 약정이 없다면 임차인은 임대차계약 체결 시 목적물의 상태로 반환하면 되고, 전 임차인이 설치한 시설물까지 원상회복할 의무는 없는 것입니다.

다만 최근 선고된 대법원 판례 2019년 8월 30일 선고 2017다268142 판결에 따르면 현 임차인이 기존 시설물을 철거해 원상회복할 의무가 있다는 취

원상회복의무 분쟁 방지를 위한 꿀팁

① 구체적인 원상회복의무의 내용과 범위를 정한 후 임대차계약 체결하기

② 상가 상태를 사진이나 동영상으로 촬영한 다음 계약서에 관련 내용을 첨부 및 명기하기

별도의 약정이 없다면 임차인은 임대차계약 체결 시 목적물의 상태로 반환하면 되고, 전 임차인이 설치한 시설물까지 원상회복할 의무는 없습니다.

약정
어떤 일을 약속해 정함.

지로 판단해 두 판례가 서로 상충하는 것이 아닌가 하는 생각이 들 수 있으나 위 판결도 기존 대법원 판례를 변경한 것은 아니며, 전 임차인으로부터 특정 영업을 양수한 현 임차인의 구체적인 사정을 고려한 판결로 이해해야 할 것입니다.

결국 임대인 입장에서 전 임차인이 설치한 시설물까지 원상회복의무를 이행할 것을 현 임차인에게 요구하기 위해서는 임대차계약서상 임차인의 필요에 따라 이전에 설치한 시설물을 개조해 사용하되, 개조해 사용한 부분과 전 임차인이 설치한 시설물까지 모두 철거하기로 한다는 등 구체적인 원상회복의무의 내용과 범위를 정한 임대차계약을 체결하는 것이 분쟁을 방지하는 방법입니다. 또한 임대인과 임차인은 임대차계약 체결 시의 상가 상태를 사진이나 동영상으로 촬영한 다음 계약서에 관련 내용을 첨부하고 명기한다면 원상회복의무 이행 범위와 관련해 입증 시 유용한 수단이 될 수 있으니 활용하면 좋습니다.

참고로 임차인이 임대차 종료로 인한 원상회복의무를 지체함으로써 임대인이 대신 원상회복을 완료하게 된 경우 임대인은 임차인에게 손해배상을 청구할 수 있습니다. 이때 손해배상을 청구할 수 있는 금액과 관련해 판례는 임대인이 실제로 본인 비용으로 원상회복을 완료한 날까지의 임대료 상당액이 아니라 임대인 스스로 원상회복을 할 수 있었던 기간까지의 임대료 상당액이라고 판시하고 있다는 점도 알아두면 좋습니다.

SECTION 2 *CHECK POINT* ⑬

상가 임대차 계약갱신요구권과 묵시적 갱신

SITUATION

목이 좋은 상가건물에 학원을 개업해 성업 중입니다. 그런데 계약 기간의 만기가 다가오니 눈치게임이 시작됐습니다. 임대인에게 미리 연락해 갱신 여부를 확인해야 하는지 궁금합니다.

SOLUTION

이 사안의 경우 적극적으로 계약갱신요구권을 행사하는 것이 현명하다고 판단됩니다. 그러나 계약갱신요구권과 묵시적 갱신은 임대 기간 및 중도해지 가능성과 관련해 큰 차이가 발생할 수 있어 주의가 필요합니다.

상가건물임대차보호법은 지역별로 일정한 규모의 보증금에만 적용하는 것이 원칙이지만, 예외적으로 보증금 규모 조건에 해당하지 않아도 적용하는 일부 조항이 있습니다. ==계약갱신요구권==을 보장한 상가건물임대차보호법 제10조가 바로 그 경우에 해당합니다. 따라서 보증금 규모와 상관없이 임차인은 최초 임대차계약일로부터 10년의 기간 동안 계약갱신요구권을 행사할 수 있습니다.

상가건물임대차보호법 제10조 제1~3항은 임차인의 계약갱신요구권과 관련된 내용이고, 제4항은 묵시적 갱신과 관련된 내용입니다. 계약갱신요구권과 묵시적 갱신은 각각 요건과 효과가 다르기 때문에 적용하는 데 주의가 필요합니다.

계약갱신요구권은 임차인이 법에서 정한 기간 내에 적극적으로 갱신을 요구할 때 임대인에게 정당한 거절 사유가 없는 한 갱신이 인정되는 효과가 있다면, 묵시적 갱신은 상가건물임대차보호법 제10조 제4항에 따라 임대인이 법에서 정한 기간 내에 갱신 거절의 통지 또는 조건 변경의 통지를 하지 아니한 경우에 다시 임대차한 것으로 인정되는 효과가 있습니다.

계약갱신요구권

상가 임차인은 임대차 기간 만료 전 6개월부터 1개월까지 사이에 임대인에게 계약갱신을 요구할 수 있으며, 이 경우 임대인은 정당한 사유가 없는 한 이를 거절할 수 없는 것을 말한다.

계약갱신요구권은 임차인이 적극적으로 행사해서 갱신되는 경우라면, 묵시적 갱신은 소극적으로 별도의 의사 통지를 하지 않아도 갱신된다는 점에서 큰 차이가 있습니다. 언뜻 생각하면 양자 간에 무슨 차이가 있는 것인가 싶지만 효과 면에서, 특히 임대 기간 및 중도해지 가능성과 관련해 큰 차이가 발생할 수 있어 주의가 필요합니다. 즉 임차인이 계약갱신요구권을 행사한 경우 이전 임대차계약에서 정한 기간과 동일한 기간으로 계약이 연장되는 것이기 때문에 이전 임대기간이 3년이었다면 계약갱신요구권 행사에 따라 연장되는 계약의 임대기간도 3년이 됩니다. 그러나 묵시적 갱신이 된 경우라면 제4항에서 정한 바와 같이 임대 기간은 언제나 1년으로 연장됩니다.

연장된 임대 기간에 따라 이후 종료 시점 전 법에서 정한 기간 내에 다시 계약갱신요구권을 행사할 시기와 묵시적 갱신과 관련한 의사 통지 시기가 다르게 정해지기 때문에 이후 갱신을 위해서는 만료일로부터 정해진 기간 내에 의사표시를 요하기 때문에 원하는 효과를 발생시키기 위해서는 각 기간을 잘 지켜 의사표시를 해야 한다는 점을 유의해야 합니다.

또 한 가지는 계약갱신요구권을 행사해 연장된 계약인지, 묵시적 갱신에 의한 계약인지에 따라 임차인의 중도해지 가능성이 달라진다는 점입니다. 즉 묵시적으로 갱신된 경우 임차인은 언제든지 임대인에게 계약 해지 통고를 할 수 있고 통고를 받은 날로부터 3개월이 지나면 해지 효과가 발생한다고 정하고 있으나, 계약갱신요구권에 따라 갱신된 임대차의 경우 원칙적으로 임차인의 중도해지가 어렵다는 점입니다.

위 사례와 같이 성업 중인 점포의 임대차계약을 연장하고 싶은 임차인이라면 묵시적 갱신을 기다리다가 임대인의 갑작스러운 갱신 거절 통지에 낭패를 보기보다는 10년간 적극적으로 계약갱신요구권을 행사하는 것이 현명하다고 판단됩니다. 물론 이 경우 임대인이 임대료 증액을 요구할 수도 있지만, 증액을 요구할 수 있는 범위는 상한이 있어 제한적인 반면 본 사안의 경우 임대 기간이 2년으로 연장될 수 있다는 점에서 1년 단위로 연장되는 묵시적 갱신보다는 계약갱신요구권 행사가 안정적인 사업 운영 측면에서 훨씬 유리하다고 보기 때문입니다.

참고로 상가건물임대차보호법은 권리금 회수 기회 보호 관련 조항을 명시하고 있는데, 이에 따르면 임대인은 임대차기간이 끝나기 6개월 전부터 임대차 종료 시까지 권리금 계약에 따라 임차인이 주선한 신규 임차인이 되려는 자로부터 권리금을 지급받는 것을 방해해서는 안 된다고 정하고 있습니다.

상가 임대차계약이 묵시적 갱신에 따라 갱신된 임대차 기간(1년)인지, 계약갱신요구권에 따라 갱신된 임대차 기간인지에 따라 권리금 회수 기회 보호가 가능한 기간도 달라지기 때문에 이 점도 유의해야 합니다.

관련 조항

**상가건물임대차보호법
제10조(계약갱신 요구 등)**

① 임대인은 임차인이 임대차 기간이 만료되기 6개월 전부터 1개월 전까지 사이에 계약갱신을 요구할 경우 정당한 사유 없이 거절하지 못한다. 다만 다음 각 호의 어느 하나의 경우에는 그러하지 아니하다.

(1~8호 중략)

② 임차인의 계약갱신요구권은 최초의 임대차 기간을 포함한 전체 임대차 기간이 10년을 초과하지 아니하는 범위에서만 행사할 수 있다.

③ 갱신되는 임대차는 전 임대차와 동일한 조건으로 다시 계약된 것으로 본다. 다만 차임과 보증금은 제11조에 따른 범위에서 증감할 수 있다.

④ 임대인이 제1항의 기간 이내에 임차인에게 갱신 거절의 통지 또는 조건 변경의 통지를 하지 아니한 경우에는 그 기간이 만료된 때에 전 임대차와 동일한 조건으로 다시 임대차한 것으로 본다. 이 경우에 임대차의 존속 기간은 1년으로 본다.

SECTION 2 *CHECK POINT* ⑭

공유자의 기본 상식

SITUATION

아버지에게 상속받은 임야가 등기부상 여러 명이 공동 지분권자로 등기돼 있습니다. 그런데 다른 공유자들인 친척 중 일부가 연락이 되지 않는 상황입니다. 제가 단독으로 처분할 수 있는 방법이 있을까요?

SOLUTION

공동소유자 일부가 전체 지분의 과반수 이상을 보유하고 있다면 공유물을 제3자에게 임대하는 계약은 유효하게 체결할 수 있습니다. 또, 특약이 없는 한 과반수의 지분권자는 공유물을 배타적으로 관리할 수 있습니다.

부동산을 소유할 때 단독 소유인 경우가 많지만, 부모님에게 재산을 상속받는 경우나 부부간에 절세 목적 등 여러 가지 이유로 일부 지분씩 공동으로 소유하는 경우가 많이 발생하고 있습니다. 부동산 1필지 전체를 타인과 지분비율로 공동소유하는 법률관계를 공유라고 하며, 그 대상이 되는 목적물을 공유물이라고 합니다. 공유 관계에서는 원칙적으로 소수 지분권자라도 공유물 전부를 지분비율로 사용·수익할 수 있습니다. 그리고 공유물에 대한 보존행위, 예를 들어 제3자가 무단으로 공유물을 점유하는 등

공유자
일정한 물건을 공동으로 소유하고 있는 사람.

공유물
복수의 사람이 공동으로 소유하고 있는 대상.

공유자의 권리를 침해할 때는 공유자 각자가 지분비율을 따지지 않고 제3자의 침해행위를 배제하는 청구를 할 수 있습니다. 그런데 위 사안처럼 지분권자 일부가 공유물을 일방적으로 임대하거나 처분하는 것이 가능할까요? 우선 공유물 관리에 해당하는 임대(임대차계약의 체결, 해지, 갱신 거절 통지 등)에 대해 알아보겠습니다. 위 사안에서 공동소유자 일부가 전체 지분의 과반수 이상을 보유하고 있다면 공유물을 일방적으로 제3자에게 임대하는 계약은 유효하게 체결할 수 있습니다. 각 공유자는 공유물에 대

한 사용수익권을 갖지만, 사용·수익의 구체적 방법은 공유물 관리를 통해 이루어집니다. 그리고 민법은 공유물 관리에 관한 사항에 대해 지분의 과반수로 결정하도록 정하고 있습니다. 따라서 특약이 없는 한 과반수 지분권자는 공유물을 배타적으로 관리할 수 있고, 소수 지분권자는 관리에 관한 의사결정에서 배제돼도 이의를 제기하지 못합니다. 소수 지분권자에게 인정되는 권리는 과반수 지분권자가 배타적으로 관리하는 부분에서 수익이 발생한 경우 그 수익 중 소수 지분권자 지분비율에 해당하는 금액을 부당이득으로 청구할 수 있습니다. 따라서 공유물 관리행위를 공유자 지분의 과반수 결의에 의해 해야 함에도 그 결의가 없는 경우 무효가 될 수 있습니다.

대체로 공유물을 이용하거나 개량하는 행위는 위에서 언급한 공유물 관리에 해당하는데, 나대지에 건물을 신축하는 등 공유물의 처분이나 변경에 이르게 하는 행위는 공유물 관리행위의 범위를 벗어납니다. 이러한 행위는 공유물 처분행위에 해당하고, 민법은 공유물 처분의 경우 공유자 전원의 동의가 필요하다고 규정하고 있습니다. 따라서 위 사안의 경우 본인의 지분이 아닌 임야 전체를 처분하려면 공유자 전원의 동의가 있어야 합니다.

마지막으로 공유물의 관리·처분에 대해 의견이 분분해 결정을 내리지 못한다면 누군가는 공유관계를 벗어나고자 할 수도 있습니다. 이런 경우 공

공유물의 사용·수익 관리

각 공유자
= 공유물에 대한 사용수익권 소유
↓
사용·수익의 구체적 방법
= 공유물 관리 필요
↓
공유물 관리 사항
= 지분의 과반수로 결정

지분권
공유나 합유 시 공유물 또는 합유물에 대해 공유자나 합유자가 일정한 비율로 가지는 권리.

공유물분할청구
공유자가 공유물분할을 청구할 수 있는 경우 분할하는 방법에 관해 공유자 간 협의가 성립되지 않으면 분할을 청구한 공유자가 법원에 현실적으로 분할을 실현해줄 것을 청구하는 소를 말한다.

유자가 각자의 공유지분을 자유롭게 처분할 수 있지만 토지나 건물 같은 경우 일부 지분만 매도하는 것은 현실적으로 어렵고, 그렇다고 공유지분율에 따른 특정 부분을 처분하는 것은 허용되지 않습니다. 결국 이런 경우 최후의 방법으로 공유물을 분할하는 것을 생각해볼 수 있습니다. 각 공유자는 언제든지 공유물분할을 청구해 공유관계를 해소할 수 있기 때문입니다. 공유물분할은 협의에 의한 분할이 성립하지 않는 경우 재판상 분할을 하게 됩니다. 그런데 협의에 의한 공유물분할은 모든 공유자가 다 협의해야 효력이 있으므로 공유자가 다수이거나 연락이 안 될 때는 쉽지 않을 수 있습니다.

법원을 통한 공유물분할청구 소송은 협의가 이루어지지 않을 때 언제든 청구할 수 있는데, 어떤 공유자는 경매를 통해 공유관계를 해소해달라고 할 수도 있고, 또 다른 공유자는 공유토지 중 제일 가치 있는 부분을 자신의 지분비율만큼 인정해달라고 주장하기도 합니다. 그러나 법원은 이러한 신청에 구속되지 않고 재량으로 지분비율에 따른 합리적이고 공평한 방법으로 분할하기 때문에 공유물분할청구 소송을 제기한 원고든 그 상대방인 피고든 원치 않는 방법으로 공유물분할이 이루어질 수도 있습니다. 결국 공유관계로 부동산을 취득하는 경우 공유물의 관리·처분 시 발생할 수 있는 이러한 법률관계를 잘 파악하고 준비하는 것이 불필요한 다툼을 방지하는 방법이 될 수 있습니다.

SECTION 3
GENERATION 6070

슬슬 직장에서 은퇴하고 여지껏 쌓아온 재산에 대한 세금을 줄이는 방법만 현명하게 생각하면 되는 줄 알았다. 그런데 웬걸, 향후 자녀를 비롯한 며느리, 사위 등에게 재산을 상속·증여한 후의 세금 문제가 남았다. 증여를 할지 상속을 할지, 세금은 대체 얼마를 내야 하는 건지 세금의 길은 끝이 없다.

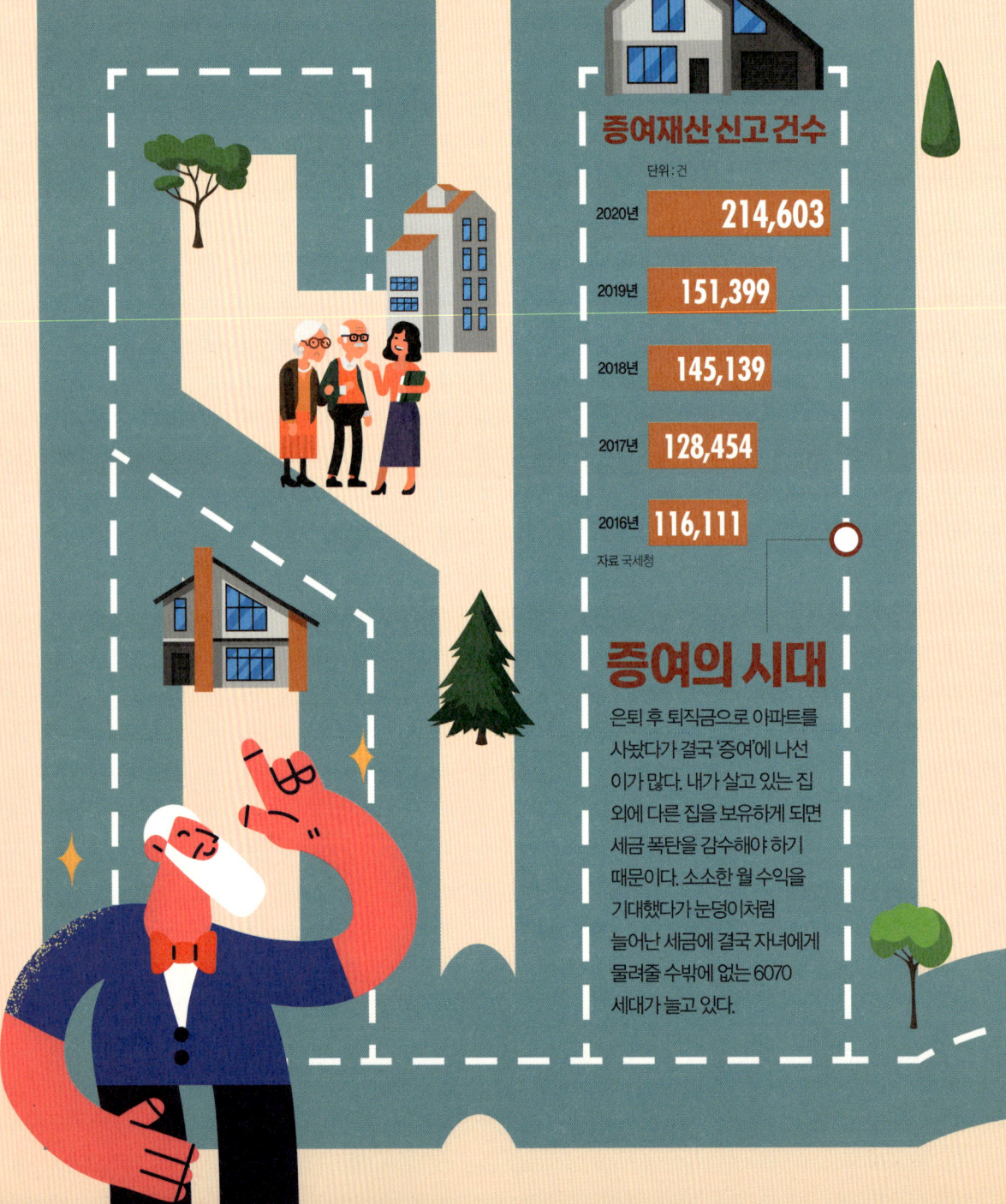

증여재산 신고 건수

단위 : 건

2020년	214,603
2019년	151,399
2018년	145,139
2017년	128,454
2016년	116,111

자료 : 국세청

증여의 시대

은퇴 후 퇴직금으로 아파트를 사놨다가 결국 '증여'에 나선 이가 많다. 내가 살고 있는 집 외에 다른 집을 보유하게 되면 세금 폭탄을 감수해야 하기 때문이다. 소소한 월 수익을 기대했다가 눈덩이처럼 늘어난 세금에 결국 자녀에게 물려줄 수밖에 없는 6070 세대가 늘고 있다.

삶을 재정비하는 '6070 노후준비족'

대세 된 상속·신탁 상품

가족구성원의 형태가 다양해지고 고령화 세대로 접어들면서 유언대용신탁 및 맞춤형 상속 상품이 인기를 얻고 있다. 특히 생전에 신탁재산으로부터 나오는 수익을 생활비로 쓸 수 있는 유언대용신탁은 사후 분쟁도 막을 수 있다는 점에서 그 역할이 더욱 커질 것으로 기대되고 있다.

다주택자 절세 TIP

중과세 제외 대상 주택이 없다면 양도소득세를 부담하더라도 매매차익이 작은 주택을 먼저 양도하고, 나머지 주택은 1주택 비과세를 적용받아야 절세가 가능하다. 1주택 비과세를 적용받으려면 2년 이상 보유 조건을 갖춰야 하는데, 2021년 이후 양도분부터는 다주택자가 1주택자가 된 경우 보유기간을 산정할 때 취득일이 아니라 1주택이 된 날부터 적용하는 것으로 변경된 점에 주의할 것

증여재산 가액

단위 : 억원

- 2016년: 182,082
- 2017년: 233,444
- 2018년: 274,114
- 2019년: 282,502
- 2020년: 436,134

자료 국세청

SECTION 3 GENERATION *6070*

Q.32 고급 주택과 고가 주택의 판단 기준은?

CASE ; 평형이 큰 아파트는 고급 주택으로 분류돼 세부담이 엄청날 거라며 구입을 말리는 사람이 있는 한편, 고급 주택과 고가 주택은 다르므로 걱정하지 않아도 된다는 이도 있습니다. 고급 주택과 고가 주택은 어떻게 다르고, 이를 구분하는 기준은 무엇인가요?

언론을 통해 호화 주택에 대한 세금 문제를 다룬 기사를 가끔 접합니다. 호화 주택을 구입하면 세금 폭탄을 맞는다는 내용이 대부분입니다.

주택 가격이 높은 만큼 세금이 많다는 측면에서는 맞는 말이지만, 세금 폭탄이라고 일반화하기는 어렵습니다. 세금이 부담스럽지 않은 경우도 많기 때문입니다.

호화 주택이라는 표현부터 바로잡을 필요가 있습니다. 세법에는 호화 주택이라는 용어가 없기 때문입니다. 아마도 고급 주택이나 고가 주택 그리고 별장을 편하게 표현한 것으로 보입니다.

그런데 고급 주택과 고가 주택 그리고 별장은 규제의 목적에 따라 중과세하는 세금의 종류가 다릅니다.

지방세법에서는 취득할 당시 공시가격이 9억원을 초과하고 건물 연면적이 331㎡를 초과하거나 대지면적이 662㎡를 초과하면 고급 주택으로 구

A.32 지방세법상 고급 주택은 취득할 당시 공시가격이 9억원을 초과하고 건물 연면적이 331㎡를 초과하는 등의 특정 조건을 갖추어야 합니다. 반면 고가 주택을 판단할 때는 주택의 연면적과 대지면적 등을 전혀 고려하지 않습니다.

분합니다. 일정 규모를 초과하는 수영장이나 에스컬레이터 등이 설치돼 있어도 고급 주택으로 구분합니다. 아파트의 경우에는 공시가격 9억원을 초과하고 건물 연면적이 245㎡를 초과하면 고급 주택으로 구분합니다. 고급 주택으로 구분되면 취득세 부담이 커집니다.

일반 주택의 취득세는 가격에 따라 1~3%의 세율을 적용합니다. 그리고 1세대 다주택자가 주택을 추가로 구입하면 최대 12%의 높은 세율로 취득세를 부담합니다. 반면 고급 주택은 일반 주택의 세율에 8%p를 가산해 취득세를 계산합니다.

따라서 고급 주택은 9~11%의 세율을 적용해 취득세를 계산하고, 다주택자가 고급 주택을 추가로 구입하는 경우에는 최대 20%(12%+8%p)의 세율을 적용해 취득세를 계산합니다.

하지만 고급 주택이라는 이유만으로 종합부동산세와 양도소득세 등의 부담이 커지는 것은 아닙니다. 부담이 있다면 고급 주택이기 때문이 아니고 해당 주택의 공시가격이 높거나 다주택자이기 때문일 것입니다.

고가 주택은 양도소득세와 종합소득세의 비과세 대상을 판단할 때 사용하는 개념입니다. 양도소득세 비과세를 판단할 때 매각금액 12억원을 기준으로 고가 주택을 판단합니다. 그리고 주택 임대소득에 대한 비과세를 판단할 때는 공시가격 9억원을 기준으로 고가 주택을 판단합니다. 고가 주택의 세무적 불이익은 소득세 비과세가 배제되는 데 초점을 맞춥니

고급 주택과 고가 주택의 판단 기준

고급 주택

조건: 취득 당시 공시가격이 9억원 초과, 건물 연면적이 331㎡ 초과, 대지면적이 662㎡ 초과, 일정 규모를 초과하는 수영장이나 에스컬레이터 등 설치

취득세: 일반 주택 세율에 8%p를 가산한 9~11%의 세율 적용

※ 다주택자가 고급 주택을 추가로 구입하는 경우 최대 20%(12%+8%p)의 세율을 적용해 계산

고가 주택

- 양도소득세 비과세 판단 시
  ⇨ 매각금액 12억원 기준
- 주택 임대소득에 대한 비과세 판단 시
  ⇨ 공시가격 9억원 기준

1세대 다주택자의 취득세

최대 12%

일반 주택의 취득세는 가격에 따라 1~3%의 세율을 적용한다. 그리고 1세대 다주택자가 주택을 추가로 구입하면 최대 12%의 높은 세율로 취득세를 부담한다.

다. 고가 주택(공시가격 9억원 초과)에서 발생한 임대소득, 즉 월세는 1주택이라도 종합소득세를 내야 합니다. 즉 비과세가 배제됩니다.

또한 고가 주택(매각금액 12억원 초과)은 양도소득세에도 영향을 줍니다. 고가 주택일 경우에는 양도소득세가 일부 과세됩니다. 즉 비과세가 일부 배제됩니다.

세무적 규제는 별장이 가장 큽니다. 별장의 경우 구입할 때 12%의 세율을 적용해 취득세가 과세됩니다. 별장은 재산세 부담도 큽니다. 사치성 부동산으로 구분돼 4%의 단일세율을 적용해 재산세를 부과합니다.

단, 별장은 종합부동산세가 부과되지 않습니다. 별장은 다른 주택의 양도소득세 비과세 또는 중과세를 판단할 때 주택으로 카운트하지 않는 혜택도 있습니다.

다만 별장 부속 토지의 양도소득세를 계산할 때 비사업용 토지로서 양도소득세가 중과세됩니다.

지방세법에서 말하는 별장은 주거용 건축물이지만 상시 거주하지 않고, 개인 또는 그 가족(법인인 경우에는 그 종업원)이 휴양이나 피서 등의 용도로 사용하는 건축물을 말합니다. 별장과 관련한 잘못된 상식도 많습니다. 오피스텔이나 소형 빌라도 별장으로 구분될 수 있습니다. 별장은 상시 주거용이 아닌, 휴양 등의 사용 목적이 중요하기 때문입니다. 또한 소유자가 아닌, 임차인이 휴양 등의 목적으로 사용해도 별장으로 구분될 수 있기 때문에 주의가 필요합니다.

SECTION 3 GENERATION *6070*

Q.33 다주택자가 1주택자가 되면서 절세하려면?

CASE ; 오랫동안 거주한 주택 한 채와 임대사업자로 등록하지 않고 임대 중인 주택 한 채를 보유하고 있는 1세대 2주택자입니다. 현재 거주하는 주택을 양도할 계획인데, 어떻게 해야 양도소득세를 절세할 수 있을까요?

다주택자의 경우 일시적 2주택 등 비과세 특례 대상 주택이 아니라면 최종 1주택을 제외하고 양도소득세 부담을 피할 수는 없습니다.

그리고 다주택자가 조정대상지역에 있는 주택을 양도하는 경우에는 장기보유특별공제를 적용받지 못하고, 20%p(3주택자는 30%p)의 추가 세율이 적용되므로 양도소득세 부담이 크게 증가합니다. 따라서 중과 제외 대상 주택이 없다면 양도소득세를 부담하더라도 매매차익이 작은 주택을 먼저 양도하고 나머지 주택은 1주택 비과세를 적용받아야 절세가 가능합니다.

1주택 비과세를 적용받으려면 2년 이상 보유 조건(2017년 8월 3일 이후 조정대상지역 주택을 취득한 경우에는 2년 이상 거주)을 갖춰야 하는데, 2021년 이후 양도분부터는 다주택자

A.33 중과세 제외 대상 주택이 없다면 양도소득세를 부담하더라도 매매차익이 작은 주택을 먼저 양도하고 나머지 주택은 1주택 비과세를 적용받아야 절세가 가능합니다. 1주택 비과세를 적용받으려면 2년 이상 보유 요건을 갖춰야 하는데, 2021년 이후부터는 변경된 점을 잘 확인해야 합니다.

비과세 판단 시 주택 보유 기간 계산

구분	1주택이 된 날부터 적용	취득일부터 적용
최종 1주택	양도, 증여, 용도변경으로 1주택이 됨	세대 분리, 멸실로 1주택이 됨
최종 일시적 2주택	2021년 1월 1일 기준으로 조건 충족 X	2021년 1월 1일 기준으로 조건 충족 O

가 1주택자가 된 경우 보유 기간을 산정할 때 취득일이 아니라 1주택이 된 날부터 적용하는 것으로 변경된 점에 주의해야 합니다.

<mark>조정대상지역</mark>에서 1주택자가 이사 등으로 기존 주택 취득일로부터 1년이 경과한 후 신규 주택을 취득해 2주택자가 된 경우에는 신규 주택을 취득한 날로부터 1년 이내에 신규 주택으로 전입하고 기존 주택을 양도까지 하면 비과세를 적용받을 수 있습니다. 하지만 다주택자가 1주택자가 된 경우와 맞물려 2년 이내에 주택을 추가 보유하고 1년 이내에 전입과 양도를 동시에 충족하지 못한다면 비과세를 적용받지 못할 수 있습니다.

"하늘이 무너져도 솟아날 구멍이 있다"는 속담처럼 이런 경우에도 개정된 규정을 자세히 살펴보면 절세를 할 수 있습니다.

개정된 규정은 다주택에서 양도, 증여, 용도변경으로 1주택이 된 경우 적용하도록 명시하고 있기 때문에 세대 분리나 멸실로 1주택이 된 경우에는 적용하지 않을 수 있습니다. 이 경우 증여와 용도변경은 2021년 2월 17일 새롭게 추가됐기 때문에 그 이전에 처리됐다면 개정된 규정을 적용받지 않

조정대상지역
주택 가격상승률이 물가상승률의 2배 이상이거나, 청약 경쟁률이 5대 1 이상인 지역.

장기보유특별공제
소득세법에 따라 보유 기간이 3년 이상인 토지나 건물에 대해 양도소득 금액을 산정할 때 일정액을 공제해 양도소득세를 계산하는 제도.

최종 1주택에 대한 장기보유특별공제

80%

추가 2년 보유 비과세 요건과 별개로 1주택으로 보아 최대 80%의 장기보유특별공제 특례도 적용받을 수 있다.

습니다.

1주택이 된 후 추가 2년 보유 요건을 충족하지 못해 비과세를 적용받지 못하더라도 1주택자에 대한 장기보유특별공제 최대 80% 규정은 적용받을 수 있습니다.

<mark>장기보유특별공제</mark> 적용 시 보유 기간과 거주 기간을 산정할 때 '1주택이 된 날'부터가 아닌 '취득일'부터 적용하기 때문에 거주 기간이 긴 경우라면 세금 부담액이 크지 않아 걱정할 필요는 없습니다.

또한 5년 이상 거주한 건설임대주택, 공익사업에 수용되는 주택, 해외 이주나 해외 근무로 인해 출국일로부터 2년 이내에 양도하는 주택은 예외적으로 비과세 요건에 해당해 보유 및 거주 기간의 제한을 받지 않기 때문에 개정된 규정으로 인한 추가 2년 보유를 고민할 필요가 없습니다.

해당 규정은 2021년 1월 1일 이후 양도분부터 적용하고, 일시적 2주택 등 비과세 특례가 적용되는 경우에는 적용하지 않지만 다주택자가 1주택자가 된 이후 새롭게 취득해 비과세 특례 대상이 되면 적용해야 하는 등 다소 복잡하게 얽혀 있습니다.

2021년 1월 1일 이후 양도분부터 조건을 적용하는 규정과 관련해 기획재정부는 2021년 1월 1일 이후 다주택에서 1주택이 된 경우에만 개정된 규정을 적용하고, 최종 일시적 2주택은 2021년 1월 1일을 기준으로 비과세 특례 조건을 충족해야 개정된 규정을 미적용한다는 유권해석을 했다는 점도 참고하기 바랍니다.

빌딩을 팔 때 토지와 건물 가격을 구분하면 절세에 도움 되나?

CASE ; 보유 기간이 오래된 꼬마 빌딩을 팔라는 제안을 받았습니다. 빌딩을 팔 때 토지 가액과 건물 가액을 따로 구분해 계약하면 세부담에 도움이 된다고 하는데, 가액을 구분해 계약할 수 있는지, 정말 절세 효과가 있는지 궁금합니다.

많은 거래 사례에서 보더라도 토지와 건물을 함께 일괄 양도하는 경우 매매계약 시 토지와 건물을 하나의 가격으로 정해 총액으로 계약하는 것이 일반적이기는 합니다. 그러나 특별히 토지와 건물을 일괄 양도하는 경우이면서 양도가액을 토지와 건물로 명백하게 구분해 거래할 때는 원칙적으로 그 구분 가액에 의해 계산합니다. 반면 양도한 토지와 건물의 총 양도가액은 분명하지만 각각의 가액을 구분하지 않은 경우 또는 그 가액을 임의로 구분해 구분이 불분명한 것으로 보는 경우에는 적절한 양도가액의 안분이 필요합니다. 즉 세금 계산 시 원칙적으로 각각의 자산별로 양도가액을 구분해 양도하는 경우에는 구분 가액으로 세금을 계산하고, 불분명하거나 구분하지 않은 경우에는 양도가액과 취득가액을 안분

특정한 경우 구분 가액에 의한 계산이 가능합니다. 그러나 절세 효과가 있는지는 구분 계약의 실익 효과가 있는 경우를 따져봐야 합니다. 양도 물건인 토지와 건물의 취득 시기가 동일하고, 취득 당시 실지거래가액이 모두 확인되는 경우에는 가액을 각각 구분하더라도 양도소득세 차이가 발생하지 않기 때문입니다.

해 소득금액을 계산하고 합산해 세율을 적용하도록 돼 있습니다.

따라서 세금 계산상 안분계산이 아닌, 그 자체로 구분 계약의 실익이 있는 경우에는 구분 계약을 통한 절세가 가능합니다. 우선 어떤 경우에 특별히 구분 계약의 실익 효과가 있는지가 중요합니다. 양도 물건인 토지와 건물의 취득 시기가 동일하고, 취득 당시 <mark>실지거래가액</mark>이 모두 확인되는 경우에는 양도 계약 시 토지 가액과 건물 가액을 각각 구분하더라도 양도소득세 차이가 발생하지 않습니다. 왜냐하면 토지와 건물의 양도가액에 따라 각각의 양도차익은 달라지나, 총양도차익은 변하지 않고 동일하기 때문입니다. 또한 양도차익에서 적용받는 장기보유특별공제도 토지와 건물의 보유 기간이 동일하므로 각각의 장기보유특별공제액은 달라지나, 장기보유특별공제액 총액은 구분 계약 시와 동일한 결과가 되기 때문입니다.

즉 토지와 건물의 취득 시기가 다른 경우에는 보유 기간의 차이로 장기보유특별공제율 적용이 달라져 세금 차이가 납니다. 또 토지와 건물의 취득 당시 실지거래가액이 확인되지 않는 경우에는 환산 취득가액으로 취득가액을 계산해 양도차익을 계산하기 때문에 토지의 환산 취득가액과 건물의 환산 취득가액이 다르게 계산됩니다. 일반적으로 환산 취득가액은 기준시가 상승률에 의해 계산하는데, 토지 상승률보다는 건물 상승률이 낮게 계산돼 건물의 환산 취득가액이 높게 계산되는 경우가 많습니다. 이런 경우 건물 양도가액을 높게 구분하면 양도차익이 줄어드는 효과가 발생하고 양도소득세가 줄어듭니다.

반면 일괄 계약으로 양도한 경우에는 가액 구분이 불분명하기 때문에 양도가액을 안분해야 합니다. 이때의 기준은 부가가치세법 시행령 제28조에 따라 공급 시기가 속하는 과세기간의 직전 과세기간 개시일부터 공급 시기가 속하는 과세기간의 종료일까지 감정평가업자가 평가한 감정가액이 있는 경우에는 '감정가액'에 따라 안분하고, 감정가액이 없는 경우에는 공급 계약일 현재의 토지와 건물의 '기준시가'로 안분계산합니다.

유의할 사항으로는 토지와 건물을 함께 양도하면서 세금을 줄이기 위해 그 토지와 건물을 각각의 양도가액으로 구분 계약했는데, 그 구분 가액이 위에서 언급한 감정가액 또는 기준시가로 안분계산한 가액과 100분의 30 이상 차이가 나는 경우에는 토지와 건물의 가액 구분이 불분명한 것으로 의제하는 내용이 있습니다. 이런 경우에는 구분한 양도가액이 합리적이지 못하다고 보아 인정되지 않고 감정가액 또는 기준시가로 안분한 가액으로 세금 계산이 이뤄집니다.

납세의무자는 여러 가지 법률관계 중 하나를 선택할 수 있습니다. 따라서 거래하기 전에 토지와 건물을 구분 계약하는 경우 실익이 있는지를 우선 판단해보고, 실익이 있어 구분 계약을 한다면 거래가액이 감정가액이나 기준시가로 안분계산한 가액과 30% 미만으로 차이 나게 하는 것이 중요합니다.

토지 및 건물 계약 시 양도가액

자산별 양도가액 구분 계약	양도가액 일괄 계약
원칙 자산별로 구분 양도가액 인정	자산별 양도가액을 자산별 감정가액이나 기준시가로 안분계산
예외 구분 가액이 자산별 감정가액(기준시가)으로 안분계산한 가액과 30% 이상 차이 날 경우 안분계산 금액 적용	

실지거래가액
자산의 양도 또는 취득 당시에 양도자와 양수자가 실제로 거래한 가액으로, 해당 자산의 양도 또는 취득과 대가관계에 있는 금전과 그 밖의 재산 가액을 말한다.

토지 가액과 건물 가액 구분 계약 시 유의 사항

100분의 30 이상

감정가액 또는 기준시가로 안분계산한 가액과 100분의 30 이상 차이가 나는 경우에는 토지와 건물의 가액 구분이 불분명한 것으로 의제하는 내용이 있다.

SECTION 3 GENERATION *6070*

Q.35 보유하던 시골 부동산이 강제수용될 경우 절세 방법은?

CASE ; 오랫동안 살아온 지역이 공익사업으로 강제수용된다고 합니다. 강제로 땅을 뺏기는 경우라 세금은 안 내도 되는 줄 알았는데, 그것도 아니라고 합니다. 보유하던 시골 부동산이 이렇게 강제수용될 경우 절세 방법이 있나요?

공공주택지구나 주택재개발구역, 산업단지, 공원, 도로 등 공익 목적의 부동산개발이 필요한 경우 일명 토지보상법이라고 하는 '공익사업을 위한 토지 등의 취득 및 보상에 관한 법률'에 따라 사업인정 고시, 보상금액 산정 및 강제수용 등이 진행됩니다. 위 사례의 경우에는 강제수용이기 때문에 세금 감면 혜택이 일부 있기는 하지만, 기본적으로 부동산 수용 대가를 받기 때문에 양도소득세 납부 대상에 해당해 절세 전략을 검토해볼 필요가 있습니다. 먼저 세부담을 최소화하기 위해 양도 시기를 조절하는 방법이 있습니다.

1990년 이전에는 수용 시 100% 세액을 감면해주기도 했지만, 지금은 그 혜택이 크지 않으므로 강제수용에 의한 감면 이외에 적용받을 수 있는 세액 감면까지 고려해 최대한의 감면 혜택을 받는 것이 필요합니다. 수용되는 지역에서 적용받을 수 있

A.35 강제수용이기 때문에 세금 감면 혜택이 일부 있기는 하지만, 기본적으로 부동산 수용 대가를 받기 때문에 양도소득세 납부 대상에 해당해 절세 전략을 검토해볼 필요가 있습니다. 세부담을 최소화하기 위해 양도 시기를 조절하는 것도 방법 중 하나입니다.

토지보상법 진행 절차

1 보상 대상 토지 및 물건 현황 파악
2 보상 계획 공고
3 감정평가사 선정
4 보상금액 산정
5 수용 여부 협의
6 (협의불성립 시) 수용재결 신청
7 (재결 결과 불복 시) 법원 공탁 후 소유권 강제 이전
8 보상금액에 대한 이의신청 또는 행정소송

는 세액 감면은 크게 공익사업 수용 감면, 개발제한구역 감면, 자경농지 감면 등이 있으며, 감면 세액 합계액에 대해 1년간 1억원, 5년간 2억원의 한도액을 적용합니다. 따라서 감면 세액이 1억원을 초과하는 경우 일부는 보상 협의 신청을 하고, 일부는 수용재결 신청을 해 각각 다른 연도로 양도 시기를 결정하면 유리할 수 있습니다.

한편 양도소득세는 차익이 커질수록 높은 세율을 적용하는 누진세율 구조인데, 양도 시기가 나뉘면 높은 구간의 누진세율을 적용하는 매매차익이 분산돼 최대 7200만원의 절세 효과를 추가로 얻을 수 있습니다.

또 다른 절세 포인트는 부동산 취득 금액이 불분명해 환산 취득가액을 적용하는 경우입니다. 환산 취득가액은 실제 취득 금액이 현재 매매 금액으로 상승한 비율과 취득 시 공시가격이 양도 시 공시가격으로 상승한 비율이 동일하다는 논리로 취득 금액을 계산하는 방식입니다.

그런데 일반적 매매와 달리 강제수용 시 보상금액은 현재 시세를 반영하지 않고 보상 지역 결정 당시를 기준으로

수용 지역에 해당하는 감면

구분	유형별 감면율
공익사업 수용 감면	현금 보상(10%), 채권 보상(15%, 30%, 40%), 대토 보상(30%, 40%)
개발제한구역 감면	지정 전에 취득해 계속 거주한 경우(40%), 취득 후 20년 이상 계속 거주한 경우(25%)
자경농지 감면	8년 이상 재촌 자경(100%), 4년 이상 자경농지 조건부 감면(100%)

※ 감면 세액 합계가 1년 1억원, 5년 2억원 한도 적용. 단, 개발제한구역 감면은 5년 한도 미적용.

농어촌특별세
농업과 어업의 경쟁력을 강화하고, 농어촌 지역을 개발하며, 산업 기반 시설을 확충하는 데 필요한 재원을 마련하기 위해 거두는 세금.

자경
본인 소유의 농지에 직접 경작을 하는 것.

보상금액을 산정하기 때문에 '보상금액 산정 시 공시가격'을 '양도 시 공시가격'으로 적용하는 예외가 있습니다. 통상적으로 공시지가는 해마다 상승하기 때문에 이 예외를 적용하면 매매차익이 줄어듭니다.

마지막으로 직접 자경을 하기는 했지만 8년 이상의 조건을 갖추지 못해 자경농지 감면 100%가 아닌, 공익사업 수용 감면 10% 등을 받는 경우에도 절세 가능성이 숨어 있습니다. 양도소득세 감면 혜택을 받으면 감면 세액의 20%를 농어촌특별세로 납부하게 돼 있는데, 자경농지 감면을 받은 경우에는 농어촌특별세도 면제받을 수 있습니다. 양도소득세 감면의 경우 8년 이상의 조건을 갖춰야 하는 자경농지 감면과 달리 농어촌특별세 감면은 자경 기간이 정해져 있지 않아 혜택을 받을 수 있는데, 이 차이를 알고 있으면 절세 기회를 놓치지 않을 수 있습니다.

앞서 설명한 절세 방안들은 세무사라고 해도 수용으로 인한 양도소득세 신고를 자주 접해보지 못한 경우라면 실수하기 쉬운 항목이므로 꼼꼼히 검토해보는 것을 추천합니다.

SECTION 3 GENERATION *6070*

Q. 부동산 매각 후 증여와 증여 후 매각의 절세 차이는?

CASE ; 오래전 부모님께 상속받은 부동산을 매각할 예정입니다. 자녀들에게 경제적 지원도 해줘야 하고, 또 당시 제가 장남이라 동생들보다 더 많이 상속받은 부분도 있어 동생들에게도 매매대금 중 일부를 증여하려고 합니다. 이런 경우 절세 방법이 있는지 궁금합니다.

기본적으로 부동산을 매각한 후 현금으로 자녀와 동생들에게 증여하는 방법이 있지만, 매매계약 체결 직전 부동산 일부를 자녀와 동생들에게 증여하고 공동으로 매각해 현금을 수령하는 방법으로 동일한 효과를 얻으며 절세를 할 수도 있습니다.

양도소득세는 양도 금액과 취득 금액의 매매차익이 클수록 더 높은 세율이 적용되는 구조인데, 일반적으로 증여로 취득한 부동산은 증여재산 평가액이 취득 금액이 되므로 매매차익이 줄어드는 효과가 있습니다.

이런 방식으로 매매차익을 줄여 양도소득세 부담을 회피하는 경우를 방지하기 위해 이월 과세와 부당행위계산부인이라는 규정을 두고 있지만, 이 규정을 정확히 이해한다면 합법적 절세가 가능합니다.

먼저 동생들에게 증여하는 경우를

A. 동생들에게 증여하는 경우 부동산을 먼저 증여하고 공동으로 매각하면 양도소득세 없이 증여세만 부담하면 되므로 절세 효과를 얻을 수 있습니다. 또 결혼한 자녀들에게 증여를 고려한다면 사위나 며느리에게도 일정 금액을 분산 증여하는 것이 절세 측면에서는 더욱 유리합니다.

이월 과세와 부당행위계산부인의 비교

구분	이월 과세	부당행위계산부인
내용	• 증여자가 취득한 금액과 시기를 적용 • 증여세 산출 세액을 필요경비로 인정	• 증여자가 직접 양도한 것으로 적용 • 증여세는 부과 취소 후 환급
요건	• 배우자, 직계존비속에게 증여받고 5년 내 양도한 경우에 적용(단, 적용 후 세금이 감소하면 적용하지 않음)	• 친인척 등에게 증여하고 5년 내 양도해 현금을 돌려받는 등 허위 증여 시 적용(단, 적용 후 세금이 감소하면 적용하지 않음)

살펴보면 증여받은 금액과 매매 금액이 동일하므로 매매차익이 없어 양도소득세를 부담하지 않을 수 있습니다.

또한 친인척 등에게 증여한 후 5년 내 양도한 경우에 해당하므로 **부당행위계산부인** 규정 대상 여부를 검토해야 할 수도 있으나, 매매대금을 돌려받는 등 허위 증여가 아니라면 적용 대상이 아닙니다.

따라서 매매 후 현금으로 증여하면 양도소득세와 증여세를 모두 부담해야 하지만, 부동산을 먼저 증여하고 공동으로 매각하면 양도소득세 없이 증여세만 부담하면 되므로 절세 효과를 얻을 수 있습니다.

자녀들에게 증여할 때는 증여 후 5년 내 양도한 경우에 해당하므로 이월 과세 규정이 적용됩니다.

이런 경우 증여자의 취득 금액으로 매매차익을 계산해야 하므로 절세 효과가 없는 것으로 생각하기 쉽습니다. 하지만 양도소득세 계산 구조와 이월 과세 적용 내용을 꼼꼼히 살펴보면 이월 과세가 적용되더라도 절세 효과가 있음을 알 수 있습니다.

양도소득세 계산 구조상 매매차익이 클수록 높은 세율이 적용되는 누진세율 구조인데, 매매차익 합계액이 동일하더라도 증여 후 양도소득세 납세의무자가 여러 명이면 높은 구간의 누진세율을 적용하는 대상 금액이 분산되는 효과가 있습니다.

또한 이월 과세가 적용되더라도 증여세 산출 세액을 필요경비로 인정받을 수 있어 일부 매매차익이 줄어드는 효과가 있기 때문에 절세가 가능합니다.

부동산을 먼저 증여한 후 매매하는 방식의 절세 효과를 계산할 때는 현금 증여 대비 취득세를 더 부담해야 하는 점도 반영해야 하지만, 그럼에도 불구하고 절세 효과가 있는 경우가 더 많습니다.

그리고 같은 금액을 증여한다면 이월 과세가 적용될 수 있는 배우자나 직계존비속에게 증여하는 것보다 양도소득세를 부담하지 않을 수 있는 친인척에게 증여하는 것이 더 높은 절세 효과가 있기 때문에 결혼한 자녀들에게 증여를 고려한다면 사위나 며느리에게도 일정 금액을 분산 증여하는 것이 절세 측면에서는 더욱 유리하다는 점을 고려하면 좋습니다.

부당행위계산부인
세금을 부당하게 적게 내기 위한 기업들의 행위 또는 회계 처리에 대해 세무 당국이 이를 인정하지 않는 것을 말한다.

이월 과세와 부당행위계산부인

5년

배우자, 직계존비속에게 증여받고 5년 내 양도한 경우에 이월 과세를 적용하고, 친인척 등에게 증여하고 5년 내 양도해 현금을 돌려받는 등 허위 증여 시 부당행위계산부인을 적용한다.

SECTION 3 GENERATION *6070*

Q.
37
자녀와 합가하는 경우 소유 주택에 대한 비과세는?

CASE ; 남편이 사망한 후 1주택을 보유하며 혼자 살다가 큰아들 집과 딸 집으로 몇 차례 옮겨 살았습니다. 조만간 가까운 요양원으로 옮길 예정이라 자녀들이 소유한 1주택을 양도하거나 제 집을 양도하려고 하는데, 이 경우 비과세가 가능한지 궁금합니다.

부모님과 세대를 합가하는 이유는 크게 동거 봉양과 자녀 양육 문제로 나뉩니다. 먼저 동거 봉양은 부모님이 연로한 경우 장남이나 다른 자녀가 집으로 부모님을 모시면서 세대를 합가하는 형태이고, 반대로 어린아이가 있는 경우 부모님에게 공동 양육의 도움을 받기 위해 자녀가 부모님 집으로 들어오면서 세대를 합가하는 형태입니다.

세대를 합가하기 전에는 부모님과 자녀가 각각 1주택 소유자였으나 이러한 이유로 세대를 합침으로써 2주택이 된 경우 정책적 배려로 동거 봉양 합가에 따른 1세대 2주택 비과세 특례를 적용받을 수 있습니다. 1주택을 보유하고 1세대를 구성하는 자가 1주택을 보유하고 있는 60세 이상의 직계존속을 동거 봉양하기 위해 세대를 합침으로써 1세대가 2주택을 보유하

A.
37
몇 가지 구체적 요건이 충족된다면 비과세가 가능합니다. 우선 본인 또는 배우자의 직계존속이 '세대 합가일 현재' 만 60세 이상이라면 정책적 배려로 동거 봉양 합가에 따른 1세대 2주택 비과세 특례를 적용받을 수 있습니다. 그러나 10년의 양도 기한이 있기 때문에 세대 합가일을 잘 살펴봐야 합니다.

게 되는 경우 세대를 합친 날로부터 10년 이내에 먼저 양도하는 비과세 요건을 갖춘 주택은 이를 1세대 1주택으로 보아 비과세를 적용합니다.

이와 관련해 구체적 요건이 충족돼야 하는데, 우선 직계존속의 연령 요건입니다. 본인 또는 배우자의 직계존속이 '세대 합가일 현재' 만 60세 이상이어야 하며, 직계존속 중 어느 한 사람이 60세 미만이라도 특례 적용이 가능합니다. 그리고 60세 미만의 직계존속도 국민건강보험법에 따라 요양급여를 받는 중증질환자, 희귀 난치성질환자 또는 결핵환자 산정 특례 대상자로 등록되었거나 재등록된 자인 경우에는 가능합니다. 만약 직계존속이 모두 60세 미만인데 합가를 한 경우라면 동거 봉양 합가 특례는 적용되지 않지만, 2주택 중 신규 주택 취득일로부터 일시적 2주택 양도 기한 내에 기존 주택을 양도해 일시적 2주택 특례 요건이 충족되는지 여부를 검토해볼 수는 있습니다.

한편 10년의 양도 기한이 있기 때문에 세대 합가일이 중요합니다. 자녀와 직계존속이 분가와 합가를 반복하는 경우 세대 분리 및 재합가 사실이 실질적으로 부합하면 합가일은 '다시 세대를 합친 날'이 되나 세대 분리가 아닌 일시 퇴거에 불과하면 '당초 합가일'부터 기산하고, 여러 자녀가 순차적으로 봉양하는 경우에는 다시 해당 자녀와 합가한 날로부터 10년의 양도 기한을 판단합니다. 요양원에 입소할 경우에는 합가 상태에서 일시적 퇴거로 볼 것인지, 별도 세대로 분리된 것으로 볼 것

동거 봉양을 위한 세대 합가 시 비과세 특례

구분	내용
직계존속	직계존속(배우자의 직계존속도 포함)
직계존속 연령	60세(중증질환자, 희귀 난치성질환자 등 포함)
양도 주택	비과세 요건을 갖추고 합가일로부터 10년 이내에 주택 양도

비과세
국세청 등이 세금을 부과하는 과세권이 처음부터 없는 것으로, 세금 자체가 발생하지 않으므로 신고의 의무도 없다.

인지에 대해서는 생계를 같이하는 사정 여부 등에 따라 판단할 수 있습니다. 이때 주의할 점은 별도 세대였다가 합가한 경우로, 당초 본인이나 배우자가 그 직계존속의 세대원일 경우에는 특례를 적용받지 못합니다.

추가적으로 직계존속과 세대를 합가한 후 직계존속이 연로해 상속이 발생할 수 있습니다. 직계존속 세대의 주택이 상속된 경우 직계비속이 상속받은 주택을 양도하는 경우에는 동거 봉양 합가 특례가 적용되지 않고, 당초 본인 세대의 주택을 양도하는 경우에만 상속 주택 특례 적용이 가능합니다. 그리고 세대 합가일로부터 10년 이내에 양도하되 조정대상지역에 보유한 주택 중 비과세 요건을 충족하지 못한 상태에서 양도하는 경우에는 2주택 중과세 적용의 예외에 해당해 중과세율이 아닌 기본세율을 적용합니다.

한편 종합부동산세 측면에서는 동거 봉양을 위한 세대 합가 시 합가한 날로부터 10년 동안(합가한 당시는 60세 미만이었으나 합가한 후 과세기준일 현재 60세에 도달하는 경우에는 합가한 날로부터 10년의 기간 중에서 60세 이상인 기간 동안) 합가한 자를 각각 1세대로 보고 있습니다. 1세대 1주택인 경우 적용하는 추가 공제와 장기보유 특별공제 및 연령별 세액공제를 적용할 수 있습니다. 따라서 현재 부모님과 세대를 합가한 상태이거나 합가를 고려 중인 경우 구체적 관련 요건에 대한 이해를 바탕으로 양도 및 합가와 관련한 의사결정이 필요합니다.

SECTION 3 GENERATION *6070*

Q.38 자녀에게 낮은 가격에 아파트를 양도하면 문제 되나?

CASE ; 아파트 두 채 중 한 채를 아들에게 해당 아파트의 다른 거래 가격보다 조금 낮은 가격으로 양도했고, 양도소득세도 납부했습니다. 그런데 세무서로부터 아들에게 양도한 아파트 가격에 문제가 있다는 연락을 받았습니다. 무슨 문제가 있는 것인지 궁금합니다.

이 경우는 아버지와 아들이 아파트를 매매로 거래한 사례입니다. 부자간에도 매매거래는 당연히 가능합니다. 다만 세법상 아버지와 아들은 특수 관계자에 해당돼 여러 가지 규제가 있기 때문에 해당 거래가 온전히 인정받기 위해서는 갖춰야 할 요건이 있어 주의가 필요합니다. 자칫하면 세부담이 커질 수 있기 때문에 양도자와 양수자의 입장 모두 사전적으로 철저한 검토가 필요합니다.

첫 번째는 해당 거래가 매매냐, 증여냐의 문제입니다. 상속세 및 증여세법에서는 직계존비속과 배우자 간의 양도 거래는 증여로 추정하고 있습니다. 증여로 추정하는 것은 납세자가 매매거래임을 입증하지 못하면 증여로 보겠다는 의미로, 자금 거래를 수반한 매매거래임을 입증할 수 있어야 합니다.

두 번째는 아들의 취득 자금 원천에

A.38 특수관계자 간 거래에서 시가와 거래가액의 차액이 3억원 이상이거나 시가의 5% 이상 차이 나는 경우에 양도소득세 부담이 늘어날 수 있습니다. 위 사례의 경우 해당 아파트 사례 가액보다 조금 낮은 수준이 시가의 5%를 벗어났거나 사례 가액이 시가에 부합하지 않아 산정이 올바르지 못해 발생한 것일 수 있습니다.

대한 적정성 문제가 명확해야 합니다. 본인의 소득인지, 금융기관에서 대출을 받았는지 등 명확한 자금 출처가 있어야 하며, 직업이나 재산 수준을 보아 취득 능력이 없는 상태에서 취득한 경우에는 마찬가지로 취득 자금의 증여 추정에 해당돼 증여세가 과세될 수 있습니다.

세 번째는 양도 가격의 적정성 문제입니다. 특수관계자 간 거래에서 거래가액이 시가에 비해 지나치게 높거나 낮은 경우 고·저가 양도에 따른 증여에 해당할 수 있습니다. 그 기준은 시가와 거래가액이 시가의 30%와 3억원 중 적은 금액 이상으로 차이가 나면 그 이상 차이 나는 금액은 증여재산 가액이 됩니다. 예를 들면 시가 10억원짜리 아파트를 자녀에게 6억원에 양도할 경우 시가와 대가의 차이가 4억원이고, 시가의 30%와 3억원 중 적은 금액인 3억원과의 차이는 1억원입니다. 바로 이 1억원이 증여재산 가액입니다.

결과적으로 시가보다 고·저가로 거래하더라도 시가의 30%와 3억원 중 적은 금액 이상 차이가 나지 않는다면 증여세가 과세되지 않습니다. 양도자 입장에서는 매매거래로 인정받더라도 양도소득세 측면에서 고려해야 할 부분은 양도 가격입니다. 양도소득세는 특수관계자 간 거래에서 시가와 거래가액의 차액이 3억원 이상이거나 시가의 5% 이상 차이 나는 경우에는 조세부담을 부당하게 감소시켰다고 인정해 그 거래가액을 부인하고, 시가로 양도소득세를 계산해 양도소득세 부담

특수관계자 간 양도 거래 시 검토 사항

구분	내용
증여인지 양도인지 구분	자금 거래 수반 여부
취득 자금의 적정성	재산 취득 자금 증여 추정 여부
거래가액의 적정성	양도자는 양도소득세 부당행위계산부인 (시가의 5% 또는 3억원), 양수자는 저가 양수 시 증여 이익 과세 여부(시가의 30% 또는 3억원)

양도소득세
토지나 건물 등 부동산이나 부동산 분양권 또는 주식과 같은 자산에 대한 권리를 양도할 때 발생하는 소득에 대해 부과하는 세금을 말한다.

이 늘어날 수 있습니다.

위 사례의 경우 해당 아파트 사례 가액보다 조금 낮은 수준으로 거래했는데 문제가 됐다면 아마도 그 '조금 낮은 수준'이 시가의 5%를 벗어났다는 의미일 것입니다. 또는 시가로 생각한 사례 가액은 5%를 벗어나지 않았으나 사례 가액이 시가에 부합하지 않아 산정이 올바르지 못해 발생한 것일 수도 있습니다. 그렇다면 양수자의 자금 출처가 확인되는 경우 양도자와 양수자 모두를 만족시키는 적당한 가격 수준은 얼마가 좋을까요? 시가의 5% 미만 수준으로 낮게 양도한다면 양도자는 양도소득세 부담이 없고 양수자도 증여세 부담이 없지만, 그러면 효과가 너무 미미합니다. 이 경우 시가의 30% 수준에서 최대 3억원까지 낮은 가액으로 양도한다면 양도자는 시가의 5%를 벗어나기 때문에 양도소득세를 시가로 계산해야 하고, 양수자는 증여세가 부과되지 않는 수준까지 잘 활용할 수 있습니다.

양도자 입장에서는 시가의 30% 수준에서 최대 3억원까지 낮은 가액으로 양도하더라도 굉장히 효과적인 경우가 있습니다. 그 양도 대상이 1세대 1주택 비과세 대상이거나 감면 대상 부동산일 경우에는 양도가액을 시가로 계산하더라도 세부담이 없거나 낮은 수준이기 때문에 절세에 더 효과적일 수 있습니다. 참고로 아파트를 저가로 양수한 자녀 입장에서는 추후 양도 시 그만큼 양도차익이 커져 경우에 따라서는 양도소득세 부담이 늘어날 수 있음을 유의해야 합니다.

SECTION 3 CHECK POINT ⑤

황혼이혼과 재산분할 그리고 세금

SITUATION

얼마 전 대기업 임원으로 재직하다가 은퇴했습니다. 그런데 막내가 결혼하자마자 아내가 이혼을 요구합니다. 자식들 키우느라 아내도 힘들었겠지만, 치열하게 회사 생활하며 뒷바라지한 저는 인생이 허무할 지경입니다. 아내가 그동안의 가정생활 기여도를 주장하며 절반의 재산분할을 요구하는데, 재산분할 대상이 궁금합니다.

SOLUTION

원칙적으로 혼인 중에 부부가 공동으로 협력해 모은 재산은 재산분할 대상입니다. 채무도 대상이 되며, 판례에 따르면 이혼 당시 이미 수령한 퇴직금과 연금뿐 아니라 이혼 당시 아직 재직 중이어서 수령하지 않은 퇴직급여도 포함됩니다.

먼저 황혼이혼의 개념부터 알아보겠습니다. 황혼이혼은 사전적 의미로 '결혼 후 오랜 세월을 함께 살다가 나이가 들어 이혼하는 것'을 말합니다. 부부가 자녀를 낳아 다 성장시킨 후에 하는 이혼 유형으로서 보통 자녀가 사회에 진출할 때가 되면 부부의 나이는 50~60대가 되는데, 이후를 인생의 황혼기라고 하기에 이때 이혼하는 경우를 황혼이혼이라고 부릅니다.

통계청 '인구동향조사' 결과에 따르면 황혼이혼 부부가 결혼 후 4년 이내 이혼 부부의 수치를 앞질렀다고 합니다. 이 조사 결과에서도 알 수 있듯이 과거에는 젊은 부부들이 성격 차이로 이혼하는 경우가 대부분이었으나, 지금은 황혼이혼율이 젊은 부부의 이혼율을 앞지르는 상황에 이르렀습니다. 황혼이혼은 장기간 함께 살아온 부부의 이혼이기 때문에 결혼 생활 중 형성된 모든 재산은 명의를 불문하고 부부 공유라고 인식해왔을 가능성이 큽니다.

판례 또한 원칙적으로 혼인 중에 부부가 공동으로 협력해 모은 재산은 재산분할 대상이 되며, 부부 한쪽의 명의로 돼 있거나 제3자에게 명의신탁돼 있더라도 실제로 부부의 협력으로 획득한 재산이라면 재산분할 대상이 되는 것으로 보고 있습니다(대법원 1998년 4월 10일 선고 96므1434 판결).

재산분할 대상이 되지 않는 재산에는 어떤 것이 있을까요? 혼인 전부터 각자 소유하던 고유 재산이나 혼인 중에 부부 한쪽이 상속·증여·유증으로 취득한 재산이 대표적으로, 이러한 재산은 원칙적으로 재산분할 대상이 될 수 없습니다. 다만 이 경우에도 다른 한쪽이 그 특유재산의 유지와 증가를 위해 기여했다면 그 증가분에 대해서는 재산분할에 포함할 수 있습니다(대법원 1994년 5월 13일 선고 93므1020 판결).

재산분할 대상은 적극재산만이 아닌 소극재산, 즉 채무도 대상이 되며, 부부의 공동재산 형성에 따른 채무라면 한쪽 명의의 채무일지라도 재산분할 대상이 됩니다. 또한 판례에 따르면 이혼 당시 이미 수령한 퇴직금과 연금뿐 아니라 이혼 당시 아직 재직 중이어서 수령하지 않은 퇴직급여도 사실심 변론 종결 시를 기준으로 퇴직할 경우 수령할 수 있을 것으로 예상되는 퇴직급여 상당액의 채권을 대상으로 보고 있습니다(대법원 2014년 7월 16일 선고 2013므2250 판결).

재산분할은 재산이 분할되고 이전되는 과정이기 때문에 세부담도 고려해야 합니다. 또한 재산분할은 본질적으로 부부가 혼인 중에 협력해 형성한 공동재산을 나누는 것이라는 점에서 증여나 소득에 해당하지 않아 증여세나 소득세는 과세되지 않지만, 부동산 소유권을 이전받는 경우에는 취득에 따른 취득세 등 지방세가 부과됩니다.

양도소득세의 경우 재산분할은 양도와 대가적 관계에 있는 자산이라 할 수 없으므로 유상 양도에 포함되지 않아 양도소득세 과세 대상은 되지 않는다고 보고 있습니다. 다만 위자료로 재산이 이전되는 경우에는 양도소득세가 과세됩니다.

재산분할의 비율과 관련해 판례는 "부부의 협력이란 맞벌이만을 의미하는 것은 아니기 때문에 육아와 가사노동도 포함되는 점을 유의해야 하며, 재산분할의 비율 또는 액수는 당사자 쌍방의 협력으로 이룩한 재산의 액수 및 그 밖의 사정을 참작해 산정한다"고 판시하고 있습니다. 재산분할 청구권은 협의이혼과 재판이혼의 경우 모두 인정되며, 부부간에 재산분할에 관한 합의가 이루어지지 않으면 가정법원에 재산분할 심판을 청구할 수 있습니다.

적극재산
특정인에 속한 예금, 토지, 가옥 따위와 같이 금전적인 가치가 있는 재산권의 총체.

소극재산
자산의 한 부분이 되어 있는 부채.

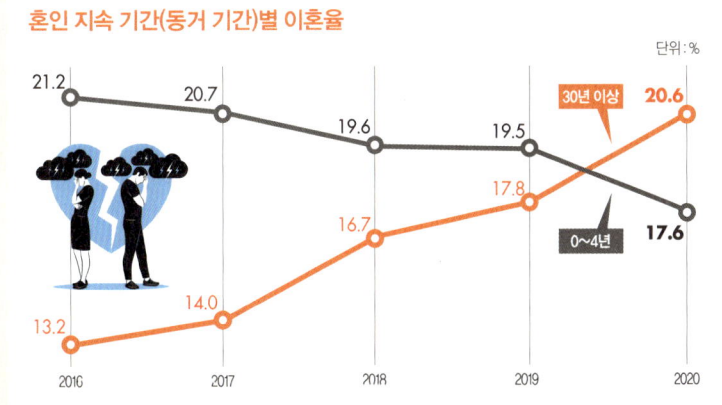

혼인 지속 기간(동거 기간)별 이혼율 (단위 : %)

자료 서울시, 통계청(2000~2020년 동안의 인구 동향 결과)

SECTION 3 *CHECK POINT* ⑯

토지 부동산 명의신탁 쟁점

SITUATION

최근 종중으로부터 오래전에 돌아가신 종중원인 아버지에게 명의신탁한 재산인 토지를 반환하라는 내용증명을 받았습니다. 이 경우 제가 종중에 돌려주어야 할 책임이 있는 건가요? 만약 돌려주지 않고 제가 이 땅을 처분할 경우 어떤 책임을 지게 되나요?

SOLUTION

질문자가 본인 명의로 소유권이전등기를 하고 임의로 처분한다면 원칙적으로는 제3자가 유효하게 소유권을 취득할 수 있습니다. 그러나 제3자가 명의수탁자의 배임행위에 적극적으로 가담했다면 명의수탁자와 제3자 간 거래는 무효가 될 수도 있으며, 종중은 명의수탁자를 횡령죄로 형사고소하는 등의 소송을 제기할 수 있습니다.

부동산 실권리자명의 등기에 관한 법률

제4조(명의신탁약정의 효력)
① 명의신탁약정은 무효로 한다.
② 명의신탁약정에 따른 등기로 이루어진 부동산에 관한 물권변동은 무효로 한다. 다만 부동산에 관한 물권을 취득하기 위한 계약에서 명의수탁자가 어느 한쪽 당사자가 되고 상대방 당사자는 명의신탁약정이 있다는 사실을 알지 못한 경우에는 그러하지 아니하다.
③ 제1항 및 제2항의 무효는 제3자에게 대항하지 못한다.

제8조(종중, 배우자 및 종교단체에 대한 특례)
다음 각 호의 어느 하나에 해당하는 경우로서 조세 포탈, 강제집행의 면탈(免脫) 또는 법령상 제한의 회피를 목적으로 하지 아니하는 경우에는 제4조부터 제7조까지 및 제12조 제1항부터 제3항까지를 적용하지 아니한다.
1. 종중(宗中)이 보유한 부동산에 관한 물권을 종중(종중과 그 대표자를 같이 표시해 등기한 경우를 포함한다) 외의 자의 명의로 등기한 경우
2. 배우자 명의로 부동산에 관한 물권을 등기한 경우
3. 종교단체의 명의로 그 산하 조직이 보유한 부동산에 관한 물권을 등기한 경우

부동산 명의신탁은 원칙적으로 금지되고 무효이므로 명의신탁약정에 따라 등기가 됐더라도 물권변동의 효력을 인정하지 않지만, 예외적으로 종중이나 부부간, 종교단체의 명의신탁은 조세 포탈 등의 목적이 아닌 한 유효성을 인정합니다. 명의신탁약정이 유효할 경우 신탁자는 이를 반환받기 위해 명의신탁약정을 해지하고 소유권이전등기 청구권을 행사할 수 있습니다.

종중원인 아버지와 종중 간의 명의신탁관계가 인정된다면 수탁자인 아버지가 사망했을지라도 아버지의 상속인인 질문자와 종중과의 관계에서 여전히 명의신탁약정이 유효하게 존속하고 있다고 봐야 할 것입니다(대법원 2013년 1월 24일 선고 2011다99498 판결).

따라서 명의신탁약정이 유효함을 전제로 종중은 종중 총회 결의를 거쳐 질문자에게 명의신탁 해지를 원인으로 부동산의 소유권이전등기 청구권 행사가 가능한 것입니다.

그런데 만약 질문자가 이를 반환하지 않고 처분한다면 어떻게 될까요? 명의수탁자는 대외적으로 등기명의인으로서 소유자이며, 질문자가 상속인으로서 상속을 원인으로 본인 명의로 소유권이전등기를 하고 제3자에게 처분하는 경우에는 원칙적으로 대외적 소유자인 질문자로부터 매수한 것으로 제3자가 유효하게 소유권을 취득하게 됩니다.

그러나 명의수탁자가 제3자에게 처분하는 경우 중 예외적으로 제3자가 유효하게 소유권을 취득할 수 없는 경우가 있습니다.

판례에 따르면 제3자가 명의수탁자의 배임행위에 적극적으로 가담한 경우 명의수탁자와 제3자 사이의 계약은 반사회적 법률행위로서 무효가 되기 때문에 제3자의 소유권이전등기도 무효가 되고, 종중은 제3자를 상대로 소유권이전등기의 말소청구 소송을 해 원상회복시킬 수 있다고 보고 있습니다(대법원 2008년 3월 27일 선고 2007다82875 판결). 또한 제3자가 유효하게 소유권을 취득한 경우 종중은 명의수탁자를 횡령죄로 형사고소할 수 있으며, 매매대금 상당의 손해배상청구소송을 제기할 수 있습니다.

그렇다면 구체적으로 제3자와 명의수탁자의 계약이 무효가 되는 경우는 어떤 경우를 말하는지 판례에서 살펴볼까요. 판례는 제3자와 명의수탁자의 계약 자체가 무효가 되기 위해서는 제3자가 명의수탁자의 배임행위에 적극 가담하는 행위를 하는 특별한 사정이 있는 경우로 한정하고 있습니다. 이때, 제3자가 명의수탁자의 배임행위에 적극 가담하는 행위란 수탁자가 단순히 등기명의만 수탁받았을 뿐 그 부동산을 처분할 권한이 없는 줄을 잘 알면서 명의수탁자에게 실질 소유자 몰래 신탁재산을 불법처분하도록 제3자가 적극적으로 요청하거나 유도하는 등의 행위를 의미한다고 보았습니다.
(대법원 1992.3.31. 선고 92다1148 판결, 대법원 1992.6.9. 선고 91다29842 판결 등 참조)

종중원
성(姓)이 같고 본(本)이 같은 한 성씨 집안의 일원.

종중
성(姓)이 같고 본(本)이 같은 한 겨레붙이의 문중. 쉽게 말하자면 같은 조상을 둔 자손들의 모임이다.

등기명의인
토지와 가옥에 관한 권리관계를 표시하는 부동산등기부상에 그 물권의 권리자로서 기재되어 있는 자를 말한다.

SECTION 3 *CHECK POINT* ⑰

주택 임대차 신고 제도

SITUATION

전세를 주고 있는 집의 계약을 갱신하려고 합니다. 갱신 시 전세금을 5% 증액하기로 임차인과 합의했습니다. 법이 개정돼 주택 임대차계약도 신고 의무가 있다고 하던데, 어떤 상황에서 어떻게 신고해야 하나요?

SOLUTION

수도권 전역과 광역시, 세종특별자치시 등 일부 지역에 한해 임대차계약상 보증금이 6000만원을 초과하거나 월 차임이 30만원을 초과하는 임대차계약의 경우 임대차계약 체결 시부터 30일 이내에 주택 소재지를 관할하는 신고 관청에 주택 임대차계약을 신고해야 합니다.

과거에도 부동산 매매계약을 체결하는 경우 거래 당사자 쌍방은 계약 체결일로부터 30일 이내에 부동산 소재지의 관할 시장, 군수 또는 구청장에게 부동산 거래 계약에 대해 신고해야 하는 의무가 있었습니다. 그런데 최근 '부동산 거래신고 등에 관한 법률'이 개정돼 2021년 6월 1일부터 체결하는 계약부터 임대차계약 당사자인 임대인과 임차인 모두 주택임대차보호법상 주택에 대해 일정 금액을 초과하는 임대차계약을 체결하는 경우 그 보증금 또는 차임 등 법에서 정한 사항을 임대차계약 체결 시부터 30일 이내에 주택 소재지를 관할하는 신고 관청에 신고해야 합니다.

임대차계약을 체결하는 경우 뿐만 아니라 임대차계약을 신고한 후 해당 주택 임대차계약의 보증금, 차임 등 임대차 가격이 변경되거나 임대차계약이 해제된 경우에도 위의 신고를 해야 합니다. 다만 계약을 갱신하는 경우로서 보증금 및 차임의 증감 없이 임대차 기간만 연장하는 계약(예를 들어 묵시적 갱신이나 계약갱신요구권 행사에 따른 갱신으로서 임대료 증감이 없는 갱신)은 신고 의무에서 제외하고 있습니다.

주택임대차보호법

주거용 건물의 임대차에 관해 민법에 특례를 규정함으로써 국민 주거생활의 안정을 보장하기 위해 정한 법률.

그런데 주택 임대차계약의 신고 의무는 모든 금액 또는 모든 지역에 적용되는 것은 아닙니다. 관련 법인 '부동산 거래신고 등에 관한 법률'에서 그 기준 금액과 지역을 정해놓고 있는데, 현행법 기준으로 임대차계약상 보증금이 6000만원을 초과하거나 월 차임이 30만원을 초과하는 임대차계약이고, 지역이 특별자치시 및 특별자치도 그리고 시·군(광역시 및 경기도의 관할 구역에 있는 군으로 한정)·구(자치구를 말함)인 경우에만 위의 신고 의무를 적용합니다.

주택 임대차계약 신고 방법

그럼 어떻게 신고하면 될까요? 신고 방법은 신고 대상자(임대인, 임차인)가 임대차계약 체결일로부터 30일 이내에 임차 주택 소재지 관할 주민센터를 방문하거나 온라인(부동산거래관리시스템 rtms.molit.go.kr)으로 신고할 수 있습니다.

참고로 다른 법에서 정한 절차를 이행하는 경우 위의 신고 의무가 일부 면제될 수도 있습니다. 즉 임차인이 '주민등록법'에 따라 전입신고를 하는 경우 '부동산 거래신고 등에 관한 법률'에 따른 주택 임대차계약의 신고를 한 것으로 보고 있으며, '공공주택 특별법'에 따른 공공주택 사업자와 '민간임대주택에 관한 특별법'에 따른 임대 사업자는 관련 법령에 따른 주택 임대차계약의 신고 또는 변경 신고를 하는 경우 '부동산 거래신고 등에 관한 법률'에 따른 주택 임대차계약의 신고 또는 변경 신고를 한 것으로 보고

주택 임대차계약의
체결·변경·해지에 관한 신고는
당사자 쌍방이 해야 하지만,
임대인과 임차인 중 일방이
신고를 거부하는 경우에는
단독으로 할 수 있습니다.

민간임대주택
일정한 보증금과 월 임대료를 받고 임대해주는 민간 소유의 주택 또는 아파트.

주택 임대차계약의 신고 의무
6000만원
현행법 기준으로 임대차계약상 보증금이 6000만원을 초과하거나 월 차임이 30만원을 초과하는 임대차계약이고, 지역이 특별자치시 및 특별자치도 그리고 시·군(광역시 및 경기도의 관할 구역에 있는 군으로 한정)·구(자치구를 말함)인 경우에만 신고 의무를 적용한다.

있습니다('부동산 거래신고 등에 관한 법률'과는 달리 '민간임대주택에 관한 특별법'상 임대사업자는 임대료 변경이 없는 갱신의 경우에도 '민간임대주택'에 관한 특별법'상의 변경 신고를 반드시 해야 한다는 점에 주의해야 합니다).

또한 주택 임대차계약의 신고 접수를 완료한 경우에는 '주택임대차보호법' 제3조의6 제1항에 따른 확정일자를 부여한 것으로 보고(임대차계약서를 제출한 경우로 한정) 있습니다.

마지막으로 위의 신고 의무를 이행하지 않는 경우 어떤 불이익이 있을까요? 주택 임대차계약의 체결·변경·해지에 관한 신고는 당사자 쌍방이 해야 하지만, 임대인과 임차인 중 일방이 신고를 거부하는 경우에는 단독으로 할 수 있습니다.

이때 공동 신고를 거부한 당사자 또는 신고를 하지 않거나 거짓 신고를 한 당사자에게 100만원 이하의 과태료가 부과되므로 주의해야 합니다. 단, 현재 법 시행에도 불구하고 제도의 안정적 정착을 위해 과태료 부과는 2022년 5월 31일까지 유예하고 있습니다.

위 사례의 경우 임대인과 임차인이 주택에 대해 보증금이 변동되는 갱신계약을 2021년 6월 1일 이후 체결(별도 계약서를 쓰지 않더라도 갱신 시기가 2021년 6월 1일 이후인 경우 포함)한 경우로, 법에서 정한 지역에 해당하고 일정 금액 이상의 임대차인 경우라면 갱신된 날로부터 30일 이내에 해당 신고 관청에 공동으로 신고해야 합니다.

SECTION 3 CHECK POINT ⑱

가족의 동거 봉양과 기여분 제도

SITUATION
재혼하신 아버지가 유언 없이 돌아가셨습니다. 상속재산을 분할하는 과정에서 새어머니는 거동이 어려운 아버지와 몇 년간 동거하며 병간호를 했다는 이유로 법정상속분보다 더 많은 비율의 상속분을 요구하며 거주하고 있는 집을 받겠다고 주장합니다.

SOLUTION
부부 사이의 상호 부양의무는 혼인 관계의 본질적 의무이기 때문에 기여분 결정 청구에서 배척된 판례가 있습니다. 새어머니가 기여분을 인정받기 위해서는 동거·간호에 따른 부양 비용의 부담 주체 등 특별한 부양임을 입증할 수 있는 사항을 준비해야 합니다.

기여분이라는 용어 자체가 조금 생소할 수 있습니다. 민법은 제1008조의2에서 기여분이 무엇인지 정하고 있습니다. 민법상 공동상속인 중 상당한 기간 동안 동거, 간호, 그 밖의 방법으로 피상속인을 특별히 부양하거나 피상속인의 재산 유지 또는 증가에 특별히 기여할 것을 요건으로 하며, 공동상속인 간에 협의가 되지 않는 경우 가정법원은 기여 시기, 방법 및 정도와 상속재산의 금액, 기타 사정을 참작해 기여분을 정한다고 규정하고 있습니다.
즉 공동상속인 중 <mark>기여분</mark>을 인정받기 위해서는 특별한 부양을 했거나 재산

기여분
공동상속인 가운데 피상속인의 재산 유지나 증가에 대해 특별히 기여했거나 피상속인을 부양한 사람이 있는 경우 그 사람에게 기여한 만큼의 재산을 가산해 상속분을 인정하는 제도.

유지 및 증가에 특별한 기여를 했어야 합니다. 민법상 부부는 동거하며 서로 부양하고 협조해야 한다고 규정하고 있습니다. 이러한 부부 사이의 상호 부양의무는 혼인 관계의 본질적 의무이기 때문에 1차적 부양의무로 봅니다. 즉 부양의무자는 부양받을 자의 생활을 부양의무자의 생활과 같은 정도로 보장해 부부 공동생활을 유지할 수 있게 해야 합니다. 반면 성년인 자녀가 부모에 대해 직계혈족으로서 부담하는 부양의무는 2차적 부양의무이기 때문에 부양의무자가 본인의 사회적 지위에 상응하는 생활을 하면서 생활

부양의무의 근거 조문

부부
민법 제826조 ① 부부는 동거하며 서로 부양하고 협조하여야 한다.

직계비속
민법 제974조 부양의무
다음 각 호의 친족은 서로 부양의 의무가 있다. 1. 직계혈족 및 그 배우자 간

에 여유가 있음을 전제로 피부양자가 자력 또는 근로에 의해 생활을 유지할 수 없는 경우에 한해 피부양자의 생활을 지원하는 것을 내용으로 합니다.

따라서 기여분을 인정받기 위한 특별한 부양은 법률상 부양의무 범위에서 법적 의무의 이행으로 이루어지는 것을 의미하는 것이 아니며, 부양의무의 성격상 1차적 <mark>부양의무자</mark>인 배우자에게는 더 높은 정도의 동거 및 부양의무를 부담시키는 것입니다.

대법원은 배우자가 장기간 피상속인과 동거하면서 피상속인을 간호한 경우 민법 제1008조의2의 해석상 "배우자의 동거·간호가 부부 사이의 제1차 부양의무 이행을 넘어 '특별한 부양'에 이르는지 여부와 더불어 동거·간호의 시기와 방법 및 정도뿐 아니라 동거·간호에 따른 부양 비용의 부담 주체, 상속재산의 규모와 배우자에 대한 특별수익액, 다른 공동상속인 수와 배우자의 법정상속분 등 일체의 사정을 종합적으로 고려해 공동상속인들 사이의 실질적 공평을 도모하기 위해 배우자의 상속분을 조정할 필요성이 인정되는지 여부를 가려 기여분 인정 여부와 그 정도를 판단해야 한다"고 판결했습니다.

부양의무자
가족을 부양할 의무가 있는 사람.

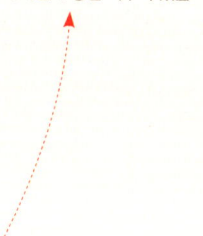

1차적 부양의무와 2차적 부양의무 비교

1차적 부양의무

부모의 미성년 자녀에 대한 부양의무와 부부간 상호 부양의무

부양의무자의 경제 상황과 상관없이 해야 하는 부양

2차적 부양의무

성년 자녀의 부모에 대한 부양의무

부양의무자가 본인의 사회적 지위에 상응하는 생활을 하면서 생활에 여유가 있음을 전제로 부양의무자가 생활을 유지할 수 있는 정도의 부양

실제로 위 대법원 판례에서는 병환 중일 때 동거하면서 간호한 사실이 인정되나 통상 부부로서 부양의무를 이행한 정도에 불과하다고 보아 기여분 결정 청구를 배척했습니다.

특정물로 기여분 정할 수 없어

본 사례의 경우에도 새어머니의 기여분이 인정되기 위해서는 돌아가시기 전 몇 년간 동거하며 간호했다는 사정 외에 '특별한 부양'에 이르는지 여부와 더불어 동거·간호의 시기와 방법 및 정도뿐 아니라 동거·간호에 따른 부양 비용의 부담 주체, 상속재산의 규모와 배우자에 대한 특별수익액, 다른 공동상속인 수와 배우자의 법정상속분 등 일체의 사정을 종합적으로 고려할 수 있습니다.

특히 새어머니의 경우 기여분으로 거주 주택을 특정해 이전받을 것을 주장하고 있는데, 기여분 산정은 비율이나 가액으로 하기 때문에 특정물로 기여분을 정할 수 없는 것이 원칙입니다. 다만 공동상속인들 사이에 협의로 기여분을 인정해 특정물을 기여분으로 정해 협의하는 것은 가능하지만, 협의가 이루어지지 않은 경우라면 특정한 상속재산을 취득하게 하는 것은 상속재산분할의 문제이지 기여분 그 자체가 상속재산 취득 원인이 되는 것은 아니므로 특정한 상속재산을 기여분으로 정할 수 없음을 유의해야 합니다. 따라서 새어머니의 기여분이 인정된다 하더라도 협의가 되지 않는 이상은 거주 주택을 특정해 기여분으로 받는 것은 어렵다고 볼 수 있습니다.

SECTION 3 *GENERATION 6070*

Q.
부동산을 상속받을 경우 상속세 절세 방법은?

CASE ; 저희 부모님의 재산 대부분이 부동산에 몰려 있습니다. 먼 훗날 부모님이 돌아가신 후 상속을 받게 되면 상속세를 내기 위해 부동산을 헐값에 처분하게 될까 봐 걱정이 앞섭니다. 상속세 절세를 위한 좋은 방법이 없을까요?

상속세는 상속일로부터 6개월째 되는 달의 말일까지 신고하고 납부해야 하는데, 일반적으로 납부 기한을 넘기면 연 8.03%로 연체이자 성격의 가산세까지 부담해야 합니다. 그렇기 때문에 재산에서 부동산이 차지하는 비중이 높은 경우에는 상속세 납부 재원을 마련하기 위해 상속 전후로 부동산을 처분할 수밖에 없는 것이 현실입니다. 하지만 상속세에 대한 충분한 검토 없이 매매부터 한다면 예상치 못한 손해를 볼 수 있기 때문에 상속세 납부 방법과 상속재산 평가 기준, 부동산 매매 시 양도소득세 부담에 대해 충분히 검토하고 활용하는 것이 좋습니다.

상속세 납부 방법으로는 현금 대신 부동산 등 재산으로 납부하는 물납도 있으며, 일시 납부가 아닌 최대 10년간 이자를 부담하며 할부로 납부하

A. 상속세는 최대 10년간 이자를 부담하며 할부로 납부하는 연부연납도 가능합니다. 또 높은 세율의 상속세율이 적용되는 경우에는 매매가격이 시가가 되지 않도록 매매 시기를 조절하거나 감정평가액 또는 기준시가로 재산 평가액을 적용하는 것이 상속세 절세에 유리합니다.

상속세의 연부연납과 물납 비교

구분	연부연납	물납
신청 요건	납세담보를 제공해야 하며, 금전이나 납세보증서로 제공 시 자동 승인 간주	상속재산 중 부동산 비중이 50% 이상이고, 상속세가 금융 재산 상속액보다 클 것
적용 효과	최대 10년 연납 가능(가산이자율, 1.2%)	부동산 등 재산 평가액으로 납부 인정

기준시가 대비 평가 증가액의 상속세 및 양도소득세 부담 영향

평가 기준	기준시가 대비 증가액	상속세 부담	양도소득세 부담
기준시가	0	상속세율만큼 세부담 증가 (10~50%)	실효 양도소득세율 만큼 세부담 감소(6~45%)
감정평가	20		
시가	40		

매차익이 큰 부동산의 매매가액이 100이라면 양도소득세 부담액은 30 정도되고, 세금 납부 후 현금 70을 상속하면 최고세율 기준 35의 상속세를 부담해야 합니다. 그러면 세후에 남는 금액은 35에 불과합니다. 반면 부동산을 100에 상속받으면 최고세율 기준 상속세를 50 부담해야 하지만, 상속 금액과 매매 금액의 차이가 없으면 양도소득세를 부담하지 않아도 되기 때문에 상속받아 매매한 후 남는 금액은 50이 될 수 있기 때문입니다.

상속재산 평가액은 일정 기간 이내의 매매가격과 감정평가액 등 시가를 우선 적용하며, 시가 해당액이 없는 경우에는 기준시가를 적용합니다. 상황에 따라 다르겠지만, 시가를 100으로 보면 감정평가액은 80, 기준시가는 60 정도로 볼 수 있으며, 고가의 비주거용 부동산은 국세청이 직접 감정평가를 의뢰해 시가로 사용할 수도 있습니다.

높은 세율의 상속세율이 적용되는 경우에는 매매가격이 시가가 되지 않도록 매매 시기를 조절하거나 감정평가액 또는 기준시가로 재산 평가액을 적용하는 것이 향후 양도소득세 부담이 늘어나더라도 당장 그보다 더 큰 금액의 상속세가 절세되므로 유리합니다.

한편 상속세 납부 재원이 부족하고 매매가 어려운 부동산이 있다면 기준시가보다 더 큰 감정평가액으로 평가하고 물납을 신청해 납부하는 것이 더 유리할 수 있습니다.

는 연부연납도 가능합니다. 따라서 연부연납을 활용하면 헐값에 급매하지 않아도 됩니다.

연부연납을 적용받으려면 상속세 신고 기한까지 세무서장에게 신청해 허가를 받아야 하고, 납부 예정 세액의 110~120%에 해당하는 납세 담보도 제공해야 합니다.

납세 담보는 금전, 국채 및 지방채, 납세 보증보험증권, 납세보증서, 부동산이 가능하고, 부동산을 제외한 항목은 담보를 제공할 때 연부연납이 자동적으로 승인됩니다.

현금 대신 상속재산으로 직접 납부하는 '물납'도 세무서로부터 승인받아야 합니다. 물납은 상속세가 2000만원이 넘고 상속세 총액이 물려받은 금융재산보다 많아야 하며, 상속재산 중 부동산과 유가증권 가액이 50% 이상인 경우 신청할 수 있습니다.

상속 전에 여유를 가지고 제값에 매매하는 것도 절세 측면에서는 유리하지 않을 수 있습니다. 오래 보유해 매

연부연납
조세의 일부를 법정 신고 기한을 경과해서 납부할 수 있도록 그 기간을 연장해주는 연납의 한 종류로, 조세를 장기간에 걸쳐 나누어 납부할 수 있다.

물납
조세를 금전 이외의 것으로 납부하는 일.

SECTION 3 GENERATION *6070*

Q.₄₀ 농지를 양도할 경우 절세 방법은?

CASE ; 원래 농사를 짓다가 현재는 다른 곳에서 요양 중입니다. 최근 농지를 팔라는 제안을 받았는데, 비사업용 토지와 자경농지의 세금 감면 혜택과 그 차이가 궁금합니다.

토지를 그 목적에 맞지 않는 용도로 사용하는 경우에는 비사업용 토지로 분류하고, 10%p의 추가 세율을 부담하는 불이익을 받습니다. 그리고 농지는 헌법에 명시된 '경자유전(耕者有田)의 원칙'에 따른 자경농 육성 지원의 일환으로 일정 요건을 충족하면 세금 감면 혜택을 받을 수도 있습니다.

농지의 경우 목적에 맞게 사용했는지는 재촌 자경한 기간을 기준으로 판정합니다. 재촌 자경한 기간이 ① 양도일 직전 3년 중 2년 이상, ② 양도일 직전 5년 중 3년 이상, ③ 보유 기간의 50% 이상 중 어느 하나에 해당되면 사업용 토지로 보아 불이익이 없지만, 어느 하나라도 충족하지 못하면 10%p의 추가 세금을 부담해야 합니다. 따라서 위 사례의 경우에는 과거 재촌 자경 기간이 농지 보유 기간의

A.₄₀ 위 사례의 경우 과거 재촌 자경 기간이 농지 보유 기간의 50%에 미달한다면 비사업용 토지에 해당해 세부담이 증가할 수 있습니다. 하지만 양도일 현재 농지로, 일정 기간 동안 재촌 자경하면 양도소득세의 100%를 일정 한도 내에서 적용받을 수 있습니다.

50%에 미달한다면 비사업용 토지에 해당해 세부담이 증가할 수 있습니다. 하지만 일정한 자경농지 감면 요건을 갖춘 경우에는 양도소득세를 100% 감면받을 수 있습니다. 비사업용 토지에 해당하는 경우에도 자경농지 감면을 적용받을 수 있는데, 이는 비사업용 토지 중과세와 자경농지 감면 요건의 자경 기간 산정 기준이 다르기 때문입니다. 자경농지 세액 감면은 ① 양도일 현재 농지로, ② 일정 기간 동안 재촌 자경하면, ③ 양도소득세의 100%를 일정 한도 내에서 적용받을 수 있습니다.

좀 더 구체적으로 살펴보면 양도일 현재 농지여야 하므로 과거에 농지였으나 현재는 농지가 아니라면 적용받지 못합니다. 또한 공부상 지목이 아닌 실제 사용 용도가 농지여야 하며, 농지 소재지가 읍·면 지역을 제외하고 주거·상업·공업지역에 편입된 지 3년이 경과하면 감면 대상에서 제외됩니다.

재촌 자경 기간은 보유 기간 전체를 통산해 8년 이상을 충족하면 되므로 중간에 자경을 하지 않았더라도 요건을 충족할 수 있습니다. 또한 경영 이양 보조금 지급 대상이 되는 농지를 한국농어촌공사 또는 농업법인에 양도하는 경우라면 8년이 아닌 3년만 충족하면 됩니다. 그리고 직접 자경을 했더라도 사업소득 금액과 총급여액의 합계가 3700만원 이상인 연도나 사업소득의 총수입금액이 복식부기 의무 기준 금액을 초과하는 연도가 있다면 해당 연도는 자경 기간

재촌 자경

재촌	자경
동일 또는 연접 시·군·구에 거주	농작물 등 경작에 상시 종사
직선거리 30km 이내 거주	농작업의 2분의 1 이상을 본인의 노동력으로 경작

자경농지 양도소득세 감면 요건

감면 요건	주요 내용
양도일 현재 농지로	실제 사용 용도 기준 농지 소재지가 읍·면을 제외하고 주거·상업·공업 지역에 편입 후 3년이 경과한 경우는 제외
일정 기간 동안 재촌 자경하면	소유 기간 중 통산해 8년 이상. 농어촌공사 등에 양도 시 3년 이상
	사업소득 금액과 총급여액 합계가 3700만원 이상인 기간에서 제외
	상속 후 3년 이내 양도, 상속인이 1년 이상 재촌 자경 시 피상속인 기간 합산
양도소득세 세액 감면	100% 세액 감면. 단, 1년간 1억원, 5년간 2억원 한도 적용

농지를 상속받은 경우라면 상속 후 3년 이내에 양도하는 경우와 3년이 지나 양도하더라도 상속인이 1년 이상 재촌 자경을 한 경우에는 피상속인의 재촌 자경 기간을 합산해 자경농지 감면 요건을 적용받을 수 있습니다.

서 제외됩니다.

한편 농지를 상속받은 경우라면 상속 후 3년 이내에 양도하는 경우와 3년이 지나 양도하더라도 상속인이 1년 이상 재촌 자경을 한 경우에는 피상속인의 재촌 자경 기간을 합산해 자경농지 감면 요건을 적용받을 수 있습니다. 또한 양도소득세 세액 감면율은 100%가 적용되지만, 1년 이내의 감면 세액 합계 1억원, 5년간의 감면 세액 합계 2억원 한도 내에서만 감면이 가능합니다.

따라서 농지 양도 금액이 커 감면을 받아도 납부할 세액이 있다면 한 해 동안 한꺼번에 양도하지 말고 여러 필지 중 일부만 양도하거나, 하나의 필지인 경우 일부 지분만 양도하는 방식으로 연도를 분산해 양도한다면 양도소득세를 최대 2억원까지 감면받아 절세할 수 있습니다.

SECTION 3 *GENERATION 6070*

시골 농지, 상속과 증여 중 뭐가 유리할까?

CASE; 칠십 평생을 농사만 짓고 살았습니다. 이제 자녀들에게 소유하고 있는 농지를 나눠줄 생각인데, 나중에라도 농사를 짓지는 않을 것 같습니다. 절세 측면에서 지금 증여하는 게 나을까요, 상속하는 게 좋을까요?

우선 상속세 측면에서 미리 주는 증여가 절세에 도움이 되는지 여부를 고려해봐야 합니다. 세금 측면에서 상속세와 증여세는 세율은 동일하지만 공제 금액과 과세 방식에 차이가 있기 때문입니다.

증여 없이 상속을 하는 경우에는 최종적으로 상속세를 부담해야 하므로 증여세는 상속세를 미리 내는 의미입니다. 따라서 상속세가 나오지 않거나 상속세와 증여세가 동일하다면 증여를 통한 증여세를 미리 낼 필요성은 적을 것입니다. 그러나 상속재산이 일정 규모 이상이어서 상속 공제를 하더라도 상속세가 나온다면 미리 사전 증여를 통한 상속세 절세가 가능한지 여부를 검토해야 합니다.

상속세 과세는 상속 개시일 전 상속인에 대한 10년 이내의 증여와 상속인 외의 자에 대한 5년 이내의 증여를 증여 당시 재산 가액으로 상속재산에 합산해 상속세로 과세하고, 증여 시

 상속이냐 증여냐의 여부는 부모님 입장과 세금 효과 측면 등을 복합적으로 고려해 의사결정할 사안입니다. 각각의 사정에 따라 양도소득세 측면에서 감면 내지는 비사업용 토지 해당 여부가 달라질 수 있기 때문에 이 부분은 전문가의 검토가 꼭 필요합니다.

납부한 증여세를 공제해 계산하고 있습니다. 이러한 과세 방식으로 인해 자녀인 상속인 입장에서는 증여받은 후 부모님이 10년 이내에 돌아가시는 경우 본질적으로는 상속세를 줄이지 못하는 결과가 되는 것입니다. 단, 상속세 계산상 재산평가 가액이 증여 당시 가액으로 조금 낮게 평가될 수는 있습니다. 즉 상속세 측면에서 증여의 실익 여부는 부모님의 재산 규모와 연령 그리고 건강 상태가 판단하는 데 중요한 기준이 됩니다. 다만 법 개정을 통해 상속세가 유산 취득세로 전환되는 경우에는 현재와 달리 판단이 필요할 수 있습니다.

다음으로 고려할 사항은 부모님이 평생 시골에서 재촌 자경한 농지를 증여 또는 상속받은 이후 자녀가 양도할 경우의 양도소득세 측면에서 유불리입니다. 증여 또는 상속 시 농지가 개별공시지가로 평가되는 경우에는 자녀가 향후 시세 기준으로 양도할 때 양도차익이 다소 발생할 것으로 예상할 수 있습니다. 부모님이 8년 이상 재촌 자경한 농지이므로 상속받는 경우에는 상속일로부터 3년 이내에 양도할 때 상속인의 재촌 자경과 관계없이 양도소득세를 1년에 1억원까지 감면받을 수 있습니다. 상속일로부터 3년 경과 시에는 상속인이 1년 이상 재촌 자경하고 양도하는 경우라면 1년에 1억원까지 양도소득세 감면이 가능합니다. 반면 증여받는 경우에는 증여일로부터 자녀가 직접 8년 이상 재촌 자경한 경우에만 양도소득세를 1년에 1억원까지 감면받을 수 있어 상

8년 이상 재촌 자경한 농지의 상속과 증여

구분	상속	증여
8년 자경 감면	상속일로부터 3년 이내 양도 시 또는 3년 경과 후 1년 이상 재촌 자경하고 양도 시 감면	증여일로부터 8년 이상 수증자가 재촌 자경하는 경우 감면
비사업용 토지	사업용 토지(양도 당시 주거·상업·공업지역은 제외)	

사업용 토지에 해당하는 경우

부모님이 8년 이상 재촌 자경한 농지를 상속 또는 증여받아 양도하는 경우 양도 당시 도시 지역(주거·상업·공업지역)에 편입되지 않은 상태라면 양도 시기에 관계없이 사업용 토지에 해당돼 상속과 증여의 차이가 없다.

상속재산 가액
상속받은 재산의 가치 총액.

속과는 차이가 있습니다. 양도소득세 8년 자경 감면 규정 적용 측면에서는 상속이 증여보다 유리하다고 판단됩니다. 사업용 토지냐 비사업용 토지냐 여부에서 살펴보면 직계존속인 부모님이 8년 이상 재촌 자경한 농지를 상속 또는 증여받아 양도하는 경우 양도 당시 도시 지역(주거·상업·공업지역)에 편입되지 않은 상태라면 양도 시기에 관계없이 사업용 토지에 해당돼 상속과 증여의 차이가 없습니다. 상속이냐 증여냐의 여부는 부모님 입장과 세금 효과 측면 등을 복합적으로 고려해 의사결정할 사안입니다. ==상속 재산 가액==이 많아 사전 증여를 통한 상속세 절세 효과가 클 수도 있고, 증여를 통한 상속세 절세 효과는 미미하지만 상속 후 양도소득세 감면 효과가 클 수도 있습니다. 또 경우에 따라서는 부모님이 농사를 지으며 거주하고 있지만 8년의 기간 요건을 채우지 못할 수도 있고, 해당 농지가 도시 지역으로 편입된 경우도 있을 수 있습니다. 각각의 사정에 따라 양도소득세 측면에서 감면 내지는 비사업용 토지 해당 여부가 달라질 수 있기 때문에 이 부분은 전문가의 검토가 꼭 필요합니다.

SECTION 3 GENERATION *6070*

Q.42 배우자나 직계비속 등에게 증여할 경우 절세법은?

CASE ; 이번에 처음으로 자녀들에게 5000만원씩 증여했습니다. 앞으로 10년간은 증여하지 않는 게 좋다고 하는데, 증여세를 내지 않고 추가 증여하는 방법은 없을까요?

증여재산 공제는 가족에게 일정 재산을 아무 대가 없이 주었을 경우에도 세금을 내지 않을 수 있는 한도입니다. 여기서 잠깐 증여가 아니라고 흔히들 오해하는 몇 가지 사례를 살펴보고 넘어가겠습니다. 생활비나 용돈, 교육비 등에 대해서는 증여가 아니라 세금이 부과되지 않는다고 생각합니다. 그러나 이것은 통상적으로 부담해야 하는 지출에 한해 좁게 해석하는 것이 맞습니다. 예를 들어 부모가 자녀의 교육비를 부담하는 것은 증여가 아니지만, 조부모가 손자녀의 교육비를 부담하는 것은 증여라고 판단합니다. 그렇다면 그 외 성격의 재산 이전에 대해서는 원칙적으로 증여라고 판단하고 정식으로 증여 신고를 거쳐 증여세를 납부해야 합니다. 이때 세금이 부과되지 않는 증여재산 공제가 등장합니다. 증여자와 수증자의 가족관계와 합산 대상 기간에 따라 아래와 같이 증여재산 공

A.42 자녀의 경우 10년 증여분 합산 기준 5000만원까지 증여재산 공제가 가능합니다. 위 사례처럼 이미 증여 후 증여재산 공제를 적용받은 경우라면 10년 경과 후에 다시 증여세 없는 증여재산 공제가 가능합니다.

제를 적용합니다.

증여재산 공제는 두 가지를 확인하면 됩니다. 먼저 과거 10년 이내에 동일한 증여자(**직계존속**의 배우자는 직계존속과 동일인으로 판단)에게 증여받은 경우에는 증여 금액을 합산해 계산합니다. 다음으로 증여받는 수증자가 증여일 현재 거주자인 경우에 적용합니다. 여기서 거주자는 국내에 주소를 두거나 183일 이상 거소를 둔 경우를 말합니다. 그리고 거주자가 아닌 경우 세법에서는 '비거주자'라는 표현을 사용합니다. 따라서 수증자가 국내에 거주하지 않고 주된 생계의 기반이 국외에 있는 비거주자인 경우에는 가족관계가 있더라도 증여재산 공제를 적용받을 수 없습니다. 만일 증여받는 자녀가 해외에서 국적이나 영주권을 취득하고 근무 중이며, 국내에 생계를 같이 하는 가족이 없고 직업 및 자산 상태에 비추어 다시 국내에 입국해 거주할 것으로 인정되지 않는다면 비거주자로 판단할 수 있습니다.

증여세의 계산 구조는 수증자를 기준으로 합니다. 따라서 증여받는 사람이 여러 사람인 경우에는 각자의 증여세를 따로 계산합니다. 가령 1억원을 성년 자녀에게 증여(과거 10년 이내 증여 사실 없음)한다면 5000만원의 증여 공제를 받더라도 증여세가 발생합니다. 그러나 동일한 조건의 성년 자녀 2명에게 1억원을 증여(각 5000만원)한다면 증여재산 공제를 적용받아 증여세가 발생하지 않습니다.

증여세는 과세표준에 따라 누진세율을 적용하므로 수증자가 받는 증여재산이 낮아지면 세율이 낮아져 세부담이 적어질 수 있습니다. 따라서 증여세를 절세하기 위해서는 증여받는 사람을 여러 사람으로 나누는 것이 효과적일 수 있습니다. 위 사례와 같이 이미 증여재산 공제를 적용한 경우라면 10년 이내에 추가 증여할 경우 증여세가 발생합니다.

앞서 수증자 기준의 증여재산 공제는 배우자와 직계비속 외에 기타 친족에게도 가능합니다. 자녀가 혼인해 자녀의 배우자(사위나 며느리)가 있는 경우 이들은 기타 친족에 해당합니다. 또한 손자녀가 있는 경우에는 **직계비속**에 해당해 증여재산 공제를 받을 수 있습니다. 자녀의 배우자(10년 합산 1000만원)와 손자(성년은 5000만원, 미성년은 2000만원)에게 해당 증여재산 공제금액만큼 증여할 경우 증여세가 없습니다. 예를 들어 자녀와 자녀의 배우자, 손자녀 2명(미성년자)이 있다면 자녀 5000만원+자녀의 배우자 1000만원+손자녀 각각 2000만원=1억원까지 증여재산 공제를 통해 증여세 없이 증여가 가능합니다. 손자녀가 만 19세 이상이라면 성년으로 5000만원 증여재산 공제를 받을 수 있습니다(사전 증여가 10년 이내에 있었다면 합산해 적용).

이렇게 증여한 이후 10년이 경과하면 다시 증여세 없는 증여재산 공제가 가능합니다. 따라서 증여는 10년에 한 번씩, 증여재산 공제를 활용해, 그리고 증여받는 사람을 여럿으로 해 증여하는 방식으로 진행하는 것이 유리합니다.

증여재산 공제

구분(수증자 기준)	증여재산 공제
배우자	6억원
직계존속	5000만원
직계비속	성년 5000만원
	미성년 2000만원
기타 친족	1000만원

증여재산 공제 기간

10년

증여재산 공제는 과거 10년 이내에 동일한 증여자에게 증여받은 경우에는 증여 금액을 합산해 계산한다. 10년 이내에 추가 증여할 경우 증여세가 발생한다.

직계존속
조상으로부터 직계로 내려와 자기에 이르는 사이의 혈족. 부모, 조부모 등을 이른다.

직계비속
자기로부터 직계로 이어져 내려가는 혈족. 아들, 딸, 손자, 증손 등을 이른다.

SECTION 3 *GENERATION 6070*

Q.43 해외 부동산을 해외에 있는 자녀에게 증여한다면?

CASE ; 제가 10년 전 취득한 미국 현지 주택을 미국에 있는 영주권자 자녀에게 증여할까 고려 중인데, 한국에서 이뤄지는 증여가 아니기 때문에 세금이 어떻게 되는지 궁금합니다.

거주자인지 비거주자인지는 세법을 적용할 경우 여러 가지 내용 면에서 서로 차이가 있어 우선적으로 매우 중요한 구분입니다. 거주자는 국내에 주소를 두고 있거나 183일 이상 거소를 둔 사람을 말합니다. 이때 주소는 국내에서 생계를 같이하는 가족 및 국내에 소재하는 자산의 유무 등 생활 관계의 객관적 사실에 따라 판정합니다. 비거주자는 거주자가 아닌 사람을 말합니다. 현행 상속세 및 증여세법에 따르면 증여받는 수증자가 비거주자인 경우에는 국내에 소재하는 재산을 증여받는 경우에만 증여세 납세의무가 있고, 국외에 소재하는 재산을 증여받는 경우에는 납세의무가 없습니다. 따라서 국외 소재 증여재산에 대해 수증자인 비거주자의 거주지 국가에서도 증여세가 과세되지 않는다면 국내와 국외에서 모두 과

A.43 수증자가 비거주자인 경우 국외에 소재하는 재산을 증여받는다면 납세의무가 없습니다. 대신 증여자에게 증여세를 납부할 의무를 부담하게 하고 있습니다. 또 증여자가 외국 법령에 따라 조세를 부담했다면 납부한 증여세에 상당하는 금액을 증여세 산출 세액에서 공제해 국제적인 이중과세 문제를 조정합니다.

세되지 않는 국제적인 이중 비과세 효과가 발생합니다.

이러한 부분에 대해 우선 법규인 '국제조세조정에 관한 법률'은 상속세 및 증여세법 규정에도 불구하고 보완 규정을 마련하고 있습니다. 즉 거주자가 비거주자에게 국외에 있는 재산을 증여(사인증여 제외)하는 경우 일반적인 경우와 달리 수증자가 아닌 증여자에게 증여세를 납부할 의무를 부담하게 하고 있습니다. 다만 수증자가 증여자의 특수관계인이 아닌 경우로서 해당 재산에 대해 외국 법령에 따라 증여세(실질적으로 이와 같은 성질을 가지는 조세 포함)가 부과되는 경우(세액을 면제받는 경우 포함)에는 증여세 납세의무를 면제합니다.

상속세 및 증여세법상 수증자가 비거주자인 경우에는 증여재산 공제가 적용되지 않지만, 국제조세조정에 관한 법률이 적용되는 거주자가 비거주자에게 국외 재산을 증여하는 경우에는 과세특례로 증여자에게 납세의무를 부담시키되 증여재산 공제를 적용해줍니다. 거주자가 비거주자에게 국외 재산을 증여하는 경우로, 증여자가 외국 법령에 따라 증여세를 납부한 경우에는 국제조세조정에 관한 법률에 따라 외국납부세액으로 납부한 증여세에 상당하는 금액을 증여세 산출세액에서 공제해 국제적인 이중과세 문제를 조정합니다.

외국납부세액이라 함은 증여한 재산의 가액을 과세표준으로 해 외국 법령에 따라 부과된 조세(실질적으로 이와 같은 성질을 가지는 조세 포함)

비거주자에 대한 국외 재산 증여 시 증여세 납세의무

구분	외국 법령에 따라 증여세가 부과되는 경우	외국 법령에 따라 증여세가 부과되지 않는 경우
수증자와 증여자가 특수관계인이 아닌 경우	증여자에게 증여세 납세의무 없음	증여자에게 증여세 납세의무 있음
수증자와 증여자가 특수관계인인 경우	증여자에게 증여세 납세의무 있음(외국납부세액공제 적용)	증여자에게 증여세 납세의무 있음

> 거주자가 비거주자에게 국외에 있는 재산을 증여(사인증여 제외)하는 경우 일반적인 경우와 달리 수증자가 아닌 증여자에게 증여세를 납부할 의무를 부담하게 하고 있습니다.

수증자
수증자란 증여를 받는 자를 말한다.

의 세액과 그 부가세액을 증여자가 실제로 외국 정부(지방자치단체 포함)에 납부한 세액을 말합니다. 외국납부세액에 대한 원화 환산은 증여세를 납부한 날의 기준환율 또는 재정환율에 따라 환산한 가액에 의거합니다. 국외 증여재산 가액에 대한 평가는 증여재산이 있는 국가의 증여 당시 현황을 반영한 시가에 따르되, 시가를 산정하기 어려운 경우에는 상속세 및 증여세법의 규정을 준용해 평가합니다.

한편 비거주자가 국외에서 국외에 소재하는 재산을 증여받은 다음 향후 증여재산 처분 대금을 국내로 송금해 반입하는 경우를 생각해볼 수 있습니다. 이 경우 국내 금융기관은 외국환거래 규정에 따라 국세청장에게 통보합니다. 이런 통보 과정을 통해 반입 자금에 대해 증여받은 재산을 처분한 것이라는 자금 출처를 소명해야 할 수 있으며, 그 반입 자금으로 국내 재산을 취득하는 경우에는 국내 재산의 취득 자금으로 인정받을 수 있습니다. 따라서 증여세가 과세된 국외 재산의 국내 반입에 대해서는 국내에서 증여세가 과세되지는 않습니다.

SECTION 3 GENERATION *6070*

Q.44 돈이 되는 부담부증여와 독이 되는 부담부증여 구분은?

CASE ; 다주택을 보유하고 있어 종합부동산세가 너무 부담돼 성년 자녀에게 부담부증여하려고 합니다. 그런데 주변에서 부담부증여가 오히려 독이 될 수도 있다고 하는데, 무엇을 주의해야 할까요?

다주택을 보유한 경우 양도소득세와 종합부동산세 부담 때문에 주택을 증여하려는 사람이 많습니다. 증여를 하게 되면 증여세가 발생하는데, 증여세 부담을 줄이기 위해 부담부증여를 고려하는 경우도 많습니다. 실제로 부담부증여는 증여세를 줄이는 데 상당한 기여를 합니다. 하지만 수증자의 증여세를 줄이는 대신 증여자에게 양도소득세가 부과되기 때문에 주의가 필요합니다.

법률적으로 부담부증여는 조건을 붙인 증여입니다. 세법에서는 보통 부동산 등을 증여할 때 담보된 채무를 수증자가 승계하는 조건으로 증여하는 것입니다. 부담부증여를 하면 담보된 채무는 증여세를 계산할 때 공제됩니다. 하지만 부담부증여는 증여세를 줄이는 편법으로 사용될 수 있기 때문에 엄격한 요건을 갖춰야 합니다.

A.44 주택을 부담부증여하는 경우 줄어드는 증여세만 고려하면 안 됩니다. 반드시 증가하는 양도소득세까지 고려해야 합니다. 매매차손이 예상되는 주택을 우선적으로 선택하고, 손실이 예상되는 주택이 없다면 비과세 대상이 되는 주택을 선택하는 것이 좋습니다. 만약 비과세 대상 주택도 없다면 매매차익이 적은 주택을 선택하는 것이 최선입니다.

먼저 채무는 증여자의 것이어야 합니다. 그리고 증여하려는 부동산 등에 담보된 채무여야 합니다. 또한 증여 계약서에 수증자가 그 채무를 승계한다는 내용이 명시돼야 합니다. 마지막으로 수증자가 본인의 경제력으로 채무를 상환할 수 있어야 합니다.

세법에서는 부동산 등의 명의를 넘기면서 대가를 받으면 양도로 봅니다. 그리고 무상으로 명의를 넘기면 증여로 구분합니다. 그래서 부담부증여는 증여와 양도가 동시에 발생합니다. 수증자 입장에서는 공제되는 채무를 고려해도 재산상 이득이 있기 때문에 증여세가 부과됩니다. 반면 증여자는 본인의 채무를 이전해 상환 의무가 면제되기 때문에 대가를 받은 것으로 보고 양도소득세를 부과합니다. 5억원 상당의 부동산(대출 2억원)을 부담부증여한다고 가정할 경우 수증자는 5억원의 부동산 중 대출 2억원을 공제한 3억원을 증여받은 것으로 봅니다. 반대로 증여자는 담보대출 2억원 상당액을 양도한 것으로 봅니다. 따라서 다주택 보유자가 **부담부증여**를 하면 양도소득세가 중과세될 수 있습니다.

3주택을 보유한 사람이 조정대상지역의 주택을 증여하는 사례를 살펴보겠습니다. 15년 전 2억원에 취득했고, 현재의 주택 가격은 11억원, 담보된 채무는 6억원입니다. 이 주택을 그대로 성년 자녀에게 증여하면 증여세는 2억5200만원 정도로 다소 높게 계산됩니다. 대신 양도소득세는 부과되지 않습니다. 반면 부담부증여를 하게 되면 증여세는 순수하게 증여받은 5억

부담부증여의 요건

① 채무는 증여자의 것이어야 함

② 증여하려는 부동산 등에 담보된 채무여야 함

③ 증여 계약서에 수증자가 그 채무를 승계한다는 내용이 명시돼야 함

④ 수증자가 본인의 경제력으로 채무를 상환할 수 있어야 함

> **실제로 부담부증여는 증여세를 줄이는 데 상당한 기여를 합니다. 하지만 수증자의 증여세를 줄이는 대신 증여자에게 양도소득세가 부과되기 때문에 주의가 필요합니다.**

부담부증여
배우자나 자녀에게 부동산 등 재산을 사전에 증여하거나 양도할 때 전세보증금이나 주택담보대출과 같은 부채를 포함해서 물려주는 것.

원(11억원-6억원)에 대해 7700만원 정도로 대폭 낮아집니다. 하지만 증여자에게 양도소득세 3억4800만원이 부과됩니다. 부담부증여로 줄어든 증여세를 초과해 양도소득세가 부과되는 것입니다. 다른 사례를 들어 주택을 증여해보겠습니다. 현재의 주택 가격(11억원)과 채무(6억원)는 위 사례와 동일하고 취득 시기(2년 전)와 취득 가격(10억원)만 다른 경우입니다. 이 경우 증여세는 앞의 사례와 동일합니다. 하지만 부담부증여를 선택할 때의 양도소득세는 2500만원 정도로 대폭 낮아집니다. 이런 상황에서는 부담부증여가 세금을 줄이는 좋은 대안이 될 수 있습니다.

위 두 사례는 부담부증여를 할 때 어떤 주택을 선택해야 하는지 그 기준을 보여줍니다. 주택을 부담부증여하는 경우 줄어드는 증여세만 고려하면 안 됩니다. 반드시 증가하는 양도소득세까지 고려해야 합니다. 양도소득세는 어차피 매매차익을 기준으로 계산합니다. 아무리 중과세 대상이라고 하더라도 매매차익이 없다면 양도소득세는 사라집니다. 만약 매매차익이 있더라도 그 금액이 크지 않다면 양도소득세 부담은 낮아질 것입니다.

결론적으로 부담부증여하기 좋은 주택은 매매차손이 예상되는 주택을 우선적으로 선택하고, 손실이 예상되는 주택이 없다면 비과세 대상이 되는 주택을 선택하는 것이 좋습니다. 만약 비과세 대상 주택도 없다면 매매차익이 적은 주택을 선택하는 것이 최선입니다.

SECTION 3 GENERATION *6070*

Q.
45
상속 직전 부동산을 처분할 경우 고려할 세금 문제는?

CASE ; 부동산 처분 자금으로 양도소득세를 납부하고 자녀들에게 일부를 나눠주고 나니 얼마 남지 않았습니다. 이런 상태에서 상속을 하게 되면 어떤 문제가 있을까요?

고령일수록 예전처럼 여러 가지 자산관리가 쉽지 않기 때문에 특히 부동산 자산을 처분하는 경우가 많습니다. 또한 자산 처분 후에는 자녀에 대한 증여도 많이 발생합니다. 이런 경우 증여세와 상속세 관점에서 고려해 보아야 합니다.

과세 관청에서는 고령인 자가 일정 규모 이상의 재산을 처분한 경우나 재산이 수용돼 보상금을 받는 경우 재산 변동 상황을 사후 관리합니다. 변동 상황 등 사정에 따라서는 일정 기간이 지난 후 재산 처분 자금의 사용처를 소명하라는 안내문을 보내오기도 하기 때문에 재산 처분 자금이 당시자의 배우자 및 자녀들의 재산 취득과 연결된다면 증여세 과세 위험이 있을 수 있습니다. 따라서 재산을 처분한 부모 입장에서는 처분 자금의 사용처에 대한 증빙 등을 통한 관리

재산 처분 자금의 사용처를 제대로 밝히지 못하면 상속재산으로 포함돼 상속세가 과세될 수 있는 규정이 있습니다. 따라서 처분 자금의 사용처에 대한 증빙 등을 통한 관리가 필요합니다. 배우자나 자녀들이 증여받은 경우에도 마찬가지로 재산 취득 자금에 대한 입증 자료를 명확하게 갖춰놓아야 합니다.

가 필요합니다. 마찬가지로 배우자 또는 자녀들이 증여받은 경우 증여세 신고가 필요할 수 있고, 별개로 재산 취득 자금에 대한 입증 자료를 명확하게 갖춰놓아야 합니다.

한편 재산 처분 이후 일정 기간 내에 상속이 발생하는 경우 재산 처분 자금의 사용처를 제대로 밝히지 못하면 상속재산에 포함돼 상속세가 과세될 수 있는 규정이 있습니다. 이것을 추정 상속재산이라고 합니다.

추정 상속재산 규정의 취지는 상속 개시 전 일정 기간 내에 재산을 처분해 사용처가 불분명한 금액은 상속인에게 증여 또는 상속됐을 개연성이 매우 높다고 판단해 그 부분에 대한 사용처를 상속인에게 입증하도록 의무를 부여하고 입증하지 못한 금액, 즉 용도가 객관적으로 명백하지 않은 금액에 대해서는 상속받은 것으로 추정하도록 하고 있습니다.

구체적으로 추정 상속재산은 재산 종류별로 현금·예금·유가증권, 부동산 및 부동산에 관한 권리 등으로 구분해 인출하거나 처분한 금액이 상속 개시일 전 1년 이내 2억원 이상이거나 상속 개시일 전 2년 이내 5억원 이상에 해당하고 그 용도가 객관적으로 명백하지 않은 경우에 적용됩니다. 물론 추정 상속재산이라고 해서 용도가 불분명한 금액을 무조건 상속재산에 포함하는 것은 아닙니다. 사실 피상속인의 개인적 사정에 해당하는 재산과 지출 상황을 상속인이 전부 파악하기란 매우 어려운 일이기 때문입니다. 그래서 피상속인의 재산 처분 금

추정 상속재산 적용

대상	입증책임 완화 금액	추정 상속재산 가액
상속 개시일 전 1년 이내 처분 재산 가액 2억원 이상인 경우	Min (처분 재산 가액×20%, 2억원)	재산 처분 가액(−)용도 입증 금액(−)입증책임 완화 금액
상속 개시일 전 2년 이내 처분 재산 가액 5억원 이상인 경우		

> **상속에 임박해 재산을 처분하고 그 처분 자금을 증여하는 경우에는 증여세 신고와 상속재산 합산 기준 등을 고려해 주의가 필요합니다.**

입증책임
소송법상의 증거 의무로서 의무자가 법원을 설득할 수 있는 증거를 제출하지 않는 경우에 입게 되는 소송상의 불이익. 본 자료에서는 납세의무자가 본인의 이익을 위해 근거를 제시해서 설득해야 하는 부담을 뜻한다.

액 중 20%에 상당하는 금액과 2억원 중 적은 금액을 용도 불분명한 금액에서 차감해 추정 상속재산 가액으로 계산합니다. 일정 부분 입증책임에 대해 완화해주는 셈입니다.

입증책임 완화 측면에서 결과적으로 처분 대금이 10억원을 초과하는 경우에는 2억원을 제외한 나머지 금액을 전부 입증해야 하고, 처분 대금이 10억원 이하인 경우에는 20%를 제외한 80%를 입증해야 한다는 의미입니다.

혹시 재산 처분 금액이 2억원 미만이거나 재산 처분일이 상속 개시 전 2년보다 더 이전인 경우에는 어떻게 될까요? 이 경우에는 추정 상속재산에 해당하지 않습니다. 다만 이러한 부분도 10년 이내에 상속인에 대한 사전 증여로 확인되면 우선적으로 증여세를 가산세 포함해 과세하고 다시 상속재산에 포함해 상속세가 과세됩니다. 정리하자면 상속에 임박해 재산을 처분하는 경우에는 세금 문제에 대한 주의와 더불어 피상속인과 상속인 모두 재산 처분 대금의 사용처를 통장 적요란에 기재하거나 기타 사용과 관련한 계약서, 거래명세서 등을 잘 보관하는 것이 필요합니다.

SECTION 3 GENERATION *6070*

Q. 동거주택상속공제란?

CASE ; 현재 미혼에 무주택자인 딸과 함께 생활하고 있습니다. 모아둔 재산과 거주 중인 아파트가 있는데, 아파트는 딸에게 물려주고 싶은 마음이 큽니다. 이때 특별히 고려해야 할 점이 있는지 궁금합니다.

피상속인과 장기간 동거하며 부양한 무주택 상속인에 대한 상속세 부담을 경감하고 주거권을 보호하기 위한 제도로 '동거주택상속공제'가 있습니다. 동거주택상속공제는 1세대 1주택에 해당하고 하나의 주택에서 주택 소유자인 부모님과 상속인인 직계비속 자녀가 동거하고 있을 경우 상속세 계산 시 최대 6억원까지 공제가 가능하므로 절세 차원에서 요건을 감안해 상속재산분할을 계획해볼 수 있습니다. 동거주택상속공제를 적용하기 위한 요건은 다음과 같습니다.

첫째, 피상속인은 상속 개시일 현재 거주자여야 합니다. 따라서 피상속인이 비거주자인 경우에는 당연히 적용되지 않습니다.

둘째, 피상속인과 상속인(직계비속 및 대습상속에 따라 상속인이 된 그 직계비속의 배우자인 경우로 한정,

 동거주택상속공제 요건이 다소 까다로운 측면이 있으므로 피상속인이 1세대 1주택자에 해당하고 상속인인 직계비속이 무주택자인 경우 동거를 하고 있거나 동거를 할 예정이라면 공제 요건을 충분히 인지하고 적용받을 수 있도록 주택의 추가 취득과 세대 분리 등에 유의할 필요가 있습니다.

이하 동일)이 상속 개시일로 소급해 10년 이상 계속해 하나의 주택에서 동거해야 합니다. 동거 기간은 연속적으로 계속해 동거한 기간을 의미하기 때문에 중간에 자녀가 세대 분리가 됐다면 연속적이지 못한 것이 됩니다. 다만 징집, 직장 변경 등 부득이한 사유가 있는 경우에는 계속해 동거한 것으로 보되 동거 기간에 산입하지는 않습니다. 또한 동거 기간 계산 시 상속인이 미성년자인 기간은 제외합니다.

적용 대상의 변화로는 세법 개정으로 2022년부터 동거주택상속공제 상속인의 범위를 직계비속으로 한정하던 내용이 직계비속의 사망 등으로 대습상속을 받은 직계비속의 배우자도 공제받을 수 있도록 범위가 확대됐습니다. 즉 상속인인 아들이나 딸이 부모보다 먼저 사망한 경우 동거주택상속공제가 적용되지 않았으나 이제는 배우자가 있어 대습상속이 되는 경우 그 배우자인 며느리나 사위가 상속을 받으면 적용이 가능합니다. 그리고 하나의 주택에서 10년 이상 계속해 동거한 경우에는 상속 개시일 전 10년 동안 여러 차례 이사를 다녔으나 같은 주택에서 동거를 했고, 상속 개시일 현재 1세대 1주택으로서 10년 이상 보유한 주택은 공제 대상에 해당합니다. 셋째, 상속 개시일 당시 상속인이 피상속인과 같은 주택에서 주거를 함께 하고 있어야 동거주택상속공제를 적용받을 수 있습니다.

넷째, 피상속인은 10년 이상 1세대 1주택(고가 주택 포함) 요건을 충족해야 합니다. 피상속인과 상속인이 동거 주

동거주택상속공제

공제금액	한도액
{상속 주택 가액(-)담보된 피상속인의 채무액}×100%	6억원

동거 주택 판정 기간 중 무주택인 기간이 있는 경우 해당 기간은 1세대 1주택에 해당하는 기간에 포함됩니다.

동거주택상속공제

거주자의 사망으로 상속이 개시될 때 동거 주택 가치의 일정 부분을 상속세 과세가액에서 공제하는 제도.

택 판정 기간(상속 개시일부터 소급해 10년 이상의 기간)에 계속해 1세대를 구성하면서 1세대 1주택에 해당해야 합니다. 이 경우 주택에는 무허가 주택, 주거용 오피스텔, 다가구주택도 적용이 가능합니다. 동거 주택 판정 기간 중 무주택인 기간이 있는 경우 해당 기간은 1세대 1주택에 해당하는 기간에 포함됩니다. 1세대 1주택이 아닌 다주택에 해당하는 경우에도 피상속인이 다른 주택을 취득해 일시적으로 2주택에 해당돼 2년 이내에 종전 주택을 양도하고 이사하는 경우나 혼인, 동거 봉양, 공동상속 등 법에 열거된 예외적 내용에 해당하면 1세대 1주택으로 봅니다.

마지막으로 중요한 내용으로 무주택자이거나 피상속인과 공동으로 1세대 1주택을 소유한 자로서 동거한 상속인이 주택을 상속받아야 합니다. 위 사례에서도 모친과 계속해 동거한 딸이 공제 요건을 갖추었기 때문에 딸이 상속을 받아야 동거주택상속공제를 받을 수 있습니다. 만약 아들과 딸이 공동상속을 받는 경우에는 공제 요건을 충족하는 상속인의 지분 상당액을 공제합니다. 동거주택상속공제 금액은 상속 주택 가액에서 피상속인의 담보된 채무액을 뺀 가액을 100% 공제하며, 최대 6억원을 한도로 공제합니다.

유언의 종류와 효력

SITUATION
아버지께서 미리 유언장을 작성해 사후 상속재산을 협의함에 있어서 형제 간의 분쟁을 막고자 하십니다. 유언장을 작성하면 분쟁을 방지할 수 있나요?

SOLUTION
유언을 남긴다고 모든 분쟁 가능성을 해소할 수는 없지만, 유류분 반환 청구에 대비해 유류분을 보장하면서 재산을 이전하는 내용의 유언장을 남긴다면 상속재산 분쟁 가능성을 미연에 방지할 수 있습니다.

상속인이 여럿인 경우 공동상속인이 돼 상속이 개시되며, 상속재산은 공동상속인이 공유하게 됩니다. 이 경우 상속재산이 분할돼야 할 필요가 있는데, 이를 상속재산의 분할이라고 합니다. 상속재산의 분할 방법은 세 가지입니다. 피상속인이 유언으로 분할 방법을 정할 경우 그에 따라 행하는 '지정분할', 피상속인의 분할 금지 유언이 없는 경우 공동상속인 간의 협의로 이루어지는 '협의분할', 협의가 이루어지지 않은 경우 가정법원에 청구하는 '심판분할'입니다. 이때 협의분할은 공동상속인 전원의 합의가 있

유언을 할 수 있는 사람

유언은 의사능력이 있는 만 17세에 달한 사람이 할 수 있다. 미성년자, 피성년후견인, 피한정후견인과 같은 제한 능력자도 만 17세 이상으로 유언 능력을 갖추면 유언할 수 있다.

을 경우에만 가능합니다.

상속재산이 분할되면 상속이 개시된 때로 소급해 그 효력이 있어 분할로 취득한 상속재산은 상속 개시 시부터 소유하는 것이 됩니다. 다만 상속 개시 시부터 상속재산분할 시 사이에 이루어진 상속재산에 대해 이미 권리를 취득한 제3자에게는 대항하지 못합니다.

질문자의 아버지처럼 생전에 공동상속인 간 상속재산의 분할과 이전에 관해 유언으로 지정하고자 하는 경우 유언 방식에 대해 우리나라 민법은 엄격한 법정주의를 취하고 있기 때문에

방식을 잘 알아보고 요건과 방식에 부합하는 유언을 해야 유언의 효력이 발생한다는 점에서 주의를 요합니다.

민법이 정한 유언 방식은 다섯 가지가 있습니다. 자필증서유언, 녹음유언, 공정증서유언, 비밀증서유언, 구수증서유언입니다.

다만 질문자의 아버지께서 유언을 남겼다고 해서 사후 모든 분쟁 가능성을 해소할 수 있는 것은 아닙니다. 상속 분쟁 중 대표적인 것이 바로 유류분 반환 청구 소송입니다. 유류분이란 상속재산 가운데 일정한 상속인을 위해 법률상 반드시 남겨두어야 할 일정 부분을 의미하는 것으로, 유류분 부족이 생긴 경우에는 부족한 한도에서 그 재산의 반환을 청구할 수 있습니다.

유류분 권리자는 피상속인의 증여 및 유증으로 인해 그 유류분에 부족이 생긴 경우 부족한 한도에서 자신의 유류분액을 침해해 유증 또는 증여받은 사람을 상대로 유류분 반환 청구가 가능합니다. 다만 이 권리는 상속의 개시와 반환해야 할 증여 또는 유증을 한 사실을 안 때부터 1년 내, 상속이 개시된 때로부터 10년 내에 행사해야 합니다.

따라서 질문자의 아버지께서는 유언을 남길 때 유증 또는 생전 증여재산이 유류분 반환 청구의 대상이 될 수 있다는 점을 고려해 공동상속인 간에 재산을 분배하는 유언장을 작성한다면 유류분 반환 청구 소송이라는 상속재산 분쟁 가능성을 미연에 방지할 수 있습니다.

유언의 효력이 확정적으로 발생하기

민법이 정한 유언 방식

종류	내용	증인 수
자필증서유언	유언자가 직접 자필로 유언장을 작성. 즉 전문과 연월일, 주소, 성명을 직접 쓰고 날인(민법 제1066조 제1항)	필요 없음
녹음유언	유언자가 유언의 취지, 성명, 연월일을 구술하고 이에 참여한 증인이 유언의 정확함과 그 성명을 구술(민법 제1067조)	1명 이상
공정증서유언	유언자가 증인 2명이 참여한 공증인의 면전에서 유언의 취지를 구수(口授)하고, 공증인이 이를 필기 낭독해 유언자와 증인이 그 정확함을 승인한 후 각자 서명 또는 기명날인(민법 제1068조)	2명
비밀증서유언	유언자가 유언의 취지, 필자의 성명을 기입한 증서를 엄봉 날인하고, 이를 2명 이상의 증인 면전에 제출해 자신의 유언서임을 표시한 후 그 봉서 표면에 제출 연월일을 기재하고 유언자와 증인이 각자 서명 또는 기명날인(민법 제1069조 제1항)	2명 이상
구수증서유언	유언자가 2명 이상의 참여 증인 중 1명에게 유언의 취지를 구수(口授)하고, 그 구수를 받은 사람이 이를 필기 낭독해 유언자의 증인이 그 정확함을 승인한 후 각자 서명 또는 기명날인(민법 제1070조 제1항)	2명 이상

유언 방식에 대해 우리나라 민법은 엄격한 법정주의를 취하고 있기 때문에 방식을 잘 알아보고 요건과 방식에 부합하는 유언을 해야 유언의 효력이 발생한다는 점에서 주의를 요합니다.

전, 즉 유언자가 사망하기 전에 유언자 자신이 이미 행한 유언을 없었던 것으로 하는 유언자의 일방적인 행위를 '유언의 철회'라고 하는데, 유언의 철회는 자유이며 유언이 성립한 후라도 사망하기 전에는 언제든지 일부 또는 전부의 철회가 가능합니다. 유언이 철회되면 이전의 유언은 처음부터 없었던 것으로 되며, 전후 유언이 저촉되는 경우 그 저촉된 부분의 전 유언은 철회한 것으로 봅니다.

SECTION 3 CHECK POINT ⑳

사후 재산 설계에 알아두면 좋은 제도

SITUATION

제 재산 중 현금은 장학금으로 출연하고, 부동산은 일정한 시점에 분할해 자녀에게 이전하고 싶은데, 재산을 맡겨두었다가 제가 죽고 난 후 생전의 제 뜻대로 이행할 수 있도록 설계가 가능할까요?

SOLUTION

'유언대용신탁' 제도를 고려해볼 수 있습니다. 이는 위탁자가 생전에 금융기관과 유언대용신탁계약을 체결해 신탁재산을 금융기관으로 이전하고, 위탁자가 사망하면 조건에 따라 지정된 수익자에게 이전하는 제도입니다.

생전에는 자기 소유의 재산을 자기 뜻대로 처분하고 사용·수익할 수 있지만, 사후에 자신이 모은 재산이 언제 어떻게 이전될지 대대손손 정하고 싶은 생각은 어쩐지 불가능하다고 느낄 수 있습니다. 유언장을 통해 이와 같은 사후 재산 설계에 대한 고인의 의지를 담을 수 있지만, 유언장 자체에 모든 것을 담기에는 한계가 있는 데다 유증을 포기하고 상속인 간 상속재산 분할 협의를 할 경우 고인의 뜻은 지켜질 수 없습니다.

이때 생각해볼 수 있는 제도가 '유언대용신탁'입니다. 신탁은 기본적으로

신탁법 제59조

① 다음 각 호의 어느 하나에 해당하는 신탁의 경우에는 위탁자가 수익자를 변경할 권리를 갖는다. 다만 신탁행위로 달리 정한 경우에는 그에 따른다.

1. 수익자가 될 자로 지정된 자가 위탁자의 사망 시에 수익권을 취득하는 신탁
2. 수익자가 위탁자의 사망 이후에 신탁재산에 기한 급부를 받는 신탁

② 제1항 제2호의 수익자는 위탁자가 사망할 때까지 수익자로서의 권리를 행사하지 못한다. 다만 신탁행위로 달리 정한 경우에는 그에 따른다.

믿고 맡긴다는 뜻을 가지고 있습니다. 그중에서도 유언대용신탁의 기본 구조는 아래와 같습니다. 위탁자가 생전에 금융기관과 유언대용신탁계약을 체결해 신탁재산을 금융기관으로 이전하고, 신탁계약상 위탁자의 사후 수익자를 지정해 위탁자가 사망하면 금융기관에서는 당초 위탁자와의 신탁계약상 지급 조건에 따라 지정된 수익자에게 이전합니다.

먼저 금융 재산의 경우 후손을 위해 장학금으로 사용되길 원하는 질문자의 뜻을 실현하려면 질문자가 생각하는 장학금 지급 조건과 후손의 장학

금 수혜 자격을 정하고, 이를 임의단체의 규약으로 정해 질문자의 생전에 친족으로 구성된 장학회를 만들어 임의단체로 등록합니다. 그 후 해당 장학회를 유언대용신탁계약의 수익자로 지정해 위탁자의 사후 장학회의 장학금 지급 요청에 따라 금융기관이 지급하면 장학회는 규약에 따라 장학금을 후손에게 지급하도록 설계합니다. 즉 질문자가 원하는 조건에 부합하는 후손에게 학비와 용돈, 유학 자금을 지원하는 장학회를 구성하는 한편, 이를 실현하기 위해 믿을 만한 금융기관에 금융 재산을 맡기고 위의 내용으로 질문자와 금융기관 간 유언대용신탁계약을 체결하면 됩니다.

그 외에 부동산 자산의 경우 질문자는 사회 경험이 적은 자녀들이 질문자의 상당한 재산을 일시에 상속받고 제대로 관리하지 못해 탕진할 것을 우려해 일시에 상속하기보다는 일정한 시점마다 분할해 이전되도록 정했습니다. 질문자의 의도대로 부동산 상속재산이 일시에 이전되지 않고 10년마다 일정 지분이 이전되길 원할 경우 그와 같이 하기로 하되, 임대수익 등은 비율대로 즉시 지급하는 것으로 정하거나 추후 해당 지분의 이전 시 함께 지급하는 형태로 정하는 것도 모두 가능합니다.

==**유언대용신탁**==의 경우 생전에는 위탁자의 뜻대로 신탁회사에 맡겨 운용하고 관리하다가 사후 이전 방법과 조건, 시기까지 자유롭고 유연하게 계약으로 정할 수 있다는 점에서 상속 분쟁에 대비하기 위한 도구로 주목해볼

유언대용신탁의 구조

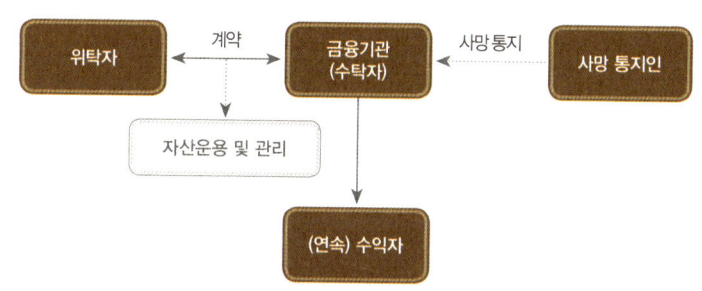

> 유언대용신탁의 경우 생전에는 위탁자의 뜻대로 신탁회사에 맡겨 운용하고 관리하다가 사후 이전 방법과 조건, 시기까지 자유롭고 유연하게 계약으로 정할 수 있다는 점에서 상속 분쟁에 대비하기 위한 도구로 주목해볼 만하다고 하겠습니다.

유언대용신탁

고객(위탁자)이 금융회사(수탁자)에 자산을 맡기고 살아 있을 때는 운용수익을 받다가 사망 이후 미리 계약한 대로 자산을 상속·배분하는 계약을 말한다.

만하다고 하겠습니다. 신탁법은 등기 또는 등록할 수 있는 재산권에 관하여는 신탁의 등기 또는 등록을 함으로써 그 재산이 신탁재산에 속한 것임을 제3자에게 대항할 수 있다고 정하고 있습니다(신탁법 제4조 제1항). 신탁등기 시에는 신탁원부를 같이 작성하도록 하고 있으며, 신탁계약서가 첨부됩니다. 따라서 유언대용신탁으로 이전하고자 하는 재산이 부동산일 경우에는 등기가 필요하며, 등기부상 등기원인은 신탁으로 기재됩니다.

다만 금융 재산의 경우 등기 또는 등록할 수 있는 재산에 해당하지 않아 다른 재산과 분별해 관리하는 방법, 예를 들어 별도의 계좌 관리를 통해 관리하면 됩니다.

CLOSING. INFORMATION 1

잊지 말고 챙기세요!
착한 임대인을 위한 세액공제 가이드

코로나19로 어려움을 겪는 소상공인들을 위해 자발적으로 임대료를 인하해준 건물주에 대한 소식이 속속 들려옵니다. 상생을 실천하는 이들을 위해 중앙정부와 지방정부가 준비한 세제 혜택을 알아봅니다.

저금리 시대에 안정적인 임대수익과 시세차익까지 가능한 부동산 투자가 큰 인기를 끌면서 한때 건물주를 신에 빗대어 '갓물주'라 부르기도 했습니다. 그러나 코로나19로 자영업자들이 어려움을 겪게 되면서 높은 공실률로 인기가 시들해지는 추세입니다. 하지만 어둠이 깊을수록 별이 더 찬란하게 빛나듯이 전국에서 소상공인의 피해 극복을 지원하기 위해 자발적으로 임대료를 인하해주는 '갓물주'들이 나타나기 시작했습니다.

2020년 2월 전주 한옥마을에서 시작된 '착한 임대인 운동'이 많은 임대인에게 귀감이 되어 전국 주요 전통시장과 상점가로 확산되었고, 200여 명의 임차인에게 수억원의 임대료를 인하해준 통 큰 임대인부터 소형 점포 임대수익 외에 별도 수입이 없는 생계형 임대인까지 임대료 인하에 동참하는 등 국세청 발표에 따르면 2020년 한 해에만 10만 명 이상의 임대인이 참여해 4734억원의 임대료를 감면했다고 합니다.

중앙정부에서는 조세특례제한법을 통해 소상공인과의 고통 분담에 나선 '착한 임대인'에 대한 세액공제 제도를 도입하고 소득세 부담을 줄여주고 있습니다.

참고로 소상공인확인서를 발급받으려면 전국 소상공인시장진흥공단 지역센터(66곳)를 방문하거나 확인서 발급 사이트(sbiz.or.kr/cose/main.do)에서 온라인 발급이 가능하며, 확인서 발급과 관련해 궁금한 사항은 소상공인시장진흥공단(☎1357번)에 문의하면 됩니다. 임대료 인하 합의 서류는 법정 양식이 없지만 국세청 홈페이지(www.nts.go.kr) 〉 국세정책/제도 〉 착한임대인 〉 세액공제 제도 〉 참고자료실에 참고용 서류가 게재되어 있어 이를 사용하면 편리합니다.

시·군·구별 착한 임대인 세제 혜택

지방정부에서도 착한 임대인에 대한 세제 혜택을 부여하고 있는데, 지방세특례제한법 제4조에 따라 지방의회의 동의를 얻어 지방세를 감면하는 방식이기 때문에 각 시·군·구의 상황에 따라 세제 혜택의 내용이 다소 차이가 있습니다.

일반적으로 재산세의 일부를 별도 신청을 통해 감면해주는 방식이며, 감면 신청 기간도 각 시·군·구마다 다르기 때문에 임대료를 감면한 해당 부동산 소재지의 시·군·구청 재산세 담당 부서로 문의해보는 것이 좋습니다.

세제 혜택을 받으려면 지방세 감면 신청서와 임대차계약서 사본, 임대료 인하 약정서, 소상공인확인서, 임차인 사업자등록증 사본, 임대료 지급 증빙 등 첨부서류를 시·군·구청에 방문 및 팩스·우편으로 접수한 후 심사를 거쳐 세액을 환급받을 수 있습니다.

행정안전부가 발표한 2020년 기준 전국 13개 시도의 착한 임대인 지방세 감면 운영 실적에 따르면 경기도가 30억원으로 감면 실적이 가장 높았고, 감면 실적이 가장 낮은 충청북도는 2

착한 임대인 세액공제 지원 사업

- 공제 대상: 소상공인 임차인의 임대료를 인하한 상가 임대사업자
  - 임차인이 다음 1호 또는 2호 중 어느 하나에 해당

  1호. 아래의 요건을 모두 갖춘 자
    가. 소상공인기본법 제2조에 따른 소상공인
    나. 2021년 6월 30일 이전 임차인(기존 2020년 1월 31일 개정)
    다. 사행 시설 등 적용 배제 업종을 영위하지 않는 자
    라. 임대인과 특수관계인이 아닌 자
    마. 사업자등록을 한 자

  2호. 임대차계약 종료 전 폐업한 자로 아래 요건을 모두 갖춘 자
    가. 폐업하기 전 위 1호에 해당할 것
    나. 2021년 1월 1일 이후에 임대차계약 기간이 남아 있을 것

- 공제금액: 임대료 인하액의 최대 70% 세액공제
  - 2020년 귀속은 50%, 2021년 귀속은 70%
  (단, 종합소득 금액+임대료 인하액 1억원 초과 시 50%)

- 공제 기간: 2020년 1월 1일~2022년 12월 31일

- 대상 건물: 상가건물임대차보호법 제2조 1항의 상가건물

- 공제 제외: 해당 과세연도 중 또는 과세연도 종료일 이후 6개월 이내에 보증금, 임대료를 인하 직전보다 인상(갱신 등의 경우에는 5% 초과)하는 경우

- 신청 방법: 과세표준 신고 시 세액공제 신청서에 아래 서류 첨부
  가. 임대료 인하 직전 임대차계약서
  나. 임대료 인하 합의 증명 서류(약정서, 확약서 등)
  다. 임대료 지급 확인 서류(세금계산서, 금융거래서 등)
  라. 임차인 소상공인확인서(소상공인시장진흥공단 발급)

- 기타 사항: 공제 세액의 20%를 농어촌특별세로 납부

> 중앙정부에서는 조세특례제한법을 통해 소상공인과의 고통 분담에 나선 '착한 임대인'에 대한 세액공제 제도를 도입하고 소득세 부담을 줄여주고 있습니다.

만원에 불과해 지자체별로 편차가 큰 것으로 나타났습니다. 이는 소득세 세액공제 혜택과 달리 재산세 감면 제도의 존재 자체를 모르는 비중이 높은 것이 원인 중 하나로 추정됩니다.

참고로 서울시의 경우 재산세 감면 혜택은 별도로 도입하지 않고 있으나 각 구청별로 임대료 인하 구간에 따라 서울사랑상품권 지급, 공영주차장 이용료 감면 등 착한 임대인 지원 사업을 시행하고 있습니다.

CLOSING. INFORMATION 2

확실하게 알아두기!
사례로 알아보는 상속 분쟁

: 유언장을 작성했다 하더라도 각기 다른 상황과 이해관계에 따라 다양한 상속 분쟁이 발생할 수 있습니다. 구체적인 사례를 통해 정확한 정보를 알아두면 상속 분쟁을 최소화하는 데 도움이 될 것입니다.

상속 시 주의해야 할 점 몇 가지를 사례를 통해 알아보겠습니다. 자산가 A는 평생에 걸쳐 많은 돈을 모았습니다. 어릴 적 어렵게 생활한 A는 평소 자신이 죽으면 어려운 사람을 위해 전부 기부하겠다고 생각했고, 그에 대한 유언장도 작성해놓았습니다. 또한 두 자녀에게 A의 재산에 대해 상속을 포기한다는 각서를 작성하도록 해 금고에 유언장과 같이 보관했습니다.

배우자는 일찍 사별했고, 자녀 중 B는 그럭저럭 잘 살고 있지만 C는 사업을 하다 실패해 많은 빚을 지고 이혼을 하게 되었습니다. 그러던 중 자산가 A가 점점 나이가 들고 기력이 쇠해 다른 사람의 도움 없이는 움직일 수 없는 상황이 되었습니다. 한편 계속된 빚 독촉에 지친 C는 B와 상의해 아버지 A를 보살피겠다며 아버지의 주거지로 이전했습니다. C는 아버지의 금융자산과 부동산에서 나오는 수익금으로 성심성의껏 아버지를 모셨습니다. 이에 감동받은 A는 모든 재산을 어려운 이웃에게 기부하겠다는 마음이 약간 흔들리게 되어 자신의 부동산 중 K아파트를 아들인 C에게 유증한다는 유

간혹 상속포기라고 하면 상속재산분할협의를 통한 상속포기로 오해하는 경우가 있는데 법원을 통한 상속포기와 상속재산분할협의는 이런 점에서 다른 개념임을 꼭 유의하여야 합니다.

언장을 작성했습니다. A는 유언장 작성 후 C에게 유언장을 보여주며 자신이 죽을 때까지 잘 돌봐주면 이 유언장대로 유증하겠다고 말했습니다. 이에 C는 A를 열심히 모셨고, 그러던 어느 날 A가 노환으로 사망했습니다.

A의 사망으로 B와 C가 유품을 정리하던 중 금고 안에서 A가 작성한 유언장 두 장을 발견했습니다. 첫 번째 유언장의 내용은 A가 가진 모든 재산을 재단법인을 통해 불우 이웃에 기부한다는 내용이었습니다. 첫 번째 유언장보다 늦은 시기에 작성된 두 번째 유언장의 내용은 A가 가진 재산 중 하나인 K아파트를 C에게 유증한다는 내용이었습니다.

B는 아버지가 평소 모든 재산을 불우한 이웃을 위해 기부한다고 했으므로 아버지의 진정한 취지에 따라 첫 번째 유언장이 효력이 있다고 믿고 있습니다. C는 아버지가 아파트만은 자신을 주기로 했고, 본인이 아버지를 모신 대가이기 때문에 두 번째 유언장이 효력이 있다고 주장합니다. C의 채권자 또한 두 번째 유언장이 효력이 있다고 말하며 C에게 상속등기를 하라고 독촉하고 있습니다.

상속 분쟁 사례에 대한 조언

우선 유언자는 언제든지 유언 또는 생전행위로서 유언의 전부나 일부를 철회할 수 있습니다. 또한 유언 후의 생

전행위가 유언과 저촉되는 경우에는 민법에 의해 그 저촉된 부분의 전 유언은 이를 철회한 것으로 보게 됩니다. 저촉이란 후의 행위가 전의 유언과 양립될 수 없는 취지로 행해졌음이 명백한 것을 의미하는데, A가 전 재산을 기부하는 내용의 유언을 작성한 후 C에게 아파트를 유증한다는 내용의 유언장을 작성한 행위는 그 범위에 한해 전의 유언과 양립될 수 없는 취지로 행해진 것이 명백하므로 전 유언 중 K아파트를 기부한다는 부분은 일부 철회된 것으로 볼 수 있습니다. 따라서 C는 두 번째 유언에 따라 K아파트를 유증받을 수 있습니다.

상속을 포기한다는 내용의 각서를 피상속인의 생전에 작성한다고 하더라도 이는 무효입니다. 즉 상속 개시 전에 한 상속포기 약정의 효력은 무효입니다. 따라서 C는 상속포기 각서를 작성했더라도 효력이 없기 때문에 상속을 받을 수는 있습니다.

그렇다면 C가 유증으로 아파트에 대한 소유권을 취득하게 되는 경우 C의 채권자는 K아파트에 대한 권리행사가 가능하게 됩니다. 그렇다면 C는 본인이 K아파트를 유증받으면 채권자의 권리행사로 인해 소유권을 바로 잃게 되는 것이 두려워서 차라리 빚은 자신이 번 돈으로 갚고 아버지가 물려준 K아파트를 B가 대신 받을 방법이 있는지 궁금해할 수 있습니다.

이 경우 C는 우선 유언자인 A의 사망 후에 언제든지 유증을 포기할 수 있습니다. C가 유증을 포기하면 첫 번

째 유언이 되살아나는 것일까요? 첫 번째 유언 중 K아파트 유증 부분은 상반된 내용으로 두 번째 유언이 작성됨으로써 철회된 것이 되어 효력을 잃게 됩니다. 따라서 K아파트에 대한 내용은 C가 유증을 포기하는 순간 유언이 없는 상태이니 일반적인 상속 절차를 통해 상속받게 됩니다. 즉 C가 일정 기간 내에 가정법원에 상속포기를 해 B가 단독으로 K아파트의 소유권을 취득하게 할 수도 있고, B와 상속재산분할 협의를 통해 B가 단독으로 K아파트 소유권을 취득하도록 할 수도 있습니다.

상속포기와 상속재산분할의 차이

상속포기와 상속재산분할의 결과는 B가 K아파트에 대한 소유권을 상속시부터 취득하게 된다는 점에서는 동일합니다. 그렇지만 C의 채권자 입장에서는 상속재산분할 협의를 통해 상속재산에 대한 권리를 포기하게 되면 상속재산분할 협의가 채권자의 권리를 침해하는 범위에서 그 협의를 취소할 수 있습니다. 즉 법원은 상속

재산분할 협의를 재산권 이전을 목적으로 하는 상속인 간 법률행위로 보기 때문에 이미 채무초과 상태에 있는 채무자인 상속인이 상속재산분할 협의를 하면서 유일한 상속재산인 부동산에 관해서 자신의 상속분을 포기하기로 했다면 상속인의 채권자를 해하는 법률행위에 해당해 그 상속재산분할 협의를 취소할 수 있다고 보고 있습니다.

그런데 민법에서 정한 절차에 따라 가정법원을 통한 상속포기를 하는 경우는 위와 달리 취소 대상이 되지 않습니다. 간혹 상속포기라고 하면 상속재산분할 협의를 통한 상속포기로 오해하는 경우가 있는데, 법원을 통한 상속포기와 상속재산분할 협의는 이런 점에서 다른 개념임을 꼭 유의해야 합니다.

결국 위 상황에서 C는 유증을 포기하고 가정법원을 통한 상속포기를 해 상속인의 지위에서 벗어나 아무것도 상속받지 않고 B가 K아파트 소유권을 온전하게 취득하는 방법을 선택할 수도 있고, 상속재산분할 협의를 통해 소유권 포기 여부를 결정할 수도 있습니다.

당사자 간에는 큰 차이가 없을 수 있지만 제3자와의 관계에서 볼 때는 위와 같이 유언과 상속에 관한 법률 정보를 아는지 여부가 큰 차이를 발생시킬 수도 있습니다. 따라서 이러한 내용을 정확히 알고 대처하는 것이 상속재산에 관한 분쟁을 최소화하는 데 도움이 될 수 있습니다.

〈당신에게 필요한 부동산 절세법〉을 만든 스페셜리스트

Specialist...

KB국민은행 WM스타자문단

원종훈 세무사

세무사 시험 36회(1999년)
국민대학교 법학 석사(2011년)
연세대학교 글로벌 자산투자최고위과정 강사
단국대학교 자산관리 최고경영자과정 강사

KB국민은행 WM투자자문부 부장
KB국민은행 WM스타자문단 세무전문위원

저서 〈원샘의 절묘하게 세금을 줄여주는 책〉(2019, 황금부엉이 발행)
　　〈실전에 바로 써먹는 부동산 절세지식 200문 200답〉(2006, 원앤원북스 발행)
　　〈부자들만의 세금 덜 내는 기술 62가지〉(2004, 원앤원북스 발행)

조영욱 세무사

세무사 시험 36회(1999년)
서강대학교 경영대학원 경영학 석사(2017년)
고려대학교 경영대학원 EMBA과정 특강

KB국민은행 WM투자자문부 세무자문팀장
KB국민은행 WM스타자문단 세무전문위원
한국금융연수원 자문교수

저서 〈개인고객 상담 기초 교재〉(한국금융연수원 발행)
　　〈자산관리 상담 실무 교재〉(한국금융연수원 발행)

이호용 세무사

세무사 시험 38회(2001년)
서울시립대학교 세무전문대학원 조세전략 석사
이화여자대학교 자산관리컨설팅과정 수료

공인재무설계사(CFP)/투자자산운용사/공인중개사
KB국민은행 WM투자자문부
KB국민은행 WM스타자문단 세무전문위원
동아일보, 매일경제신문, 한국경제신문 등 세무 칼럼 기고
(전) 전국은행연합회 세무전문실무위원
(전) 한국세무학회 이사

저서 〈금융지식이 이렇게 쓸모 있을 줄이야〉(공저, 2019, 메이트북스 발행)

김윤정 세무사

세무사 시험 44회(2007년)
서울대학교 경영전문대학원 석사(EMBA, 2016년)

KB국민은행 WM스타자문단 세무전문위원
KB국민은행 WM투자자문부
KB국민은행 인재개발부 행내강사

저서 〈부자공책〉(공저, 2009년, MONETA 발행)

곽종규 변호사

사법시험 52회(2010년), 사법연수원 42기(2013)
한양대학교 법학과 학사

KB국민은행 WM스타자문단 법률전문위원
한국경제 '곽종규의 자산관리 법률' 기고
KB국민은행 WM투자자문부

저서 〈임대사업 바이블〉(공저, 2021, 새로운제안 발행)

지혜진 변호사

사법시험 51회(2009년), 사법연수원 42기(2013년)
연세대학교 법학과 학사

KB국민은행 WM스타자문단 법률전문위원

한국경제신문

서욱진
서울대학교 경영학과 졸업.
1999년 한국경제신문 입사.
경제부, 산업부, 증권부, 국제부, 사회부 등에서 근무.
2020년 3월부터 건설부동산부장을 맡고 있음.

신연수
서울대학교 국어국문학과 졸업.
2017년 한국경제신문 입사.
사회부를 거쳐 2020년 3월부터 건설부동산부에서
부동산시장과 건설회사를 담당하고 있음.

한경MOOK

당신에게 필요한
부동산 절세법

펴낸날	초판 1쇄 발행일 2022년 2월 24일
발행인	김정호
편집인	유근석
펴낸곳	한국경제신문
편집 총괄	서욱진
기획·제작 총괄	이선정
편집	이진이·강은영·윤제나
글	원종훈·조영욱·이호용·김윤정·곽종규·지혜진·서욱진·신연수
디자인	윤석표·임지행
판매 유통	정갑철·선상헌
인쇄	Books 북스
등록	제2006-000008호
주소	서울시 중구 청파로 463 한국경제신문
구입 문의	02-360-4859
홈페이지	www.hankyung.com

값 20,000원
ISBN | 979-11-85272-84-9(93320)

〈당신에게 필요한 부동산 절세법〉은 연령대별 부동산 세금 절세방안을 소개하는 세테크 가이드북입니다.

- 잘못 만들어진 책은 구입하신 곳에서 교환해드립니다.
- 이 책은 저작권법에 따라 보호받는 저작물이므로 무단 전재와 복제를 금합니다.

한경MOOK

'세상을 보는 눈'
한경무크 베스트셀러 시리즈

중대재해처벌법
알기 쉽게 정리한
중대재해처벌법 A to Z

메타버스 2022
단숨에 읽는
메타버스 트렌드북

CES 2022
한경 X KAIST 특별취재단이
소개하는 IT·가전 메가트렌드

궁금한 상속·증여
상속·증여
완벽 가이드!

ESG의 모든 것
ESG 개념부터
실무까지 챙긴 기업 필독서

월간 한경ESG
지속 가능 성장 돕는
ESG 경영·투자 매거진